知识产权
引领经济高质量发展
地方的探索与实践研究报告集

王宏◎主编

知识产权出版社
全国百佳图书出版单位

图书在版编目（CIP）数据

知识产权引领经济高质量发展：地方的探索与实践研究报告集/王宏主编. —北京：知识产权出版社，2019.7

ISBN 978－7－5130－2155－5

Ⅰ.①知… Ⅱ.①王… Ⅲ.①知识产权保护—关系—区域经济发展—研究报告—中国
Ⅳ.①D923.404②F127

中国版本图书馆 CIP 数据核字（2019）第 134889 号

内容提要

本书通过多名知识产权工作者的实践研究、学术论文，对知识产权引领经济高质量发展、高价值创造、高效益运用和高水平保护等进行了研究，对知识产权的政策制度和市场环境进行了多维度的分析，提出了分析结论、意见和建议，为从事知识产权工作的管理者和参与者提供指导和参考。

责任编辑：黄清明　程足芬	责任校对：王　岩
封面设计：邵建文　马倬麟	责任印制：刘译文

知识产权引领经济高质量发展——地方的探索与实践研究报告集
王　宏　主编

出版发行：知识产权出版社 有限责任公司	网　　址：http：//www.ipph.cn
社　　址：北京市海淀区气象路 50 号院	邮　　编：100081
责编电话：010－82000860 转 8390	责编邮箱：chengzufen@ qq.com
发行电话：010－82000860 转 8101/8102	发行传真：010－82000893/82005070/82000270
印　　刷：北京嘉恒彩色印刷有限责任公司	经　　销：各大网上书店、新华书店及相关专业书店
开　　本：787mm×1092mm　1/16	印　　张：18
版　　次：2019 年 7 月第 1 版	印　　次：2019 年 7 月第 1 次印刷
字　　数：340 千字	定　　价：76.00 元

ISBN 978-7-5130-2155-5

编　委　会

前　言

　　知识产权是发展的战略性资源和市场竞争力的核心要素，是经济高质量发展的标配，是科技创新的制度保障。

　　高质量发展的核心是要从"要素驱动"转向"创新驱动"，而知识产权是科技创新的制度保障。据世界知识产权组织、美国康奈尔大学、英国国际商学院共同发布的《2017年全球创新指数报告》统计，我国创新指数世界排名升至第22位，比2013年提升了13位，成为前25名中唯一非高收入经济体。这意味着我国的科技创新在知识产权的支撑和引领下正逐渐成熟起来。知识产权的春天真正地到来了。

　　正强力推进建设知识产权强市的"古蜀之源、重装之都"的德阳，作为国家知识产权示范城市，近年来在知识产权支撑引领并助推高质量发展方面进行了一些有益的探索。特别是德阳市境内外科研院校、企事业单位、科技服务机构、政府部门等广大知识产权工作者，针对这片热土，围绕"知识产权"这个主题，都有一些颇有见解的思考、探索和研究。为此，我们从近5年征集汇总的100余篇知识产权学术论文、课题研究、调研报告中选出42篇编辑成《知识产权支撑引领高质量发展——地方的探索与实践研究报告集》专集以飨关心、支持知识产权事业并正在探索实践的知识产权同人，并向致力于高质量发展的人们提供一些参考和启迪。这次专集的征集、整理和编辑得到了相关科研院校、企事业单位、知识产权服务机构的积极配合和大力支持，在此表示由衷的感谢！

　　由于编者水平和时间有限，不妥和错误之处敬请谅解。

编者

2019年7月

开卷有益

知识产权诞生于第一次工业革命期间，是国家赋予创造者对其智力成果在一定时期内享有的专有权或独占权。它为智力成果完成人的权益提供了法律保障，为智力成果的推广应用和传播提供了法律机制，为国际经济技术贸易和文化艺术的交流提供了法律准则，为市场竞争营造了公平有序的环境，从而调动了人们从事科学技术研究和文学艺术创新的积极性和创造性，促进人类文明进步和经济发展。知识产权已成为激励创新的基本手段，创新原动力的基本保障，国际竞争力的核心要素。

经历了四十年的高速增长，中国特色社会主义进入新时代，我国社会主要矛盾已经转化为人民日益增长的美好生活需要和不平衡不充分的发展之间的矛盾。不平衡不充分的发展就是发展质量不高的直接表现。要更好地满足人民日益增长的美好生活需要，就必须推动高质量发展。要实现高质量发展，就必须依靠创新发展和营商环境改善，二者的核心要素就是知识产权。德阳市委、市政府较早就认识到知识产权之于创新发展的重要作用，在1997年就成立了正县级的专利局，并于2000年经国家知识产权局（国知发管函字〔2000〕第183号文）批准建立"中国专利技术产业化示范区"，成为全国最早开展知识产权试点示范工作的地级市之一，组建了全省唯一的专利执法队伍。特别是在全面创新改革试验区的建设中敢于开拓、大胆创新，探索出以"银行货款＋保证保险＋风险补偿＋政府补贴"为特色的专利权质押融资模式，作为"德阳经验"被国务院发文复制推广。

习近平总书记在2018年亚洲博鳌论坛上指出：加强知识产权保护是完善产权保护制度最重要的内容，也是提高中国经济竞争力最大的激励。这深刻阐释了知识产权的当代价值。德阳市的做法正是知识产权重要论述在基层的生动实践。

今日中国对创新发展的渴求从来没有如此强烈，对知识产权的认识从来没有如此清晰。这本专集收集的知识产权学术论文、课题研究成果和调研报告等正是"德阳经验"的精华，相信能够给那些正在对高质量发展进行思考和实践的人们有一些启发。

开卷有益。是为序。

四川省知识产权局党组书记　赵　辉

2018 年 10 月

目　录

高效益运用篇

高水平保护篇

决策咨询篇

成都平原经济区区域知识产权（专利）发展战略研究与对策

一、成都平原经济区产业发展及知识产权（专利）状况

（一）成都平原经济区产业发展状况

1. 成都平原经济区产业体系的基本特点

当前，四川发展的内外环境正在发生深刻变化。实施好区域协调发展战略，要求厘清区域的发展关系和发展优势，科学规划生产力空间布局，以完善体制机制为重点，加强和深化不同区域的发展联系、发展合作和发展融合，着力形成"一干多支"的发展格局。

成都不仅是四川首位城市，也是国家中心城市。以成都市为核心，由成都市、德阳市、绵阳市、遂宁市、乐山市、雅安市、眉山市、资阳市等城市组成的成都平原经济区，是四川省乃至我国西部最大、最强，科技、经济最为活跃的经济区。成都平原经济区的产业体系现已较为完备，电子信息、重大装备、汽车制造、航空航天、新材料、生物医药等特色优势产业发展壮大，文化创意、服务外包、电子商务、会展经济等新兴服务业蓬勃发展，形成了以高新技术产业为主导，以技术含量高的先进制造业和现代服务业为重点发展方向的现代产业体系，呈现出以成都为中心，向区域内其他城市辐射和延伸的特点。但是也应当看到区域发展不平衡是成都平原经济区面临的一个现实问题，其主要体现在：

---

❶ 课题研究组主要成员：何升元，德阳市科技和知识产权局局长；王宏，德阳市知识产权研究会理事长；徐宏，四川九鼎智远知识产权运营有限公司董事长；周渝利，成都知识产权与科技创新研究院院长。该研究课题列为 2018 年四川省知识产权专项研究课题。

①资源差异性大。从资源分布的情况看，成都平原经济区的经济、科技、金融等资源主要分布在成、德、绵地区，尤以成都市为最；遂宁市、资阳市、眉山市等丘陵地区主要分布的是农业资源、劳动力资源，而经济、科技、金融等资源则逊于成、德、绵地区。

②产业同质化程度低。通过对比可以发现，成都平原经济区各城市的产业特色明显，各具优势，但产业同质化程度较低。例如，绵阳市以电子产业和国防科研为主，德阳市以重装和磷化工为主，乐山市以电子材料和盐卤化工为主，遂宁市以油气盐化工、纺织等为主，资阳市以汽车零部件为主，雅安市以水电、矿产为主。

③产业布局有待进一步整合。以制鞋和纺织服装业为例，主要分散于成都市的武侯、崇州、金堂、彭州以及遂宁市，没有完全发挥产业整合的优势。再如汽车产业，目前成都市、绵阳市、德阳市、资阳市、雅安市、遂宁市等地均在发展与汽车相关的产业，但各市的汽车产业尚未完全形成产业发展合力。

2. 成都平原经济区产业发展相关数据分析

（1）区域基础状况（截至 2017 年 12 月）

成都平原经济区位于我国西南地区，基本数据见表 1，2017 年区域内 GDP 总量超过 22000 亿元，是我国中西部地区的经济高地。从科研基本情况看，成都平原经济区聚集了大批高校和科研院所；此外，还有大量企业拥有自己的技术中心。这些创新平台的存在为成都平原经济区开展科技创新活动提供了优质的基础。

表 1　成都平原经济区基本数据

城市	面积（km²）	常住人口（万人）	科研基本情况
成都	1.46 万	1600	国家级科研机构 30 家、国家级研发平台 67 个、国家级工程技术研究中心 10 家、国家级企业技术中心 24 家、省级工程技术研究中心 106 家、省级企业技术中心 144 家、市级工程技术研究中心 160 家、市级企业技术研究中心 185 家、省（市）级企业创新平台 260 个、高校 56 所（985 院校 2 所、211 院校 5 所、双一流高校 8 所）
绵阳	2 万	437.5	国家级科研机构 8 家、国家级企业技术中心 7 家、国家级工程技术研究中心 5 家、国家级企业创新平台 10 家、省级科研机构 17 家、省级企业技术中心 56 家、省级工程技术研究中心 17 家、市级企业技术中心 84 家、省（市）级企业创新平台 33 个、高校 5 所

城市	面积（km²）	常住人口（万人）	科研基本情况
德阳	5911	392	国家级科研机构6家、国家级企业技术中心7家、国家级企业创新平台2个、省级企业技术中心56家、省级工程技术研究中心8家、市级企业技术中心109家、省（市）级企业创新平台24个、高校7所
资阳	5747	348.9	国家级科研机构1个、国家级企业技术中心1家、省级企业技术中心19家、省（市）级企业创新平台2个、高校2所
眉山	7140	350.25	国家级企业创新平台1个、省市级工程技术研究中心8家、市级工程技术研究中心36家、省（市）级企业创新平台9个、高校8所
遂宁	5325	380	国家级科研机构1家、省级工程技术研究中心3家、市级工程技术研究中心15家、省（市）级企业创新平台8个、高校1所
乐山	12827	354.7	国家级企业技术中心1家、国家级工程技术研究中心1家、省级企业技术中心32家、省级工程技术研究中心12家、市级工程技术研究中心29家、省级科研机构1个、省（市）级科技企业创新平台3个、高校4所
雅安	15314	153	国家级企业技术中心1家、省级企业技术中心13家、省级工程技术研究中心8家、省级科研机构2家、高校3所（211院校1所、双一流高校1所）

（数据来源：四川省统计局及相关城市统计网站）

（2）成都平原经济区2008—2017年基本经济数据概述

近年来，成都平原经济区科技创新能力不断提升，经济实力明显增强，呈现出增长较快的态势。统计数据显示，作为经济活动的几个重要指标，成都平原经济区GDP从2008年的7367.81亿元增长到2017年的23378.91亿元；固定资产投资从2008年的4705.20亿元增长到2017年的16849.80亿元；就业人数从2008年的2037.71万人增加到2017年的2282.65万人。与此同时，衡量研发创新能力的专利申请量及授权量分别从 2008 年的 22023 件、11792 件增长到 2017 年的 142360 件、53577 件（见表 2）。

表 2　成都平原经济区 2008—2017 年基本经济数据

年份	GDP（亿元）	固定资产投资（亿元）	就业人数（万人）	专利申请量（件）	专利授权量（件）
2008	7367.81	4705.20	2037.71	22023	11792
2009	8373.2	7365.03	2055.14	29695	18410
2010	10168.64	7875.11	2091.51	35896	29023
2011	12562.47	8856.32	2126.30	37978	25008
2012	14643.67	10352.66	2153.51	58073	37118
2013	16201.72	11770.95	2195.17	71747	40080
2014	17592.17	12675.57	2203.20	78615	40151
2015	19126.43	13751.22	2213.18	94868	55106
2016	20774.13	15480.79	2238.50	122070	52729
2017	23378.91	16849.8	2282.65	142360	53577

（数据来源：四川省统计局网站、四川省知识产权局网站）

（3）区域产业情况

按照《成都经济区区域合作框架协议》，成都经济区包括成都市、德阳市、绵阳市、雅安市、眉山市、资阳市大部分地区、遂宁市部分地区、乐山市部分地区，即人们通常所说的"1＋7"。根据《成都平原城市群发展规划（2009—2020）》，成都平原经济区以区域一体化为目标，统筹协调产业发展规划，依据各市区的资源优势和主体功能区定位，共同构建结构优化、布局合理、协调发展的现代化产业体系。

根据区域内各市的资源优势和功能定位，目前成都平原经济区形成了七大产业聚集区：

①新一代信息技术产业聚集区。以成都市、绵阳市、乐山市、遂宁市为核心，依托成都高新技术产业开发区、绵阳高新技术产业开发区、绵阳经济技术开发区、遂宁经济技术开发区、乐山高新技术产业开发区，初步建成国家重要的信息、软件等高新技术产业基地和军民结合产业示范基地。

②装备制造产业聚集区。以德阳市、成都市、资阳市、眉山市为核心，依托德阳经济技术开发区、成都经济技术开发区等，建设以清洁高效发电设备、新能源设备、轨道交通设备、海洋石油钻探设备等为主的国家重要的重大装备制造产业基地。

③汽车制造产业聚集区。以成都市、绵阳市、资阳市为核心，依托成都经济技术开发区、绵阳高新技术产业开发区等，建设全国重要的汽车及零部件生产研发基地。

④航空航天产业聚集区。以成都市、绵阳市为核心，依托成都高新技术产业开发区、成都经济技术开发区、绵阳高新技术产业开发区等，建设国家民用航空高技术产业基地，促进民用航空航天产业集聚发展。

⑤新材料产业聚集区。以成都市、乐山市、眉山市等为核心，依托成都高新技术产业开发区、乐山高新技术产业开发区等，建设国家重要的新材料高新技术产业基地。

⑥生物产业聚集区。以成都市、雅安市、遂宁市、眉山市等为核心，依托成都高新技术产业开发区、遂宁经济技术开发区等，建设以生物医药创新、中成药研发生产等为重点的生物产业集聚区。

⑦现代服务业聚集区。区域内金融、会展、服务外包等迅速发展，形成了成都市、绵阳市的研发设计服务业聚集区。此外，还加强了成都国际旅游目的地、大峨眉休闲度假旅游区、龙门山山地旅游区、三国文化旅游区、中华大熊猫生态旅游区的建设。

（二）成都平原经济区知识产权（专利）状况

1. 成都平原经济区知识产权（专利）概述

近年来，区域内各市相继出台知识产权战略计划，并深入贯彻实施国家、省、市知识产权战略；政府积极出台知识产权创造、运用、保护、管理的资助、补助、援助等各类扶持政策，政策支持力度位居全国同类经济区前列，在知识产权创造、运用、保护、管理和服务能力方面得到进一步提升；经济区内建立起知识产权高端人才引进体系和培养体系，知识产权从业者和科技创新人才的数量日益增多。

从城市知识产权工作看，2017 年，成都市获批国家知识产权强市创建市、国家知识产权运营服务体系建设重点城市、国家中小企业知识产权战略推进工程试点城市。在城市知识产权试点示范建设方面，成都市、绵阳市、德阳市被确定为国家知识产权示范城市；遂宁市在 2017 年 7 月顺利通过国家知识产权试点城市验收。

2. 成都平原经济区知识产权（专利）相关数据简要分析

从专利申请量来看，成都平原经济区 2008 年全年的申请量仅 22023 件，经过 10 年发展，到 2017 年，成都平原经济区的年申量已达 142360 件，增长幅度较大；从专利授权量来看，成都平原经济区 2008 年专利授权量为 11792 件，到 2017 年，成都平原经济区全年的专利授权量达 53577 件（见图 1）。从这组数据的变化可看出：自国家知识产权战略推行以来，成都平原经济区权利主体的知识产权意识不断提升，专利产出加快。

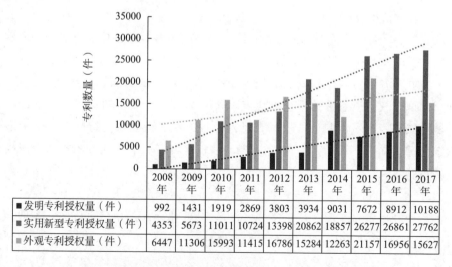

	2008年	2009年	2010年	2011年	2012年	2013年	2014年	2015年	2016年	2017年
■专利申请量（件）	22023	29695	35896	37978	58073	71747	78615	94868	122070	142360
■专利授权量（件）	11792	18410	29023	25008	37118	40080	40151	55106	52729	53577

图1 成都平原经济区专利申请量和授权量情况（2008—2017年）

（数据来源：四川省知识产权局网站）

从图2所示的专利授权量的类别来看，发明专利的增幅最大，从2008年的992件增加到2017年的10188件；实用新型专利的授权量从2008年的4353件增加到2017年的27762件；外观设计专利的授权量从2008年的6447件增加到2017年的15627件，增幅最小。

	2008年	2009年	2010年	2011年	2012年	2013年	2014年	2015年	2016年	2017年
■发明专利授权量（件）	992	1431	1919	2869	3803	3934	9031	7672	8912	10188
■实用新型专利授权量（件）	4353	5673	11011	10724	13398	20862	18857	26277	26861	27762
■外观专利授权量（件）	6447	11306	15993	11415	16786	15284	12263	21157	16956	15627

图2 成都平原经济区专利授权量情况（2008—2017年）

（数据来源：四川省知识产权局网站）

从图 3 所示的授权的专利占比来看，发明专利和实用新型专利的授权占比整体呈上升趋势，外观设计专利的占比整体呈下降趋势，说明成都平原经济区的专利质量稳步上升。

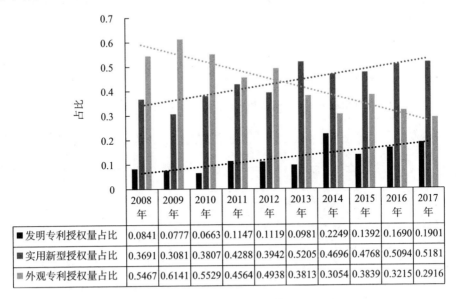

	2008年	2009年	2010年	2011年	2012年	2013年	2014年	2015年	2016年	2017年
■发明专利授权量占比	0.0841	0.0777	0.0663	0.1147	0.1119	0.0981	0.2249	0.1392	0.1690	0.1901
■实用新型授权量占比	0.3691	0.3081	0.3807	0.4288	0.3942	0.5205	0.4696	0.4768	0.5094	0.5181
■外观专利授权量占比	0.5467	0.6141	0.5529	0.4564	0.4938	0.3813	0.3054	0.3839	0.3215	0.2916

图 3　成都平原经济区专利授权量占比分布情况（2008—2017 年）

（数据来源：四川省知识产权局网站）

3. 成都平原经济区知识产权试点示范开展情况

（1）知识产权试点示范城市建设情况

截至 2017 年 12 月，成都平原经济区开展国家知识产权试点示范城市建设的城市有 4 个，其中 3 个是国家级知识产权示范城市，即成都市、德阳市、绵阳市；国家级知识产权试点城市有 1 个，即遂宁市（见表 3）。

表 3　成都平原经济区拥有的国家级知识产权试点示范城市（截至 2017 年 12 月）

国家级知识产权示范城市	国家级知识产权试点城市
成都、德阳、绵阳	遂宁

（2）知识产权试点示范园区建设情况

截至 2017 年 12 月，成都平原经济区的全部城市均开展了知识产权试点示范园区建设。其中现有国家知识产权试点示范园区两个，分别是成都高新区和绵阳高新区；省级知识产权试点示范园区共有 35 个。其中成都市拥有的园区数量最多，达 11 个；其次是眉山市，有 6 个；德阳市、绵阳市和遂宁市并列第 3，各有 4 个。此外，乐山市和资阳市分别有 3 个和 2 个，雅安市仅有 1 个（见表 4、表 5）。

表 4　成都平原经济区拥有的国家级知识产权试点示范园区（截至 2017 年 12 月）

城市	国家级知识产权试点示范园区
成都市	成都高新区
绵阳市	绵阳高新区

表 5　成都平原经济区拥有的省级知识产权试点示范园区（截至 2017 年 12 月）

城市	省级产业园区	批次
成都市	武侯工业园区	第一批
	成都经济技术开发区	第二批
	成都海峡两岸科技产业开发园	第二批
	成都现代工业港	第二批
	四川新津工业园区	第二批
	四川青羊工业集中发展区	第三批
	四川崇州经济开发区	第三批
	四川都江堰经济开发区	第三批
	四川大邑工业集中发展区	第三批
	成都新都工业园区	第四批
	成都市青白江区工业区	第四批
德阳市	德阳经济开发区	第一批
	四川广汉经济开发区	第二批
	德阳市旌阳区工业集中发展区	第三批
	德阳市中江经开区	第四批
绵阳市	绵阳游仙经开区	第四批
	绵阳科技城科教创业园	第四批
	四川江油工业园	第四批
	安县工业园区	第四批
乐山市	乐山高新技术产业开发区	第一批
	乐山市工业集中区	第三批
	乐山（沙湾）不锈钢产业园	第四批
雅安市	雅安工业园区	第一批

城市	省级产业园区	批次
眉山市	眉山铝硅产业园区	第二批
	青神县工业集中区	第二批
	眉山金象化工产业园区	第三批
	彭山经济开发区	第三批
	仁寿视高经济开发区	第四批
	四川彭山经济开发区	第四批
遂宁市	遂宁经济开发区	第二批
	遂宁市创新工业园区	第二批
	大英县工业集中发展区	第三批
	射洪县经济开发区	第四批
资阳市	资阳机车产业园区	第二批
	乐至工业集中发展区	第四批

（3）知识产权强县工程建设情况

截至 2017 年 12 月，成都平原经济区共有 33 个县（区）开展了国家知识产权强县工程试点、示范县（区）建设。其中，成都市 14 个、绵阳市 5 个、德阳市 4 个、遂宁市 4 个、资阳市 1 个、眉山市 3 个、乐山市 1 个、雅安市 1 个。从分布上看，成都平原经济区的 8 个城市，均有县（区）开展了知识产权强县工程建设，这无疑会对当地的知识产权工作起到推动作用，但也看到，8 个城市的强县工程覆盖率参差不齐，其中有 3 个城市的强县工程仅有 1 个县（区）（见表 6）。

表 6　成都平原经济区拥有的国家级知识产权强县工程试点、示范县（区）分布
（截至 2017 年 12 月）

城市	国家级知识产权强县工程试点、示范县（区）
成都市（14 个）	郫都区
	大邑县
	新津县
	武侯区
	成华区
	锦江区
	温江区

续表

城市	国家级知识产权强县工程试点、示范县（区）
成都市（14个）	双流区
	新都区
	青白江区
	金牛区
	青羊区
	崇州市
	浦江县
绵阳市（5个）	游仙区
	涪城区
	安州区
	三台县
	江油市
德阳市（4个）	旌阳区
	绵竹市
	中江县
	广汉市
遂宁市（4个）	安居区
	射洪县
	大英县
	船山区
资阳市（1个）	乐至县
眉山市（3个）	东坡区
	青神县
	彭山区
乐山市（1个）	夹江县
雅安市（1个）	雨城区

（三）成都平原经济区知识产权（专利）支撑产业发展状况

1. 知识产权（专利）对成都平原经济区发展的 SWOT 分析

利用 SWOT 分析方法研究知识产权对成都平原经济区发展的影响，可以发现目前存在的问题并找出解决办法，从而明确未来的发展方向。

（1）优势分析

①知识产权（专利）基础好。以成都市为例，成都市是副省级城市中唯一获批国家知识产权质押融资和专利保险双示范城市。2017年，成都市获批国家知识产权强市创建市、国家知识产权运营服务体系建设重点城市、国家中小企业知识产权战略推进工程试点城市。2016年，全市专利申请113956件，同比增长16%。其中，发明专利申请47033件，同比增长19%；实用新型专利申请46654件，同比增长24.7%；外观设计专利申请20269件。全市共授权发明专利7990件，同比增长10.94%；授权实用新型专利19685件；授权外观设计专利13413件。截至2017年，全市有效发明专利30519件，同比增长21.12%。每万人有效发明专利拥有量达到19.2件。除成都市以外，绵阳市、德阳市的知识产权（专利）在全省排名中列第二、第三位。

②经济实力强。成都平原经济区历来是四川省经济最重要的支撑。该经济区集中了全省40%的人口，经济总量占全省的60%，是西部地区城镇密度最大的区域之一，也是全省最发达的地区。

③技术创新活跃。成都平原经济区聚集了省内最丰富的创新资源。其中，仅在成都市就拥有国家级科研机构30家，国家级研发平台67个，高校56所。此外，区域内企业还拥有相当数量的科技人员，形成企业技术创新的骨干力量。

（2）劣势分析

①知识产权发展不平衡。成都平原经济区内各城市的知识产权（专利）发展不平衡。以2017年为例，成都平原经济区中，除了成都市、绵阳市和德阳市外，其他城市的专利申请量均未超过2500件，其中资阳市的专利申请量仅1096件，不足成都市的10%。

②经济发展不平衡。成都平原经济区中，首位城市成都与其他市相比体量相差悬殊。以2017年全省经济数据为例，成都市GDP以13889亿元高居榜首，排名第二的绵阳市和排名第三的德阳市GDP总量分别是2075亿元和1961亿元，均不及成都市的零头；而同处成都平原经济区的雅安市GDP总量仅602.80亿元。

③知识产权管理体制和运行机制有待加强。目前，成都平原经济区主管知识产权部门的人员配备较少，缺乏强有力的协调机制。同时，对侵犯知识产权行为的惩罚力度不够，法律规定的赔偿额较低，难以起到威慑作用。

④知识产权服务体系不够完善。通过国家知识产权局专利代理管理系统查询，截至目前，四川省83家合法的专利代理机构中，绝大多数集中在成都市（成都平原经济区中，只有1家是绵阳市本地机构），而成都平原经济区其他城

市的专利代理机构几乎都是这些机构派驻当地的办事处或分支机构。与此同时，知识产权服务机构市场化运作方面还有待提高。

⑤知识产权人才较缺乏。通过国家知识产权局专利代理管理系统查询，截至目前，全省登记注册的专利代理人516人，明显不适应知识产权发展的需要。与此同时，企业对知识产权相关人才的需求越发强烈。因此，尽快培养和引进企事业单位知识产权人才、知识产权中介服务人才，尤其是培养精通知识产权法律法规、熟悉国际规则、具有较高知识产权专业水平和实务技能的高层次人才，已成为当务之急。

（3）机遇分析

①面临经济高质量发展的机遇期。当前，我国经济已由高速增长阶段转向高质量发展阶段。四川省委十一届三次全体会议提出：支持成都建设全面体现新发展理念的国家中心城市，强化成都"主干"引领辐射带动作用，高水平打造区域发展共同体。同时，提升环成都经济圈各城市能级，加快发展以绵阳、德阳、乐山为区域中心城市的成都平原城市群。这些重要战略部署对加强区域知识产权工作具有重要的指导意义。

②企业"走出去"知识产权需求迫切。随着"一带一路"倡议的加速推进，市场对高新技术产业和现代服务业的需求日益增强。当前，区域内企业加大力度，积极探索加强知识产权对外战略布局，强化重点领域产业知识产权海外布局和风险防控，这对于整合经济区内知识产权要素、制定知识产权战略、助力产业发展的知识产权需求就愈加迫切。

（4）挑战分析

①国际上知识产权纠纷的威胁。目前，发达国家将知识产权的保护强化到极致，以美国为代表的部分发达国家以知识产权为手段建立了对全球经济的快速反应机制，其矛头主要是针对我国。这些发达国家和地区开始推动知识产权审查国际化，对传统的知识产权"地域性"原则形成了极大的冲击。其中，美国已经将中国列为头号竞争对手，由其挑起的贸易战，企图以知识产权问题为借口阻碍我国产品进入其市场。由此可看出，中美之间知识产权争端必将长期存在，并愈演愈烈。

②城乡二元结构矛盾依然存在。经过20世纪90年代以来的跨越式发展，成都平原经济区的城镇化得到快速发展，但目前尚未解决城市与乡镇不平衡发展的问题。大量的高等院校、科研机构和专业人才集聚在成都、绵阳、德阳等城市的城区，而区域内众多的乡镇农村却缺乏专业人才，高校和科研机构也很少。因此，城乡二元结构的冲突已经成为成都平原经济区知识经济发展的一个障碍。

2. 成都平原经济区知识产权（专利）支撑产业发展相关情况

知识产权制度的各项功能需要通过相应主体的行动加以发挥和体现。因此，根据成都平原经济区知识产权运行的实际情况，我们围绕知识产权创造、运用、管理、保护和服务活动等方面，选取与社会经济发展直接关联的指标；并注意使这些指标能够体现知识产权制度的创新激励、资源配置、市场竞争规范和政府管理等功能（见表7）。

表7　知识产权（专利）经济绩效考核指标体系

一级指标	二级指标	三级指标
知识产权（专利）创造	投入	R&D 人员
		R&D 投入
	产出	企业专利授权量
知识产权（专利）运用	质押融资	专利质押数
		专利质押金额
	许可交易	专利许可数
		专利许可金额
知识产权（专利）保护	执法	查处假冒案件结案数量
		开展专利执法检查次数
	维权	调处专利纠纷案件结案数量
		处理专利侵权案件数量
知识产权（专利）管理	专利行政管理	出台地方性法规、政策性文件
		开展培训数量
知识产权（专利）服务	中介服务	代理机构/分支机构数量

（1）相关指数的说明

①知识产权（专利）创造中，指标的选择主要考虑创造活动的投入和产出。其中 R&D 人员和科技活动人员反映的是人力资本投入，R&D 投入则反映了资本投入；因本课题仅针对专利，故在产出方面只考虑了专利授权量。

②知识产权（专利）的运用可以是专利权人自己使用，也可以是专利权人通过市场交易等方式对知识产权进行许可和转让。因专利权人自己使用的运用数据无法获得，本文选取质押融资和许可交易为代表性指标。

③知识产权（专利）保护方面，考虑了有代表性的行政执法和维权两方面，在此基础上分设了查处假冒案件结案数量、开展专利执法检查次数、调处专利纠纷案件结案数量、处理专利侵权案件数量作为代表性指标。

④知识产权（专利）管理方面，本文侧重于政府部门的公共管理，故选取了地方性法规和政策性文件的出台情况和开展知识产权培训数量。

⑤知识产权（专利）服务方面，选择了能反映全社会从事知识产权活动的专业化程度的中介服务和服务收入作为二级指标。其中，中介服务选择了代理机构/分支机构数量作为考察对象。

另外要明确的是，虽然在指标设置时对知识产权（专利）的创造、运用、保护、管理和服务分别考察，但这些活动并非各自独立，而是相互作用、相互影响和相互渗透的。

（2）相关数据统计

鉴于国家知识产权战略纲要是从2008年开始实施的，因此，采用的样本数据的主要区间是2008—2017年，其来源是通过查阅各种统计资料以及权威部门的统计数据。

①成都平原经济区知识产权（专利）创造（2008—2017年）

R&D（研究与试验发展）经费支出及其占GDP的比重是衡量科技活动规模和科技投入水平的重要指标，也是反映自主创新能力和创新型区域建设进程的重要内容。从数据情况看，2008年以来，成都平原经济区R&D人员和经费持续增长。2008年，成都平原经济区全年R&D人员数量为62582人·年，R&D经费投入117.5015亿元；到2016年，R&D人员数量和R&D经费投入分别达到103142人·年和486.8114亿元（见表8）。

表8　成都平原经济区知识产权（专利）创造绩效考核指标

年份	R&D人员（人·年）	R&D投入（亿元）	企业专利授权量（件）
2008	62582	117.5015	2796
2009	69303	142.3135	4793
2010	—	—	10544
2011	62060	238.2384	13858
2012	77509	304.2916	21726
2013	88612	352.0534	25118
2014	94783	386.0526	30334
2015	96709	436.9467	40077
2016	103142	486.8114	36048
2017	—	504.76	35533

（数据来源：四川省统计局网站、四川省知识产权局网站，其中2010年和2017年的R&D人员数据缺失。）

企业专利授权量方面，2008 年成都平原经济区的企业专利授权量为 2796 件。在随后的 9 年里，这项指标逐年攀升，到 2015 年达到最高，为 40077 件；在随后的 2 年里，该项指标略有回落，稳定在 3.6 万件左右。

②成都平原经济区知识产权（专利）运用（2008—2017 年）

知识产权（专利）运用是知识产权领域的一项重要工作内容。从数据统计看，10 年来成都平原经济区在知识产权（专利）的运用方面上升速度较快。其中专利质押融资方面，2009 年仅有 45 件专利进行质押，融资金额仅 0.7725 亿元；到 2017 年，质押的专利数量已达 730 件，金额超过 18 亿元。专利许可方面，2009 年有 378 件专利被许可，合同登记金额 0.54 亿元；到 2017 年，有 193 件专利进行许可登记，金额为 0.38 亿元（见表 9）。

表 9　知识产权（专利）运用绩效考核指标

年份	专利质押数（件）	专利质押金额（亿元）	专利许可数（件）	专利许可金额（亿元）
2008	—	—	—	—
2009	45	0.7725	378	0.54
2010	145	1.7000	978	0.84
2011	55	1.0200	676	1.66
2012	62	2.6700	451	0.41
2013	131	5.3200	—	—
2014	395	17.5600	—	—
2015	249	16.89541	367	0.3
2016	519	14.50074	178	0.16
2017	730	18.84898	193	0.38

③成都平原经济区知识产权（专利）保护（2008—2017 年）

成都平原经济区一直高度重视知识产权（专利）的保护工作。近年来，成都平原经济区各个城市积极开展打击侵犯知识产权和制售假冒伪劣商品专项行动，建立了知识产权保护机制和知识产权综合保护体系，依法打击侵犯知识产权违法行为。从结案数量上看，2011 年以前，区域内的专利纠纷案件结案数量不超过 40 件，其原因是有效专利拥有量较少、企业的专利保护意识不强等。

随着知识产权战略的实施和推进，企业开始重视专利的保护，反映到专利侵权纠纷结案数量上，明显呈现出上升的趋势，其中从 2012 年到 2015 年，区域内调处专利纠纷案件的结案数量从前期的每年不足 35 件上升至 2012 年的 81 件；2015 年上升到 218 件。自 2016 年开始，专利侵权纠纷结案数量急剧上升，到 2017 年，专利侵权纠纷结案数量达 1639 件，创历史新高。查处假冒案件结案数量的变化也大致如此：2011 年以前，假冒案件结案数量每年不超过 60 件；从 2012 年开始，假冒案件结案数量开始提升，2017 年假冒案件结案数量达 1054 件，突破千件大关（见表 10）。

表 10　知识产权（专利）保护绩效考核指标

年份	专利侵权纠纷结案数量（件）	假冒专利案件结案数量（件）	其他纠纷结案数量（件）
2008	30	0	0
2009	30	58	2
2010	18	24	0
2011	34	28	0
2012	81	255	0
2013	104	424	7
2014	140	529	0
2015	218	656	16
2016	644	738	37
2017	1639	1054	288

（数据来源：国家知识产权局网站、四川省知识产权局网站）

④成都平原经济区知识产权（专利）管理（2008—2017 年）

知识产权（专利）管理涉及的工作内容较多。为突出重点，本文选择了出台地方性法规、政策性文件数量和开展培训数量两项指标进行分析（见表 11）。

表 11　成都平原经济区知识产权（专利）管理绩效考核指标

年份	出台地方性法规、政策性文件数量	开展培训数量
2008	2	226
2009	9	179
2010	7	299
2011	7	248
2012	20	164
2013	35	210
2014	23	215

续表

年份	出台地方性法规、 政策性文件数量	开展培训数量
2015	58	162
2016	41	188
2017	43	185

（数据来源：四川省知识产权局）

从出台地方性法规、政策性文件数量上看，10 年来成都平原经济区累计出台 245 件涉及知识产权创造、运用、保护、管理和服务方面的地方性法规和相关政策。其中在 2011 年以前，成都平原经济区每年出台的地方性法规、政策性文件不超过 10 件；自 2012 年起，成都平原经济区每年出台的地方性法规、政策性文件都在 20 件以上，最高的是 2015 年，达 58 件。从这个数量的变化可以看出，成都平原经济区各城市自实施知识产权战略以来，加强了知识产权领域的顶层设计，进一步强化了政策体系建设，为知识产权（专利）助推经济发展奠定了政策基础。

从开展培训的情况看，成都平原经济区对此项工作十分重视，常年保持在 160 次，最高的培训次数达 299 次。通过有效开展知识产权（专利）培训，提高了企业知识产权意识和工作能力。

⑤成都平原经济区知识产权（专利）服务（2008—2017 年）

从数量上看，成都平原经济区开展知识产权（专利）服务的专利代理机构/分支机构数量逐年上升。在短短的 10 年时间里，成都平原经济区的专利代理机构/分支机构的数量从 2008 年的 14 家快速增长到 2017 年的 82 家（见表 12）。从区域看，成都平原经济区的专利代理机构/分支机构主要集中在成都市，反映出成都市对专利代理服务机构具有极强的吸附效应。

表 12　成都平原经济区知识产权（专利）服务绩效考核指标

年份	代理机构/分支机构数量
2008	14
2009	17
2010	19
2011	24
2012	26

续表

年份	代理机构/分支机构数量
2013	27
2014	31
2015	36
2016	50
2017	82

为计算各个指标的权重，本文使用了信息熵这个工具，为多指标综合评价提供依据。在信息论中，熵是对不确定性的一种度量。信息量越大，不确定性就越小，熵也就越小；信息量越小，不确定性越大，熵也越大。本文采用熵值对知识产权经济绩效进行评价。步骤如下：

①指标的标准化处理：对数据进行采集，得到评价系统的初始矩阵：$X = (x_{a,b})_{m \times n}$，式中，$x_{a,b}$ 表示样本 a 的第 b 项指标的数值；

②计算第 b 项指标下第 a 个样本占该指标的比重；

③计算指标的熵值；

④计算指标的差异系数评价指标的权重；

⑤对样本进行评价。

按照以上工作步骤，先整理出初始数据样本（见表13）。

表 13　初始数据样本

年份	2008	2009	2010	2011	2012	2013	2014	2015	2016	2017
R&D 人员（人·年）	62582	69303	—	62060	77509	88612	94783	96709	103142	—
R&D 投入（亿元）	117.50	142.31	—	238.24	304.29	352.05	386.05	436.95	486.81	504.76
企业专利授权量（件）	2796	4793	10544	13858	21726	25118	30334	40077	36048	35533
专利质押数（件）	—	45	145	55	62	131	395	249	519	730
专利质押金额（亿元）	—	0.77	1.70	1.02	2.67	5.32	17.56	16.90	14.50	18.85
专利许可数（件）	—	378	978	676	451	—	—	367	178	193

续表

年份	2008	2009	2010	2011	2012	2013	2014	2015	2016	2017
专利许可金额（亿元）	—	0.54	0.84	1.66	0.41	—	—	0.30	0.16	0.38
专利侵权纠纷结案数（件）	30	30	18	34	81	104	140	218	644	1639
假冒专利案件结案数量（件）	0	58	24	28	255	424	529	656	738	1054
其他纠纷结案数量（件）	0	2	0	0	0	7	0	16	37	288
出台地方性法规、政策性文件数量	2	9	7	7	20	35	23	58	41	43
开展培训数量	226	179	299	248	164	210	215	162	188	185
代理机构/分支机构	14	17	19	24	26	27	31	36	50	82

利用 Excel 先对采集的数据进行标准化处理。由于表 13 中有数字 0 出现，同时有少量数据未查见，为便于后续计算，采取了技术性处理后再对以上数据进行整理，算出概率矩阵（见表 14）。

表 14　数据的概率矩阵

年份	2008	2009	2010	2011	2012	2013	2014	2015	2016	2017
R&D 人员（人·年）	0.076547381	0.084768194	0.079074415	0.075908895	0.09480539	0.108386061	0.115934141	0.118289934	0.126158479	0.12012711
R&D 投入（亿元）	0.037480303	0.045394229	0.052957276	0.075994105	0.09706282	0.112297367	0.123142731	0.13937888	0.155283287	0.161009002
企业专利授权量（件）	0.012661495	0.021704773	0.047747784	0.062755007	0.098384708	0.113745149	0.137365449	0.18148596	0.163240908	0.160908766
专利质押数（件）	4.29E−07	0.019305011	0.062205036	0.023595013	0.026598015	0.056199032	0.169455097	0.106821061	0.222651127	0.313170179

19

续表

年份	2008	2009	2010	2011	2012	2013	2014	2015	2016	2017
专利质押金额（亿元）	1.26123E-09	0.009743008	0.021440923	0.012864554	0.033674862	0.067097478	0.221472126	0.213090112	0.182887797	0.237729139
专利许可数（件）	2.41488E-07	0.091282277	0.23617478	0.163245553	0.108910865	0.111084252	0.111084252	0.088625914	0.042984776	0.046607088
专利许可金额（亿元）	0.000181455	0.097985846	0.152422428	0.30121575	0.074396661	0.110687715	0.110687715	0.054436581	0.029032843	0.068953003
专利侵权纠纷结案数（件）	0.010211028	0.010211028	0.006126617	0.011572498	0.027569775	0.03539823	0.047651464	0.074200136	0.219196732	0.557862491
假冒专利案件结案数量（件）	2.65534E-07	0.015400952	0.006372808	0.007434942	0.067711081	0.112586269	0.140467302	0.174190076	0.195963835	0.279872469
其他纠纷结案数量（件）	2.8571E-06	0.005714204	2.8571E-06	2.8571E-06	2.8571E-06	0.019999714	2.8571E-06	0.045713633	0.105712776	0.822845388
出台地方性法规、政策性文件数量	0.008163265	0.036734694	0.028571429	0.028571429	0.081632653	0.142857143	0.093877551	0.236734694	0.167346939	0.175510204
开展培训数量	0.108863198	0.086223507	0.144026975	0.119460501	0.078998073	0.101156069	0.103564547	0.078034682	0.090558767	0.0891368
代理机构/分支机构	0.042944785	0.052147239	0.058282209	0.073619632	0.079754601	0.082822086	0.095092025	0.110429448	0.153374233	0.251533742

　　利用 Excel 先对采集的数据进行标准化处理后，用熵值法计算出各三级指标对知识产权创造、运用、管理、保护及服务 5 个一级指标的权重，以及一级指标自身的权重。将三级指标的权重乘以每年相应指标的标准化数据，然后累计求和，即得每年知识产权（专利）经济绩效的综合评价分值（见表15）。

表 15　知识产权（专利）经济绩效的综合评价分值

	创造	运用	保护	管理	服务	经济绩效
权重	0.043010772	0.204858016	0.416331125	0.041765667	0.29403442	1
2008 年	0.009569291	0.000190782	0.011746175	0.006952681	0.001594519	0.030053448
2009 年	0.052574816	0.068947148	0.035249523	0.008241261	0.001816779	0.166829527
2010 年	0.012792877	0.107252439	0.015913202	0.009429801	0.001954055	0.147342374
2011 年	0.014420643	0.097412222	0.022083577	0.008803999	0.002265418	0.14498586

	创造	运用	保护	管理	服务	经济绩效
2012 年	0.017292884	0.078423938	0.070539303	0.010033874	0.002378905	0.178668904
2013 年	0.01871541	0.10094377	0.11091636	0.012627181	0.002433532	0.245636253
2014 年	0.019908151	0.136375404	0.105497327	0.011318897	0.002639102	0.27573888
2015 年	0.021348794	0.114404976	0.160069435	0.013379777	0.002869992	0.312072975
2016 年	0.021588388	0.107309763	0.223040789	0.012798575	0.003391808	0.368129322
2017 年	0.021494539	0.125442267	0.211210046	0.012902539	0.004094851	0.375144242

由表 15 可知，在成都平原经济区知识产权（专利）发展过程中，知识产权（专利）保护占有相对较大的比重，为 0.416331125；其次是知识产权（专利）服务和运用，其权重分别为 0.29403442 和 0.204858016；而知识产权（专利）管理和知识产权（专利）创造的权重分别是 0.041765667 和 0.043010772。由此可看出：成都平原经济区知识产权（专利）的经济绩效从 2008 年到 2017 年越来越高，说明区域内知识产权工作越来越好，越来越完善。

成都平原经济区知识产权（专利）的持续发展，需要进一步加强知识产权（专利）创造和知识产权（专利）管理这两部分的工作，特别是在提升专利创造质量方面，还须大力提升其发展空间。此外，还应当提高知识产权（专利）运用的效率。

3. 成都平原经济区知识产权（专利）支撑产业发展的调研

除了以上数据分析，在对相关城市的调研中也可以看出，近年来随着相关城市深入实施知识产权战略，成都平原经济区的知识产权创造与运用整体上不断深化，知识产权助推区域创新驱动和产业发展得到有效推进。其中，以下五个方面表现得更加突出：

①区域内各城市的知识产权法律制度不断完善。目前，区域内各市针对不同的市情制定了相关的地方法规，形成了体系较为完善、操作性较强、助推经济发展成效较为显著的地方知识产权法规和政策性文件体系。

②区域内各城市以企业为主体、市场化为导向的知识产权创新体系已经建立。一是各城市知识产权工作突出了企业的知识产权主体地位，鼓励企业制定、实施知识产权战略，提升员工知识产权意识；二是各个城市积极推动企业知识产权创造，促进企业专利数量与质量的同步增长；三是推动企业知识产权标准化管理，提升企业知识产权管理能力。

③区域内各城市知识产权保护体系不断健全。一是加大打击力度，切实整顿规范市场竞争秩序，形成公平有序的市场环境；二是探索建立"企业维权，行业自律，行政执法"三位一体的知识产权维权、自律和保护机制，拓展多元

化知识产权保护渠道；三是积极开展知识产权维权援助，为企业发展保驾护航。

④区域内各城市的知识产权运营工作取得新突破。一是规范知识产权的流通、转让机制，实现科技成果向市场的转化；二是依托知识产权运营基金、知识产权保险等手段开展知识产权质押融资等运营工作，不断深化知识产权运营工作。

⑤区域内各城市的知识产权服务日益活跃。一是知识产权服务机构数量不断增加；二是知识产权服务种类不断丰富，知识产权服务全链条正在形成。

二、中西部代表性经济区产业发展及知识产权（专利）状况

（一）武汉经济区产业发展及知识产权（专利）状况

1. 武汉经济区产业发展及知识产权（专利）状况概述

（1）武汉经济区产业发展状况概述

武汉经济区一直坚持新型工业化发展，以高新技术产业作为主导产业，根据区位优势、资源优势、人才分布等影响，高新技术产业呈现出总部、研发、营销、注册在武汉，产业基地、产品、生产在周边的区域产业结构，充分发挥了武汉市在区域中的优势和龙头作用。区域内的工业支柱性产业还包括交通运输机械制造业、冶金工业以及装备制造业等。

（2）武汉经济区知识产权（专利）概述

在过去几年，武汉经济区紧紧围绕建设具有全球影响力的产业创新中心，深入实施知识产权战略，不断提升区域知识产权创造、运用和保护水平，深化知识产权宏观管理和公共服务有效供给，知识产权创造、保护、运用、管理、服务能力得到有效提升。

2017年，武汉市获批国家知识产权强市创建市、国家中小企业知识产权战略推进工程试点城市。2018年，武汉市获批国家知识产权运营服务体系建设重点城市。武汉都市圈内有国家知识产权示范城市一座——武汉市，国家知识产权强县工程试点、示范区14个，通过国家知识产权试点示范城市验收的城市有3个，分别是黄石、孝感和鄂州。

2017年2月22日，武汉设立知识产权审判庭，是湖北省第一家跨行政区域审理知识产权案件的机构。2017年，武汉知识产权审判庭新收知识产权案件4129件，旧存991件，结案4431件，其中专利纠纷案件169件，年终案件结案率达到86%以上。

2. 武汉经济区知识产权（专利）及产业发展相关分析

（1）武汉经济区产业发展相关数据分析

武汉都市圈又称"1＋8"城市圈，是以武汉为圆心，由黄石、鄂州、黄

冈、孝感、咸宁、仙桃、天门、潜江周边 8 个城市所组成的城市圈。都市圈占地面积为 5.8 万平方公里，常住人口约 3700 万人，2017 年区域 GDP 约为 24900 亿元，有 22 所高校。区域内集中了湖北省一半以上的人口、六成以上的 GDP 总量，是湖北经济发展的核心区域。

武汉都市圈依托地处中国中部的区位优势，重点发展高新技术产业和战略性新兴产业。以汽车产业、电子电器、生物医药、高端装备制造、纺织服装、电子信息产业作为经济区内的支柱产业；以新能源汽车与智能互联网汽车产业、通用航空及卫星产业、新材料等作为经济区内的重点产业。

（2）武汉经济区知识产权（专利）相关数据分析

根据检索出的数据，武汉经济区从专利申请量来看，2008 年全年的申请量为 14701 件，2017 年的申请量达 73044 件，增长幅度较大；从专利授权量来看，武汉经济区 2008 年为 6209 件，2017 年达 33288 件（见图 4）。

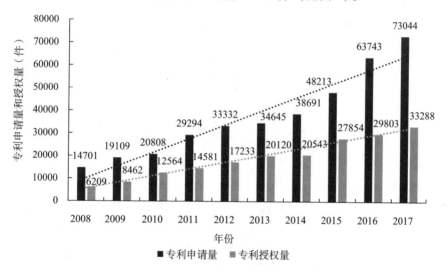

图 4　武汉经济区专利申请量和授权量情况（2008—2017 年）

从专利授权量的类别来看，发明专利的授权量从 2008 年的 1048 件增加到 2017 年的 9210 件；实用新型专利的授权量从 2008 年的 3916 件增加到 2017 年的 28413 件；外观设计专利的授权量从 2008 年的 1076 件增加到 2017 年的 4607 件（见图 5）。

从授权专利的占比来看，武汉经济区 2008—2017 年发明专利、实用新型专利呈现出缓慢上升的趋势，外观设计专利缓慢下降。但总体而言，发明专利、实用新型专利和外观设计专利的占比变化不大（见图 6）。

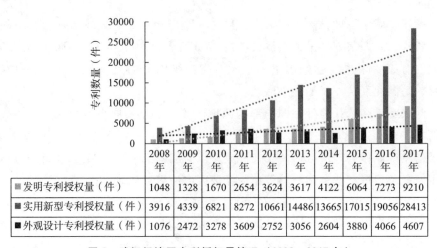

	2008年	2009年	2010年	2011年	2012年	2013年	2014年	2015年	2016年	2017年
■ 发明专利授权量（件）	1048	1328	1670	2654	3624	3617	4122	6064	7273	9210
■ 实用新型专利授权量（件）	3916	4339	6821	8272	10661	14486	13665	17015	19056	28413
■ 外观设计专利授权量（件）	1076	2472	3278	3609	2752	3056	2604	3880	4066	4607

图5　武汉经济区专利授权量情况（2008—2017年）

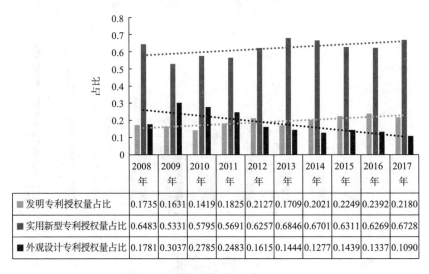

	2008年	2009年	2010年	2011年	2012年	2013年	2014年	2015年	2016年	2017年
■ 发明专利授权量占比	0.1735	0.1631	0.1419	0.1825	0.2127	0.1709	0.2021	0.2249	0.2392	0.2180
■ 实用新型专利授权量占比	0.6483	0.5331	0.5795	0.5691	0.6257	0.6846	0.6701	0.6311	0.6269	0.6728
■ 外观设计专利授权量占比	0.1781	0.3037	0.2785	0.2483	0.1615	0.1444	0.1277	0.1439	0.1337	0.1090

图6　武汉经济区专利授权类型分布情况（2008—2017年）

3. 武汉经济区知识产权试点示范开展情况

（1）知识产权试点示范城市建设情况

截至2017年12月，武汉经济区有4个城市开展了知识产权试点示范城市建设。其中，国家级知识产权示范城市有2个，分别是武汉市和黄石市；国家级知识产权试点城市也有2个，分别是鄂州市和孝感市（见表16）。

表16　武汉经济区知识产权试点示范城市

国家级知识产权示范城市	国家级知识产权试点城市
武汉市、黄石市	鄂州市、孝感市

（2）知识产权试点示范园区建设情况

截至 2017 年 12 月，武汉经济区有 2 个国家级知识产权试点示范园区，即武汉东湖新技术开发区和武汉经济技术开发区（见表 17）。

表 17　武汉经济区知识产权试点示范园区

城市	国家级知识产权示范园区
武汉市	武汉东湖新技术开发区
武汉市	武汉经济技术开发区

（3）知识产权强县工程建设情况

截至 2017 年 12 月，武汉经济区共有 8 个县（区）开展了国家级知识产权强县工程试点示范县（区）建设。从分布上看，除了武汉市外，其他城市仅有 1 个县（区）开展了此项工作。其中，武汉市有 4 个，分别是：青山区、武昌区、洪山区、黄陂区；孝感市有 1 个，即安陆区；咸宁市有 1 个，即通城县；黄石市有 1 个，即黄石港区；仙桃市有 1 个，即仙桃市（见表 18）。

表 18　武汉经济区国家级知识产权强县工程试点、示范县（区）

城市	知识产权强县工程试点、示范县（区）
武汉市	青山区
	武昌区
	洪山区
	黄陂区
孝感市	安陆区
咸宁市	通城县
黄石市	黄石港区
仙桃市	仙桃市

（二）关中平原城市群产业发展及知识产权（专利）状况

1. 关中平原城市群产业发展及知识产权（专利）概述

（1）关中平原城市群产业发展状况概述

关中平原是华夏文明重要发祥地，是古丝绸之路的起点，在国家现代化建设大局和全方位开放格局中具有独特战略地位。关中平原城市群地处中国内陆中心，是西部地区面向东中部地区的重要门户，同时也是西部地区第二大城市群。

由于关中平原城市群得天独厚的区位优势，区域内形成相对完整的工业体系，产业聚集度很高，加之"一带一路"倡议的实施，关中平原城市群成为全国重要的装备制造业基地、高新技术产业基地和国防科技工业基地。同时，航空航天、新材料、新一代信息技术等战略性新兴产业迅速发展，文化、旅游、物流、金融等现代服务业也快速崛起，关中平原城市群产业结构已步入中高端。

（2）关中平原城市群知识产权（专利）状况概述

关中平原城市群的创新综合实力位居全国前列，科教资源丰富、军工科技发展水平高，2016 年，R&D 投入强度超过 3%。区域内拥有相当数量的科技创新平台和人才：普通高校 99 所，在校大学生超过 100 万人，两院院士 64 人，各类科研机构 1100 多家，国家级重点（工程）实验室 25 家，国家级"双创"示范基地 4 家。

区域内现有国家知识产权试点示范城市 4 座，分别是西安市、咸阳市、宝鸡市、庆阳市。作为国家中心城市以及区域性重要节点城市的西安市，于 2017 年获批国家知识产权强市创建市以及国家中小企业知识产权战略推进工程试点城市，并于 2018 年 2 月设立了西北唯一的知识产权法庭——西安知识产权法庭。

2. 关中平原城市群知识产权（专利）发展相关数据分析

从专利申请量来看，关中平原城市群 2008 年全年的申请量为 12498 件，到 2017 年，关中平原城市群的年申请量达 101093 件，增长幅度较大；从专利授权量看，关中平原城市群 2008 年为 6387 件，到 2017 年，专利授权量达 34068 件（见图 7）。

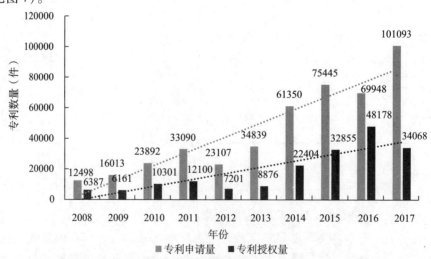

图 7　关中平原城市群专利申请量和授权量情况（2008—2017 年）

从专利授权量的类别来看，发明专利的授权量从 2008 年的 491 件增加到 2017 年的 5653 件；实用新型专利的授权量从 2008 年的 666 件增加到 2017 年的 5153 件；外观设计专利的授权量从 2008 年的 129 件增加到 2017 年的 3010 件（见图 8）。

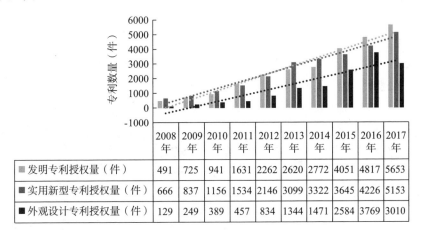

	2008年	2009年	2010年	2011年	2012年	2013年	2014年	2015年	2016年	2017年
▦ 发明专利授权量（件）	491	725	941	1631	2262	2620	2772	4051	4817	5653
▨ 实用新型专利授权量（件）	666	837	1156	1534	2146	3099	3322	3645	4226	5153
■ 外观设计专利授权量（件）	129	249	389	457	834	1344	1471	2584	3769	3010

图 8　关中平原城市群专利授权情况（2008—2017 年）

从授权专利的占比来看，2008—2017 年关中平原城市群发明专利、实用新型专利的占比相对比较稳定，变化不大（见图 9）。

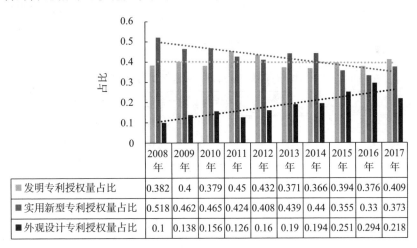

	2008年	2009年	2010年	2011年	2012年	2013年	2014年	2015年	2016年	2017年
▦ 发明专利授权量占比	0.382	0.4	0.379	0.45	0.432	0.371	0.366	0.394	0.376	0.409
▨ 实用新型专利授权量占比	0.518	0.462	0.465	0.424	0.408	0.439	0.44	0.355	0.33	0.373
■ 外观设计专利授权量占比	0.1	0.138	0.156	0.126	0.16	0.19	0.194	0.251	0.294	0.218

图 9　关中平原城市群专利授权量占比分布情况（2008—2017 年）

3. 关中平原城市群知识产权试点示范开展情况

（1）知识产权试点示范城市建设情况

截至 2017 年 12 月，关中平原城市群有 4 个开展了国家级知识产权试点示范城市建设。其中，知识产权示范城市有 1 个，即西安市；知识产权试点城市有3个,即宝鸡市、咸阳市和庆阳市(见表19)。

表19 关中平原城市群知识产权试点示范城市

知识产权示范城市	知识产权试点城市
西安市	宝鸡市、咸阳市、庆阳市

(2)知识产权试点示范园区建设情况

截至2017年12月,关中平原城市群有3个城市开展了国家级知识产权试点示范区建设,包括:西安市的西安高新区、咸阳市的杨凌农业高新技术产业示范区、宝鸡市的宝鸡高新技术开发区(见表20)。

表20 关中平原城市群知识产权试点示范园区

城市	国家级知识产权试点示范园区
西安市	西安高新区
咸阳市	杨凌农业高新技术产业示范区
宝鸡市	宝鸡高新技术开发区

(3)知识产权强县工程建设情况

截至2017年12月,关中平原城市群(陕西省部分)有4个城市开展了国家级知识产权强县工程试点示范县(区)建设,分别是:西安市的碑林区、雁塔区、户县;咸阳市的彬县、武功县、渭城区、三原县;渭南市的蒲城县;宝鸡市的眉县、岐山县、陈仓区(见表21)。

表21 关中平原城市群国家级知识产权强县工程试点、示范县(区)

城市	知识产权强县工程试点、示范县(区)
西安市	碑林区
	雁塔区
	户县
咸阳市	彬县
	武功县
	渭城区
	三原县
渭南市	蒲城县
宝鸡市	眉县
	岐山县
	陈仓区

三、三大经济区产业发展及知识产权（专利）简要分析

从前文的基础数据可以看出，成都平原经济区、武汉经济区和关中平原城市群（陕西省部分）在推动知识产权（专利）发展以及知识产权（专利）支撑产业发展方面有着相似之处。

（一）产业发展情况简要分析

1. 区域经济发展迅猛

以成都市、武汉市、西安市为核心的三大经济区都是我国内陆地区重要的经济增长极之一。其中，由成都市、德阳市、绵阳市、遂宁市、乐山市、雅安市、眉山市、资阳市等城市组成的成都平原经济区，历来是四川省经济最重要的支撑。该经济区集中了全省40%的人口，经济总量占全省60%，是西部地区城镇密度最大的区域之一，也是全省最发达的地区。以武汉市为核心的"1＋8"武汉经济区是我国中部及长江中游最大、最密集的城市群，已成为湖北省经济社会发展的快速增长极。武汉经济区拥有良好的自然条件、相对较好的资源条件、优越的交通通信区位条件和智力密集的科教等条件，在国内具有一定的竞争优势，发展潜力巨大。关中平原城市群地处我国内陆中心，是亚欧大陆桥的重要支点，是西部地区面向东中部地区的重要门户，其工业体系完整，产业聚集度高，是全国重要的装备制造业基地、高新技术产业基地、国防科技工业基地，航空、航天、新材料、新一代信息技术等战略性新兴产业发展迅猛，文化、旅游、物流、金融等现代服务业快速崛起，产业结构正在迈向中高端。

2. 创新综合实力雄厚

成都平原经济区、武汉经济区和关中平原城市群聚集了大批高等院校和科研院所，科教资源、军工科技等位居全国前列，科研教育资源集中，具备了人才云集、创新资源丰富、技术先进和产业基础好等优势，形成了有利于产业创新和发展的区域环境。截至目前，成都平原经济区拥有国家级科研机构46家，国家级工程技术研究中心、企业技术中心、研发平台等超过130家；省、市级工程技术研究中心、企业技术中心、企业创新平台、科研机构等达1459家，拥有各类高校86所（其中985院校2所、211院校6所、双一流高校9所）。武汉经济区科教综合实力位列全国前列，科教资源的优势比较突出。其中，武汉市的普通高校和在校学生数多于成都，而且其拥有国家级实验室、重点实验室18个，国家级企业技术研究中心21个，分别比成都多8个和12个。关中平原城市群的研发经费投入强度超过3%，拥有普通高校99所，在校大学生超过100万人，两院院士64人，各类科研机构1100多家，国家级重点（工程）实验室

25 家，国家级"双创"示范基地4家。

3．高新技术产业发展颇具规模

成都平原经济区、武汉经济区和关中平原城市群的高新技术产业一直以来保持了良好的发展势头。其中，成都平原经济区把产业发展放在承接国际产业转移、参与全球产业分工的高度去谋划，大力发展高端产业和产业高端，通过发展先进制造业、战略性新兴产业、现代服务业，加快构建具有国际竞争力和区域辐射力的现代产业体系，打造成为国家重要的现代产业基地。武汉经济区的核心城市武汉市是我国重要的老工业基地，钢铁产量位居全国城市前列，汽车产业位居全国城市前三名，武汉光谷发展迅速，光纤光缆产量位居世界第二，而武汉周边八个城市基本上都形成了初具规模且具有一定比较优势的支柱产业。关中平原城市群以西安全面创新改革试验为牵引，围绕产业链布局创新链，围绕创新链培育产业链，统筹推进军工、科研创新机制改革，加快军工、科技资源优势向创新优势、产业优势转化。

（二）知识产权（专利）情况简要分析

1．知识产权（专利）申请量和授权量简要分析

作为中西部地区的代表性区域，成都平原经济区、关中平原城市群和武汉经济区贯彻实施知识产权战略以来，知识产权（专利）的创造引人注目。成都平原经济区的专利申请量从2008年的22023件跃升到2017年的142360件；关中平原城市群的专利申请量从2008年全年的12498件增长到2017年的101093件；武汉经济区的专利申请量从2008年的14701件增长到2017年的73044件（见图10）。

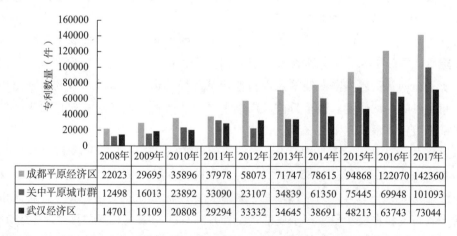

图 10　成都平原经济区、关中平原城市群和武汉经济区专利申请量对比

授权量方面，成都平原经济区从2008年的11792件跃升到2017年的53577

件；关中平原城市群从 2008 年的 4387 件增长到 2017 年的 34068 件；武汉经济区从 2008 年的 6209 件增长到 2017 年的 33288 件（见图 11）。

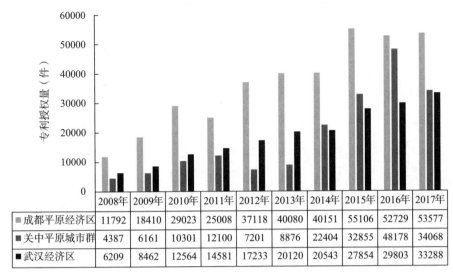

	2008年	2009年	2010年	2011年	2012年	2013年	2014年	2015年	2016年	2017年
■成都平原经济区	11792	18410	29023	25008	37118	40080	40151	55106	52729	53577
■关中平原城市群	4387	6161	10301	12100	7201	8876	22404	32855	48178	34068
■武汉经济区	6209	8462	12564	14581	17233	20120	20543	27854	29803	33288

图 11 成都平原经济区、关中平原城市群和武汉经济区专利授权量对比

2. 授权专利类别分析

从授权专利的类别来看，10 年来成都平原经济区、关中平原城市群和武汉经济区的发明专利、实用新型专利和外观设计专利的授权量均得到较快速度的增长。其中：

成都平原经济区的发明专利授权量从 2008 年的 992 件增加到 2017 年的 10188 件，实用新型专利的授权量从 2008 年的 4353 件增加到 2017 年的 27762 件，外观设计专利的授权量从 2008 年的 6447 件增加到 2017 年的 15627 件。

关中平原城市群的发明专利授权量从 2008 年的 491 件增加到 2017 年的 5653 件，实用新型专利的授权量从 2008 年的 666 件增加到 2017 年的 5153 件，外观设计专利的授权量从 2008 年的 329 件增加到 2017 年的 3010 件。

武汉经济区的发明专利授权量从 2008 年的 1048 件增加到 2017 年的 9210 件，实用新型专利的授权量从 2008 年的 3916 件增加到 2017 年的 28413 件，外观设计专利的授权量从 2008 年的 1076 件增加到 2017 年的 4607 件。

总体而言，3 个经济区中，成都平原经济区各类专利的增长量要高于其他两个经济区（见图 12、图 13、图 14）。

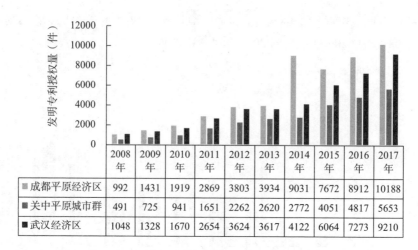

图 12　成都平原经济区、关中平原城市群和武汉经济区发明专利授权量比较

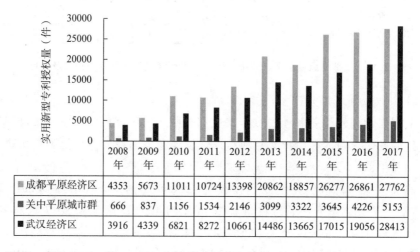

图 13　成都平原经济区、关中平原城市群和武汉经济区实用新型专利授权量比较

四、成都平原经济区知识产权（专利）发展战略的对策与举措

（一）研究结论

基于前文的分析论证结果可以看出：从整体上看，知识产权对促进成都平原经济区经济增长具有较强的显著性。无论从短期还是长期来看，知识产权对经济增长均有显著的促进作用；另外区域的知识产权工作分解到知识产权的创造、运用、管理、保护和服务 5 方面后，对经济的贡献度呈现出一定的差异。由此可以得出以下研究结论：

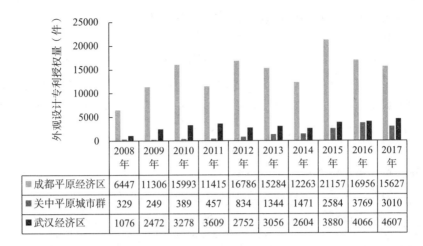

	2008年	2009年	2010年	2011年	2012年	2013年	2014年	2015年	2016年	2017年
成都平原经济区	6447	11306	15993	11415	16786	15284	12263	21157	16956	15627
关中平原城市群	329	249	389	457	834	1344	1471	2584	3769	3010
武汉经济区	1076	2472	3278	3609	2752	3056	2604	3880	4066	4607

图 14　成都平原经济区、关中平原城市群和武汉经济区外观设计专利授权量比较

（1）需积极实施知识产权战略。从中西部区域看，成都平原经济区的知识产权具有一定的比较优势。当前，成都平原经济区的知识产权面临从比较优势转向知识产权优势的机遇期，而知识产权优势的积累和发挥作用则主要依赖于改革和自主创新。因此，提升区域自主创新能力，建设创新型省、市，必须要积极实施知识产权战略，不断积累知识产权优势，提升区域的核心竞争能力和可持续发展能力，以适应现阶段推进四川经济高质量发展的需要。

（2）进一步提升区域知识产权创造功能。知识产权创造是知识产权工作的起点。目前，成都平原经济区 R&D 投入占 GDP 的比重仅为 2.34% 左右，还须进一步提升。此外，从专利质量来看，仍要提升发明专利授权量、职务发明授权量的比重，增加自主核心专利的拥有量，以改变成都平原经济区在产业链中所处的地位。

（3）提高知识产权的运用效率，促进知识产权成果转化，活跃知识产权交易市场。目前，成都平原经济区各个城市已通过制定实施一系列法规、政策，促进本市的技术创新成果实现转移、转化。这些政策和创新目标的实现仍依赖于市场机制的作用，通过商业化途径得以顺利发挥。值得注意的是，就整体而言，成都平原经济区各个城市的科技成果转化率还处于较低水平，与科技创新的形势要求和经济发展目标仍然不适应。因此，需要采取一定的措施，使技术创造者的利益得到某种程度的实现，以激励创造者转让技术或者致力于新的科技创新。

（4）促使知识产权管理向企业推进。企业是创新主体，也是知识产权主体，因此，企业知识产权工作的推进是提升区域经济竞争力的关键所在。目前，成都平原经济区企业整体上开展知识产权工作的基础相对薄弱，运用知识产权制度的能力不强，并且知识产权意识较弱，只有改变这种现状，才能从根本上促使成都平原经济区经济实现高质量发展。

（5）强化知识产权保护体系建设，大力加强知识产权创造和保护。实现自主创新成果产权化，需要将知识产权的创造与保护作为自主创新的核心。通过对这种权利化创新成果的运用，构建完备的知识产权保护体系，以保护企业不断创新的积极性和活力。

（6）打造完善的知识产权服务链。一方面，要建立健全知识产权交易、科技创新、技术信息资源等共享服务平台，进一步拓宽多元化投融资渠道，促进知识产权创造、流通、转移和转化；另一方面，要提高知识产权社会服务水平，培育更多的知识产权（专利）中介服务机构、专利代理人以及其他知识产权专业服务人才。

（二）区域经济发展的知识产权策略和建议

基于上述结论，本文提出的政策建议如下：

（1）由于知识产权对区域经济增长无论是长期还是短期都有显著的促进作用，因此，成都平原经济区应深入贯彻实施知识产权战略，加强区域内不同城市间知识产权的协同，通过创造、保护、管理、运营知识产权资源等方式，对资本、人才、资源进行市场配置，保障知识产权体系的有效运转。提高市场经济运行机制，将成都平原经济区知识产权资源的相对优势变为市场竞争优势，促进形成公平、有序的知识产权环境，增强区域知识产权产品的竞争力。

（2）由于专利政策、研发投入、专利产出与区域经济之间存在密切的正相关，因此，地方政府应积极配合国家政策和产业发展的需要，做好专利基础工作，建立和完善相关地方法规和政策，强化专利成果的转移转化，促进区域专利授权量的持续增长，不断增强知识产权意识。同时，应制定有效的专利质押融资政策，加大科技投入，强化创新驱动。

（3）由于技术市场交易对区域经济有积极影响，因此，成都平原经济区相关城市应根据区域经济一体化的进程，充分发挥市场配置科技资源的基础作用，有效汇聚各个城市的资源，加大对技术交易的支持，推动区域内技术市场的联合与互动，促进专利与资本的有效对接，提高专利成果产业化效率，推动专利与经济的结合，为地方经济发展做出更大贡献。

（4）发挥专利产业化对地方经济的推动作用，引导企业加强对知识产权的管理和实施，提高市场经济主体的知识创新和技术创新能力，加强专利转移转化，使知识产权资源得到不断创造和有效利用，在推动传统产业依靠知识不断升级的同时，形成新的知识产业链。同时，运用知识产权规则参与市场竞争尤其是国际市场竞争，培育一批核心竞争力强、拥有自主知识产权的企业，促进企业不断增强市场竞争优势，在此基础上形成具有区域特色的知识产权产业集群，在知识产权经济和知识产权优势不断积累的基础上占领战略性新兴产业、特色支柱产业等产业高地，大幅提升区域内产业的竞争力。此外，加强"产学研用"合作，鼓励高等院校、科研机构在合理分离权益的基础上将自主知识产权的技术向企业转移。

（5）建立健全专利的司法和行政双重保护制度，积极扶持专利事业的发展，提高专利行政执法效率。由于专利、研发投入与区域经济之间存在密切的正相关性，因此地方政府应做好专利的各项基础工作，建立和完善相关地方法规和政策，强化对专利成果的保护意识，通过建设特色鲜明和优势突出的区域知识产权（专利）行政和司法保护体系，促进地方专利授权数的持续增长。

五、德阳在成都平原经济区知识产权（专利）发展战略中的对策与举措

（一）德阳市的区位优势及知识产权（专利）基础

德阳市地处成都平原经济带的最核心区域，是古蜀文化发祥地，是国家重装基地、制造业基地、四川向西开放的前沿阵地、成渝经济圈重要区域中心城市和成都经济区重要增长极，区位优势明显，工业基础雄厚，文化底蕴深厚，开放程度较高。

一直以来，德阳市把知识产权（专利）纳入全市经济、社会发展战略，知识产权支撑作用凸显，知识产权创造、运用、保护和管理能力得到显著提升。

一是知识产权（专利）综合实力稳步增长。2012年以来，德阳市专利申请量和专利授权量年均增长分别为49.1%和39.2%。目前，全市专利申请累计22915件，专利授权14238件，每万人发明专利4.336件，11项专利获得中国专利优秀奖、12项专利获得四川省专利优秀奖。

二是知识产权（专利）运用水平大幅提高。"十二五"期间，德阳市新增专利实施项目超过1000项，实现销售收入超过300亿元；新增利税超过70亿元；出口创汇超过4亿美元，企业专利等知识产权运用转化成效显著。创新"银行贷款＋保险保证＋风险补偿＋财政补贴"的专利质押融资服务的"德阳模式"，设立了500万元的风险补偿资金和100万元专项补助资金，确定开展专利质押服务的主办银行10家、保险机构1家、无形资产评估机构4家，4个知识产权试点园区的3963件专利授信9.8亿元，受益企业1400多家；实现知识产权质押融资3.83亿元，涉及企业70多家，质押专利140余件、商标5件，为企业打开持续健康发展的上升通道起到了重要作用，被国务院确定为"全

创"可复制可推广经验成果并在全国推广。

三是知识产权（专利）保护工作成效显著。"十二五"期间，德阳市与成都、绵阳、遂宁等 10 个市州建立了川北片区专利行政执法协作机制，参加泛珠三角区域知识产权执法协作等活动，建立了跨地区知识产权行政执法新模式；联合市级相关部门组织专利执法检查 100 余次，出动执法人员超过 500 人次，检查生产经营场所 200 多家，查处侵犯知识产权及制售假冒伪劣商品 2 万余件（种）；调处、查处专利案件 140 余件，结案率 100%。建立了知识产权举报投诉服务中心、知识产权维权援助中心、知识产权仲裁院，开通了"12330"维权援助热线。全市法院共受理各类知识产权案件 742 件，结案率为 99.19%，其中，受理商标纠纷案件 156 件，审结 152 件，结案率 97.44%；受理著作权纠纷案件 586 件，审结 584 件，结案率为 99.66%。

（二）知识产权强市建设对策及举措

德阳市委市政府提出：实施创新引领行动，推动高质量发展，进一步完善现代产业体系，加快建设先进制造强市，围绕打造世界级重大装备制造基地，坚持传统产业改造和新兴产业培育并重，实施制造业强市战略，着力培育"万亿产业、千亿园区、百亿企业"，倾力打造装备智造之都、改革开放高地、古蜀文化名城、美丽幸福家园"四张名片"，构建发展规划、交通建设、通信设施、城市品质、产业布局和政策联动等方面高度协同的成德同城化发展空间格局。

围绕市委市政府中心工作，到 2020 年，德阳市培育 100 个知识产权密集型产品和企业，建成七个知识产权密集型产业集聚区，形成九大知识产权密集型产业，累计专利申请量超过 50000 件，累计专利授权量超过 30000 件，有效发明专利超过 3000 件，企业运用知识产权（专利）参与市场竞争的能力明显提升，知识产权（专利）的市场价值充分显现，形成知识产权创造优质、运用高效、保护有力、管理科学、服务提升、人才集聚的局面，对科技、经济、文化和社会发展的推动作用充分发挥，知识产权（专利）发展主要指标达到全国地级市先进水平。

1. 深入实施创新驱动发展战略和知识产权战略

深入贯彻十九大精神和习近平总书记系列重要讲话精神，以"四个全面"战略布局为统领，坚持创新、协调、绿色、开放、共享的发展理念，坚持以推进供给侧结构性改革为主线，贯彻新发展理念，激发创新活力，深入实施创新驱动发展战略和知识产权战略，加强知识产权（专利）创造、保护、运用和管理，为加快知识产权强市建设提供有力支撑。

一是坚持改革创新。全面深化知识产权领域改革，推动知识产权领域、方法、技术、制度和文化创新，探索知识产权工作新理念和新模式，保障创新者的合法权益，破除制约知识产权创造、运用、保护和管理的体制机制障碍，激发全社会参与创新创业热情。

二是坚持统筹发展。加快转变德阳知识产权行政管理职能，创新行政管理方式，形成高效的知识产权治理体系，加强知识产权与产业、科技、金融、外贸以及军民融合、生态文明建设等政策的工作衔接，整体提升与重点突破相结合，推动德阳市知识产权事业全面、协调、可持续发展。

三是坚持开放共享。加强内外联动，增加知识产权公共产品和公共服务有效供给，强化知识产权基础信息共享、开放和传播利用。根据知识产权资源分布和经济科技发展的实际需求，加强重大理论、重要规则、重点问题的分析和研究，实现新的制度组合，提供新的制度供给，提升知识产权创造、运用、保护、管理、服务和国际交往能力，助力德阳经济在新常态下不断提质增效升级。

四是坚持服务支撑。按照转变政府职能、建设有为政府的要求，深入推进简政放权、放管结合、优化服务改革，完善知识产权公共服务体系。加强知识产权服务机构能力建设，培育和发展知识产权服务业。

2. 深化创新改革提升知识产权管理能力

一是推进知识产权管理体制机制改革。按照国家、省知识产权综合管理改革试点总体要求，适时推动符合条件的县（市、区）开展专利、商标、版权等知识产权"三合一"体制改革；加大知识产权保护力度，建立包括司法审判、刑事司法、行政执法、快速维权、仲裁调解、行业自律、社会监督在内的知识产权保护工作体系；严厉打击侵犯知识产权的违法犯罪行为，推进知识产权快速协同保护；促进知识产权高效运用，发挥知识产权在科技创新、产业转型升级、新兴产业培育等方面的引领作用，做好知识产权运营工作，促进知识产权转移转化，大力发展知识产权密集型产业。

二是加强知识产权金融创新改革。建立与投资、信贷、证券、担保、保险等工作相结合的多元化知识产权金融服务工作机制，促进知识产权与金融资源的有效融合，努力实现知识产权转移转化和价值提升。

3. 提高知识产权（专利）质量，促进产业转型升级

一是建立专利质量提升激励机制。强化发明专利导向，完善专利奖励和资助政策，鼓励企事业单位对创新成果进行保护；依托工程技术中心、重点实验室及孵化器等创业平台，加强原始创新和发明专利创造，提高发明专利拥有量，引导企业以相关专利技术为纽带建立专利联盟，促进专利协同运用；鼓励企业向国外申请专利，提升"德阳造"进军国外市场的核心竞争力。

二是优化重点产业知识产权布局。结合重装之都、智造之都，在德阳市重点产业形成一批核心共性技术知识产权；推动知识产权协同运用和产业专利导

航等工作，支持骨干企业、高校、科研院所协同创新、联合研发，在制造领域、石墨新材料、高端石化装备、清洁能源装备、生物医药等产业领域形成一批产业化导向的专利组合，强化创新成果转化运用。

三是大力发展知识产权密集型产业。采取市场化方式引导社会资金投入知识产权密集型产业，培育和发展一批高增长、高收益的知识产权密集型产业；鼓励有条件的县（市、区）、经济技术开发区、高新区发展知识产权密集型产业集聚区。

四是支持知识产权联盟发展。支持和鼓励组建产业知识产权联盟，对联盟发展状况进行评议、监测和分类指导；支持成立知识产权服务联盟，构筑和运营产业专利池，建立重点产业知识产权侵权监控和风险应对机制；鼓励社会资本设立知识产权运营基金，提高知识产权运营水平；围绕德阳市重大产业规划、政府重大投资项目等开展知识产权评议，积极开展重大经济科技活动知识产权评议试点工作；建立科技计划（专项、基金等）知识产权目标评估制度；加强知识产权评议专业机构建设和人才培养，积极推动评议成果运用；支持骨干企业与专业机构在重点领域合作开展评议工作，防范知识产权风险。

4. 加强知识产权（专利）保护

一是强化知识产权保护"三合一"改革。发挥知识产权司法保护作用，构建公正、高效的知识产权司法保护体系；推进知识产权民事、刑事、行政案件"三合一"试点，建立与公安机关、检察机关及知识产权行政执法机关协调一致的审判工作机制；加大对知识产权侵权行为的惩治力度。完善常态化打防工作格局，进一步优化全程打击策略，全链条惩治侵权假冒犯罪。深化行政执法部门间的协作配合，探索使用专业技术手段，提升信息应用能力和数据运用水平，完善与电子商务企业的协作机制。加强打假专业队伍的工作能力建设，整合知识产权执法资源，加强知识产权行政执法队伍建设，改善知识产权行政执法条件，提高执法专业化、信息化、规范化水平。完善知识产权跨地区执法协作机制，积极开展执法专项行动，严厉打击知识产权违法行为。

二是深化知识产权维权援助。建立侵犯知识产权在线举报系统，完善专利、版权线上执法办案系统；完善知识产权行政执法监督，加强执法维权绩效管理。健全知识产权维权援助体系，完善维权援助举报投诉机制，畅通"12330"知识产权维权援助热线及"12315"消费者投诉举报热线。建立知识产权纠纷多元解决机制，加强知识产权仲裁机构和纠纷调解机构建设。

三是加强重点领域知识产权保护。做好电子商务领域的知识产权执法维权工作，开展线上与线下执法维权工作。加强对网络侵权的监管和查处力度。加强创业知识产权保护，保护商业模式等新形态创新成果的知识产权。构建中医药知识产权综合保护体系，建立医药传统知识保护名录。加大对食品、药品、环境等领域的知识产权保护力度，建立健全创新药物、新型疫苗、先进医疗装备等领域的知识产权保护机制；加强污染治理和资源循环利用等生态环保领域的专利保护，开展知识产权保护进乡村专项行动，加强农村市场知识产权行政执法条件建设，针对食品、农资等重点产品生产加工企业和专业市场，加大对侵权假冒商品的打击力度。

5. 加快知识产权（专利）转化运用

一是建立完善的知识产权（专利）运营体系。创新知识产权运营模式，培育与德阳产业发展相适应的知识产权运营机构，开展知识产权产业化试点示范工作，促进知识产权产业化；加强知识产权交易平台建设，建立专利价值评估、转化和企业孵化系统集成综合服务平台，促进知识产权产业化、商品化。完善知识产权服务体系，建设集知识产权资源数据库、产业专题数据库、农产品知识产权信息平台、知识产权服务信息平台等于一体的德阳市知识产权综合服务平台；市县共建，拓展基层服务渠道，满足基层服务需求；培育和发展知识产权服务业，引入高端知识产权服务资源，适时建设知识产权服务业发展集聚区。加快培育知识产权服务品牌机构，成立区域性服务联盟。

二是促进知识产权（专利）转移转化。建立社会化的知识产权（专利）价值评估体系，发掘知识产权商用价值，畅通转化渠道，提升专利运用效率；建立专利转化交易公共服务机制，组织专利技术对接会，通过多元化渠道进行系统运作，组织优秀专利项目参加国内外大型展会和交易会，促进专利转移、转化和实施；建立和发展专利技术交易服务联盟，促进专利资源共享，拓宽交易转化渠道；指导企业开展知识产权（专利）资本化运作，在企业并购、股权流转、对外投资等活动中加强知识产权（专利）评估管理。

三是开展知识产权（专利）金融服务工作。深入开展知识产权投融资服务试点、知识产权质押融资风险补偿试点，加强专利、商标、版权等质押贷款工作。建立以"银行贷款＋保险保证＋政府补偿"为特色的知识产权质押融资新模式，破解中小微企业融资难瓶颈；把专利保险作为促进企业专利保护与运用的重要保障，化解企业知识产权运用的侵权风险；推进知识产权同多层次资本市场的有效对接，为具有自主知识产权的科技型企业提供强大的资金支持和专业的金融服务。

四是促进科技成果产权化和商用化。建立产学研用协同创新的知识产权服务保障机制，促进职务发明专利产业化；组织高校、科研院所和企业的知识产权供需对接活动；进一步加大天使基金、双创基金及风投和担保机构参与知识产权转化运用的支持力度。

　　五是构建产业化导向专利组合和战略布局。围绕重点产业积累和储备一批核心技术知识产权，培育一批综合实力强的知识产权优势企业，鼓励和支持企业运用知识产权参与市场竞争；支持组建知识产权联盟，推动市场主体开展知识产权协同运用促进中心建设；建立知识产权评议机制，深入开展知识产权评议工作；鼓励和支持骨干企业与专业机构合作开展专利评估、收购、运营、风险预警与应对等。开展现代农业知识产权资源分析，强化德阳主要农作物产能提升协同创新中心知识产权保护工作。

　　6. 大力推进知识产权强市、强县、强企工作

　　一是强化知识产权试点示范建设。加强知识产权示范城市建设工作，强力打造知识产权强市，充分发挥知识产权对创新驱动发展和供给侧结构性改革的支撑作用，全面提升知识产权综合能力；推动广汉市、绵竹市、旌阳区知识产权强县工程试点工作，推动罗江、中江、什邡突出区域特色积极开展国家知识产权强县工程试点县（市、区）申报，市县强县工程全覆盖。

　　二是提升企业知识产权综合能力。积极推进企业知识产权管理规范贯标认证工作，促进企业知识产权管理升级；支持大中小型企业开展知识产权评议工作，在重点领域合作开展知识产权评估、收购、运营、风险预警与应对；引导知识产权服务机构助力企业形成知识产权竞争优势；着力推进专利优势企业创建工作，培育一批企业进入国家知识产权优势企业、示范企业行列，引导和带动全省企业全面提升知识产权创造、运用、保护和管理能力。

　　三是促进企业知识产权运用能力提升。深入实施企业知识产权"清零"计划，引导企业进行专利布局和构建专利池。面向全市规模以上企业开展专利技术产业化促进工作，提高企业核心专利技术实施与产业化水平；在科技型企业开展专利挖掘、专利布局、专利信息检索和专利分析等服务，引导企业运用新技术、新工艺创造新专利和新的市场需求。

六、结语

　　本文首先通过文献研究和理论研究阐述了成都平原经济区知识产权（专利）对区域经济增长的影响机理，然后基于成都平原经济区相关城市 2008—2017 年经济、产业和知识产权（专利）的相关数据，构建了区域知识产权（专利）对成都平原经济区 GDP 增长贡献度的数据分析。在此基础上得出如下结论：

　　（1）无论从短期还是长期来看，知识产权对经济增长均有显著的促进作用。

（2）通过对武汉经济区、关中平原城市群的对比研究可以看出，专利授权量等指标对区域经济的影响均显著，但不同区域的显著性有一定差异。一般来讲，对经济发达地区的影响更为显著。

（3）通过分析可以预见，随着成都平原经济区对知识产权战略的进一步推进，其在经济发展中的作用和影响将得到更大的发挥，从而促进成都平原经济区经济实现高质量发展。

基于上述结论，本文提出的政策建议是：

1）成都平原经济区应深入贯彻实施知识产权战略，加强区域内不同城市间知识产权的协同，增强区域知识产权产品的竞争力。

2）做好专利基础工作，促进区域专利授权量的持续增长；同时加大科技资金投入，强化创新驱动。

3）充分发挥市场配置科技资源的基础作用，促进专利与资本的有效对接，为地方经济发展做出更大贡献。

4）发挥专利产业化对地方经济的推动作用，提高市场主体的知识创新和技术创新能力，占领战略性新兴产业、特色支柱产业等产业高地，大幅提升区域内产业的竞争力。

5）建立健全专利的司法和行政双重保护制度，积极扶持专利事业的发展，提高知识产权的执法效率。

参考文献

[1] 郑刚，姜春林. 区域产业国际竞争力评价指标体系研究 [J]. 科学管理研究，2001，19（6）：24 – 27.

[2] 马治国，刘桢. "一带一路"倡议下"关中—天水经济区"知识产权战略构建研究 [J]. 陕西行政学院学报，2017（2）：106 – 111.

[3] 杨晨，杜婉燕，陈永平. 区域知识产权战略绩效评价指标体系构建的探究 [J]. 科技管理研究，2009（2）：246 – 248.

[4] 丁红林，罗建华. 知识产权在经济发展中的作用及对 GDP 增长贡献份额的测度 [J]. 长沙大学学报，2004（9）：23.

[5] 张炜. 研发投入、专利产出和经济增长关系的实证研究——基于浙江省统计数据 [J]. 科学学研究（增刊），2009（2）：323 – 326.

[6] 李建建，叶琪. 国内外有关区域竞争力评价指标体系的研究综述 [J]. 综合竞争力，2010（1）：81 – 87.

[7] 林甫. 面向产业竞争力评价的专利指标体系构建及应用 [J]. 图书情报工作，2014（7）：103 – 109.

[8] 顾国爱，魏法杰，单伟. 企业研发经费对专利能力影响的分类研究——基于2010年创

新型企业的实证分析 [J]. 科学学研究, 2012 (8): 1181 - 1186.

[9] 方厚政. 中国区域专利运营绩效评价和比较研究 [J]. 中国发展, 2015 (6): 65 - 70.

[10] 杨志萍, 等. 科技创新战略对区域经济发展的影响 [J]. 中国发展, 2015 (12): 68 - 73.

[11] 万小丽. 区域专利质量评价指标体系研究 [J]. 知识产权, 2013 (8): 65 - 67.

[12] 满群. 知识经济的核心问题是知识产权 [J]. 科技进步与对策, 1999 (4): 90 - 92.

[13] 饶扬德. 企业经营绩效的熵权系数评价方法及其运用 [J]. 工业技术经济, 2004 (4): 100 - 102.

[14] 戴宏伟, 郑垂勇, 赵敏. 江苏知识产权 SWOT 分析 [J]. 江苏商论, 2009 (4): 135 - 136.

[15] 陈恒, 侯建. R&D 投入、FDI 流入与国内创新能力的门槛效应研究——基于地区知识产权保护异质性视角 [J]. 管理评论, 2017 (6): 85 - 95.

[16] 杨晨, 施学哲. 区域知识产权竞争力的内涵探析 [J]. 科技进步与对策, 2010 (12): 53 - 55.

构建知识产权运营服务体系
助推经济高质量发展

何升元　张雪梅[●]

知识产权运营不仅是建立激励创新成果产出、激活专利市场价值的有效机制，也是衔接产业价值链、创新链与金融链的重要耦合剂。新形势下，无论是企业转型、产业升级还是经济提质增效，都需要充分挖掘知识产权"金矿"，激励创新创业者加强知识产权运用，使知识产权在大众创业、万众创新中发挥更大的作用。[1]

2015 年年底，国务院印发《关于新形势下加快知识产权强国建设的若干意见》，对新形势下加强知识产权保护和运用、加快知识产权强国建设做出了全面部署，成为我国未来一个时期知识产权工作的重要纲领和行动指南。自 2017 年起，中央财政部和国家知识产权局每年从全国选择 8 个创新资源聚集度高、辐射带动作用强、知识产权支撑创新驱动发展需求迫切的重点城市，分别予以 2 亿元的资金支持，专项用于开展知识产权运营服务体系建设，这对于提升企事业单位知识产权运用水平，唤醒"沉睡"的、有价值的知识产权，服务经济创新发展具有重要意义。

一、构建知识产权运营服务体系的价值分析

1. 企事业单位的需求

知识产权运营涉及权利人本身、政府、企业、高校、科研院所和中介服务机构等。企业及其所在的产业是知识产权运营的主体及主要的服务对象，知识产权运营平台发挥其作用和最终服务目标的实现都离不开产业和企业的参与。政府承担的是政策支持和导向作用，高校和科研院所承担着基础研究、创新能

● 作者简介：何升元，男，1972 年生，研究生，高级工程师，德阳市知识产权局党组书记、局长；张雪梅，女，1990 年生，硕士研究生，德阳市知识产权研究会副秘书长。

力支持的作用，中介服务机构是衔接知识产权运营服务体系各环节的重要桥梁和纽带，通过中介服务机构能够及时有效地将运营信息向平台的主体传达和反馈，有助于意向撮合，从而提升知识产权价值实现的速度与效率。[2]

2. 市场发展的趋势

伴随着知识产权制度的衍生，知识产权市场也在推陈出新，由此实现了由技术许可、技术转移向知识产权与金融资本、资本市场密切结合的商业模式的转变，不断开创知识产权保护应用的新时代。目前，国内探索出的知识产权运营模式主要有两种。[3]

（1）基础层面的运营，即知识产权使用权和所有权的交易，包括知识产权的独立实施、转让、特许经营、授权以及标准化等，本层运营模式以塑造知识产权产品影响力、拓展市场发展空间、提升企业市场价值为主。

（2）抽象层面的运营，即知识产权资本化运作，包括知识产权的质押融资、作价入股、证券化、信托以及将知识产权作为投融资工具等。

3. 发达城市的启示

在知识产权运营方面，中东部地区起步较早。这些城市经过多年的积累，已经形成比较成熟的知识产权运营机制，取得了显著的成绩，带动着全国科技、经济的发展。

（1）青岛方案

青岛市按照战略引领、创新驱动、改革创新、市场导向、政策集成、融合发展的原则，通过构建高价值专利培育体系、知识产权大保护体系和知识产权运营生态体系三大体系，实施专利导航产业创新工程、知识产权保护环境优化工程、知识产权运营服务平台建设工程、知识产权服务能力提升工程等十大工程，全面提升知识产权创造、运用、保护、管理和服务水平，强化知识产权对经济发展、文化繁荣和社会建设的贡献度。

（2）宁波方案

宁波知识产权运营服务体系建设重点以发展新材料、高端装备、新一代信息技术等知识产权密集型产业，谋求产业链竞争优势为主攻方向，以打造知识产权运营生态、拓展知识产权运营链条为核心，以配置全球知识产权资源、培育高价值专利组合为主线，加快构建以宁波市知识产权运营公共服务平台为载体，6家以上综合性专业化知识产权服务机构为运营主体，金融、法律、评估、产业分析、知识产权保护等相关配套服务为支撑的"1+6+N"知识产权运营服务体系。

（3）厦门方案

厦门市围绕两岸知识产权交易运营中心和"一带一路"知识产权云画报两

大重点项目，以知识产权运营服务平台体系为支撑，以培育高价值知识产权组合为核心任务，建设厦门城市知识产权运营服务平台，建设涵盖知识产权主题公园、服务业集聚区、示范产业园三大板块的核心区——厦门国际知识产权新城，形成覆盖知识产权全链条、服务重点产业的"平台＋机构＋资本＋产业"知识产权运营服务体系，以及"体系健全、聚焦产业、服务自创"的知识产权运营服务"城市生态圈"。

4. 构建运营体系的益处

开展知识产权运营服务体系建设工作，有利于更好地发挥知识产权制度激励创新的基本保障作用，激活知识产权应用市场，壮大地方知识产权服务新业态，以知识产权运营效益反哺城市创新创业、激励大众创新创业，为地方创建"对标国际、引领全国、支撑区域"的知识产权强市注入强劲动能。

二、知识产权运营服务现状的困境分析

1. 机构职责分散

目前，我国专利、商标、版权、植物新品种、地理标志等知识产权分别由国家市场监督管理总局、国家文化和旅游部、农业农村部等多个政府部门管理，另外，商务部、科技部、公安部、海关总署等部门也有各种不同领域的知识产权行政管理职能。自上而下，绝大部分地方知识产权行政管理都是采取多部门管理模式，这种模式存在着较多的弊端，已经不能适应我国经济发展的需要。

2. 平台建设落后

"大众创业、万众创新"的时代背景下涌现出很多创新创业者，有技术无路径的他们在起步之初极其渴望资源和平台，亟须得到有效的帮助和指导使他们度过初创艰难期。然而，当下知识产权运营平台服务功能欠缺、服务质量低下、服务要素缺乏、服务效率不高，使创业者很难获得知识产权运用于市场的资源要素和咨询服务，使创业脚步更显顾虑重重。[4]

3. 运营人才缺乏

当前，知识产权运营体系尚不完善，知识产品市场化刚起步，具备相应能力的专业人才严重短缺。知识产权运营人才需要具备良好的知识产权战略意识、扎实的知识产权业务基础、知识产权资源整合能力，拥有将知识产权运用贯穿于创新和市场竞争全过程的职业技巧。政府知识产权管理者缺乏对企业和市场的需求了解，未做好知识产权人才引进工作，致使知识产权运营者们的视野拓展受到极大的限制。

4. 知识产权与市场应用脱节

当前，我国知识产权在推动科技创新和经济发展方面的作用没有充分体现。高校与企业的联动机制尚未建立，部分有价值的科研成果错过了最好的孵化阶段，难以及时转化为现实利益。完善的知识产权审核制度缺乏，部分知识产权与企业发展的要求不相适应，导致无法对其产业化。知识产权从业者缺乏知识产权投资、经营、管理的意识和能力，在知识产权运营中常常处于不利地位。[5] 从而导致一面是有价值的科研成果因缺少资金投入被束之高阁；另一方面是企业得不到先进技术，创新能力不足的尴尬局面。

5. 知识产权运营风险防控能力较弱

首先，风险防控意识不强。知识产权研发时未进行专业的知识产权信息检索，导致投入大笔的研究经费所研发出来的产品侵犯他人知识产权而不能使用。其次，知识产权申请不及时。不同类型的组织机构同时进行知识产权的开发，即会出现甲企业早已开发出产品，但专利技术却被乙企业先申请的情况。再者，重复许可的风险较大。[6] 由于对知识产权许可的范围和方式难以把握，就会存在企业将知识产权成果重复以普通方式许可给第三方使用的风险，拥有专利许可的企业之间便会有着不可避免的竞争关系。

三、构建地方知识产权运营服务体系的对策

国家知识产权局贺化副局长曾在第十一届中国专利周活动中提出，知识产权运营作为一项新业态，要想得到长足发展，不断壮大行业规模，应该着重做好顶层设计和政策协同、能力提升和人才培养以及加强枢纽建设等基础性工作。

1. 要素完备的组织制度体系

政府健全的体制和完善的制度保障对于打通科技成果市场化的"最后一公里"有积极的促进作用。必须充分发挥有效市场和有为政府的作用，强化知识产权运用的体制机制建设，激发大众的创新成果转化热情，并将其转化为内生性的制度安排。围绕知识产权创造、保护、运用，建立高价值知识产权培育体系，构建知识产权大保护格局，完善知识产权运营全链条服务体系，积极发挥资源有效对接、信息统一汇聚、服务集中供给的综合性作用。

2. 运行顺畅的运营服务平台

在坚持政府引导、市场化运作的原则下，2014 年以来，国家知识产权局会同财政部，启动了以市场化方式促进知识产权运营服务工作，先后开展了平台建设、机构培育、运营基金和风险补偿基金等一系列试点。积极探索知识产权市场化、资本化运营模式，联合地方高校、科研院所，整合地方现有平台和资

源，搭建集知识产权托管、交易、运营、数据、应用等功能为一体，以知识产权资本化为特色的综合性知识产权运营服务平台，实现与国家知识产权公共服务平台的数据联通和共享。

3. 高效全面的运营机构体系

知识产权运营是促使知识产权迈向质量与价值的最佳实践，知识产权运营机构则是践行者。引进国内外知名知识产权运营机构，鼓励技术转移机构设立知识产权运营部门，引导企业、高校院所设立知识产权运营机构。培育一批专业服务水平较强、实践成果领先、商业模式成熟、发展理念前瞻的知识产权运营机构，引导知识产权代理机构向运营性服务转型，为企事业单位提供知识产权委托运营、专利布局与挖掘、高端人才/重大项目知识产权评议、技术转移、科技成果评价等专业服务。

4. 切实有效的资金人才保障体系

积极争取财政资金支持，发挥财政资金引导作用，鼓励社会资本投入，逐渐形成政府引导、企业主体、社会参与的知识产权投入格局。引进一批熟悉知识产权国际规则、适应国际竞争需要、懂技术、会管理的知识产权专业人才、紧缺人才、拔尖人才。全面落实地方人才优惠政策，建立知识产权人才信息库，实施知识产权人才培训工程，培养知识产权高素质人才。

5. 具有地方特色的产业发展体系

结合地方产业特色，加强政策集成和资源集聚，促进知识产权运营平台、机构、资本和产业等要素融合发展，打通产业链和资本链，推进知识产权运营与产业融合、支撑发展。设立知识产权运营引导基金，投向高价值专利培育、专利布局、专利密集型企业和产业投资等领域。支持以知识产权作价入股、信托、保险、质押融资等多种形式开展运营。

四、结语

知识产权运营是基于创新全过程和知识产权全生命周期的制度运用和权利经营，是推进技术、金融、产业融合发展的有效手段，其直接目的是推动知识产权价值实现，根本目的是推动产业创新发展。建立以企业为主体、市场为导向、产学研深度融合的技术创新体系，强化知识产权创造、保护、运用。一边储备知识产权运营知识，一边进行知识产权运营实践，实现优势互补、整体联动，努力提高知识产权运营效率，优化创新资源的配置，提高自主创新能力，建设创新型城市。

参考文献

［1］季节．完善运营服务体系挖掘知识产权"金矿"［N］．中国知识产权报，2016 - 06 - 15
（1）．

［2］王潇，张俊霞，李文宇．全球专利运营模式特点研究［J］．电信网技术 2018（1）：
1 - 6．

［3］杨晨，刘谦，戴凤燕．产业安全型专利运营探析：模式、结构与机理——基于扎根理论
的多案例研究［J］．科技进步与对策，2018，35（7）：18 - 26．

［4］李铎，黄红健．江苏：创新金融服务支撑强省建设［N］．中国知识产权报，2016 - 01 -
13（4）．

［5］倪新洁，梁彪，邹涛．企业知识产权运营模式探讨［J］．江苏科技信息，2014（24）：
9 - 10．

［6］董碧娟．知识产权运营服务体系建设持续开展　推动知识产权运营与实体产业融合
［N］．经济日报，2018 - 06 - 02（3）．

德阳市知识产权强市建设途径与方向研究

王　宏　　谢冈东❶

在市委市政府的领导下，德阳市深入实施创新驱动发展战略，认真落实《国家知识产权战略纲要》《四川省知识产权战略纲要》的总体要求，德阳市人民政府出台实施了《关于加快建设知识产权强市建设的实施意见》（以下简称《意见》）（德府发〔2016〕21号），把知识产权强市纳入全市经济、社会发展战略，知识产权支撑作用凸显，知识产权创造、运用、保护和管理能力得到显著提升。

《意见》提出：以加快产业转型升级为主线，以完善知识产权制度为重点，以发展知识产权密集型产业、企业为主攻方向，以优化知识产权法治环境为保障，加快体制机制改革，着力构建以自主知识产权为支撑，科技和经济深度融合的现代产业体系，建设特色明显、优势突出、有较强引领示范作用的知识产权强市。到2020年，培育100个知识产权密集型产品和企业，建成7个知识产权密集型产业集聚区，形成九大知识产权密集型产业，累计专利申请量超过50000件，累计专利授权量超过30000件，有效发明专利超过3000件，累计商标注册15000件，企业运用知识产权参与市场竞争的能力明显提升，知识产权的市场价值充分显现。到2020年，知识产权创造优质、运用高效、保护有力、管理科学、服务提升、人才集聚，充分发挥对科技、经济、文化和社会发展的推动作用，促进知识产权发展主要指标达到全国地级市先进水平。

一、良好发展态势为知识产权强市建设打下了坚实基础

"十二五"期间，知识产权创造、运用、保护、管理和服务水平显著提高。

---

❶ 作者简介：王宏，男，1958年12月生，高级工程师，德阳市知识产权研究会理事长。从事科技和知识产权行政管理工作30余年（其中知识产权20余年），著有《企业专利统计指标体系研究》《中国重大技术装备基地知识产权发展战略研究》《知识产权概论讲座》《德阳知识产权运营服务体系建设》《成都平原经济区知识产权发展战略研究及对策》等；谢冈东，男，1964年生，高级工程师，德阳市知识产权研究会秘书长，从事知识产权工作20余年。

（1）知识产权综合实力稳步增长

专利申请量从 2012 年的 2108 件增至 2016 年的 5964 件，年均增长 21.5%；专利授权量从 1085 件增至 1911 件，年均增长 25.4%；发明专利申请量从 629 件增至 1217 件，年均增长 31.2%。截至 2016 年年底，全市专利申请累计达到 15633 件，专利授权 11027 件，每万人发明专利拥有量从 2011 年的 0.88 件提高到 2016 年的 3.589 件。德阳市有效注册商标达 15019 件，居全省前列，年均增长率 25%，2016 年年底德阳市拥有中国驰名商标 27 件，四川省著名商标 81 件，知名商标 210 件，中国驰名商标、四川省著名商标数量位居全省前列。植物新品种、作品登记数量和计算机软件著作权登记量及地理标志、集成电路布图设计等知识产权注册登记数量大幅增加。

（2）知识产权运用水平大幅提高

"十二五"期间，新增专利实施项目超过 1000 项，实现销售收入超过 300 亿元；新增利税超过 70 亿元；出口创汇超过 4 亿美元，企业专利等知识产权运用转化成效显著。创新知识产权运营模式，知识产权与金融融合取得重大进展，积极探索开展专利质押融资、专利保险、专利运营等工作。

（3）知识产权保护工作成效显著

"十二五"期间，同成都、绵阳、遂宁等 10 个市州建立了川北片区专利行政执法协作机制，参加泛珠三角区域知识产权执法协作等活动，建立了跨地区知识产权行政执法新模式；联合市级相关部门，组织专利执法检查 100 余次，出动执法人员超过 500 人次，检查生产经营场所 200 多家，查处侵犯知识产权及制售假冒伪劣商品 2 万余件（种）；调处、查处专利案件 140 余件，结案率 100%。建立了知识产权举报投诉服务中心、知识产权维权援助中心、知识产权仲裁院，开通了"12330"维权援助热线。全市法院共受理各类知识产权案件 742 件，结案率为 99.19%，其中，受理商标纠纷案件 156 件，审结 152 件，结案率 97.44%；受理著作权纠纷案件 586 件，审结 584 件，结案率为 99.66%。

二、存在的薄弱环节为知识产权强市建设找到了突破口

"十二五"期间，我市知识产权事业发展存在许多薄弱环节，与知识产权强市建设不相适应。

一是知识产权管理体系相对薄弱，统筹协调和宏观管理能力及推动工作的方法和手段不足。

二是知识产权工作与经济、科技、产业政策融合不够深入，对经济社会发展的支撑作用有待加强。

三是知识产权服务机构建设相对滞后，高端人才缺乏，不能满足市场主体对知识产权增值服务的需求。

四是企业知识产权工作发展内生动力不足，工作过多依赖于政府引导，受政策调控等不确定性因素影响较大，对技术成果予以知识产权保护的主动性不强。

五是区域发展不平衡，每万人发明专利拥有量明显偏低。

存在这些问题的原因，既有工作理念不适应深化改革要求，也有体制机制不适合发展需要，还有工作方法拘泥于常规化。针对存在的问题要采取有效措施，推动全市知识产权事业全面协调可持续发展。

三、知识产权强市建设是实现新跨越的重要支撑

全球经济加快从传统制造业向技术、服务、知识相结合的新形态演变，新经济时代已经到来，德阳产业正处于新旧动能迭代更替的关键时期，亟须建设知识产权强市，培育壮大新动能，以推动经济持续增长。

1. 以十九大精神为指导，统揽知识产权强市建设

深入贯彻十九大精神和习近平总书记系列重要讲话精神，以"四个全面"战略布局为统领，坚持创新、协调、绿色、开放、共享的发展理念，坚持以推进供给侧结构性改革为主线，贯彻新发展理念，激发创新活力，深入实施创新驱动发展战略和知识产权战略，加强知识产权创造、保护、运用和管理，为加快知识产权强市建设提供有力支撑。

一是坚持改革创新。全面深化知识产权领域改革，推动知识产权领域、方法、技术、制度和文化创新，探索知识产权工作新理念和新模式，保障创新者的合法权益，破除制约知识产权创造、运用、保护和管理的体制机制障碍，激发全社会参与创新创业的热情。

二是坚持统筹发展。加快转变德阳知识产权行政管理职能，创新行政管理方式，形成高效的知识产权治理体系，加强知识产权与产业、科技、金融、外贸以及军民融合、生态文明建设等政策的工作衔接，整体提升与重点突破相结合，推动德阳市知识产权事业全面、协调、可持续发展。

三是坚持开放共享。加强内外联动，增加知识产权公共产品和公共服务有效供给，强化知识产权基础信息共享、开放和传播利用。根据知识产权资源分布和经济科技发展的实际需求，加强重大理论、重要规则、重点问题的分析和研究，实现新的制度组合，提供新的制度供给，提升知识产权创造、运用、保护、管理、服务和国际交往能力，助力德阳经济在新常态下不断提质增效升级。

四是坚持服务支撑。按照转变政府职能、建设有为政府的要求，深入推进简政放权、放管结合、优化服务改革，完善知识产权公共服务体系。加强知识产权服务机构能力建设，培育和发展知识产权服务业。

2. 强化创新改革，提升知识产权管理能力

一是推进知识产权管理体制机制改革。按照国家、省知识产权综合管理改革试点总体要求，适时推动符合条件的县（市、区）开展专利、商标、版权等知识产权"三合一"体制改革；加大知识产权保护力度，建立包括司法审判、刑事司法、行政执法、快速维权、仲裁调解、行业自律、社会监督在内的知识产权保护工作体系；严厉打击侵犯知识产权的违法犯罪行为，推进知识产权快速协同保护；促进知识产权高效运用，发挥知识产权在科技创新、产业转型升级、新兴产业培育等方面的引领作用，做好知识产权运营工作，促进知识产权转移转化，大力发展知识产权密集型产业。

二是加强知识产权金融创新改革。建立与投资、信贷、证券、担保、保险等工作相结合的多元化知识产权金融服务工作机制，促进知识产权与金融资源的有效融合，努力实现知识产权转移转化和价值提升。

3. 提高知识产权质量，促进产业转型升级

一是建立专利质量提升激励机制。强化发明专利导向，完善专利奖励和资助政策，鼓励企事业单位将创新成果形成专利保护；依托工程技术中心、重点实验室及孵化器等创业平台的作用，加强原始创新和发明专利创造，提高发明专利拥有量，引导企业以相关专利技术为纽带建立专利联盟，促进专利协同运用；鼓励企业向国外申请专利，提升"德阳造"进军国外市场的核心竞争力。

二是实施商标品牌战略。分类指导企业实施商标品牌战略，健全商标品牌管理，发挥商标品牌引领作用，带动技术创新能力、产品和服务质量、市场营销水平、企业文化等全面协调发展；加强对农民、农村经济组织和涉农企业的商标法律宣传，积极引导注册并依法规范使用农产品商标以及地理标志商标；大力推行"公司＋商标品牌（地理标志）＋农户"的产业化经营模式，提高农民进入市场的组织化程度。

三是打造精品版权。创新新闻出版广电领域版权产品商业模式，加强文化品牌开发和建设，活跃文化创意产品传播，增强文化创意产业的核心竞争力，培育一批拥有自主版权、多元投资主体的文化企业，形成规模化、集约化经营的产业优势；持续推进政府机关和企业软件正版化工作。

四是加强植物新品种和集成电路布图设计等领域知识产权工作。加强水稻、玉米、小麦等主要农作物新品种的培育、申请与保护。落实集成电路布图设计制度，促进集成电路产业升级发展。做好商业秘密保护工作。

五是优化重点产业知识产权布局。结合重装之都、智造之都,在德阳市重点产业,形成一批核心共性技术知识产权;推动知识产权协同运用和产业专利导航等工作,支持骨干企业、高校、科研院所协同创新、联合研发,在制造领域、石墨新材料、高端石化装备、清洁能源装备、生物医药等产业领域形成一批产业化导向的专利组合,强化创新成果转化运用。

六是大力发展知识产权密集型产业。采取市场化方式,引导社会资金投入知识产权密集型产业,培育和发展一批高增长、高收益的知识产权密集型产业;鼓励有条件的县(市、区)、经济技术开发区、高新区发展知识产权密集型产业集聚区。

七是支持知识产权联盟发展。支持和鼓励组建产业知识产权联盟,对联盟发展状况进行评议、监测和分类指导;支持成立知识产权服务联盟,构筑和运营产业专利池,建立重点产业知识产权侵权监控和风险应对机制;鼓励社会资本设立知识产权运营基金,提高知识产权运营水平;围绕德阳市重大产业规划、政府重大投资项目等开展知识产权评议,积极开展重大经济科技活动知识产权评议试点工作;建立科技计划(专项、基金等)知识产权目标评估制度;加强知识产权评议专业机构建设和人才培养,积极推动评议成果运用;支持骨干企业与专业机构在重点领域合作开展评议工作,防范知识产权风险。

4. 加强知识产权保护,维护稳定和谐的市场秩序

一是强化知识产权保护"三合一"改革。发挥知识产权司法保护作用,构建公正、高效的知识产权司法保护体系;推进知识产权民事、刑事、行政案件"三合一"试点,建立与公安机关、检察机关及知识产权行政执法机关协调一致的审判工作机制;加大对知识产权侵权行为的惩治力度。完善常态化打防工作格局,进一步优化全程打击策略,全链条惩治侵权假冒犯罪。深化行政执法部门间的协作配合,探索使用专业技术手段,提升信息应用能力和数据运用水平,完善与电子商务企业协作机制。加强打假专业队伍能力建设,整合知识产权执法资源,加强知识产权行政执法队伍建设,改善知识产权行政执法条件,提高执法专业化、信息化、规范化水平。完善知识产权跨地区执法协作机制,积极开展执法专项行动,严厉打击知识产权违法行为。

二是深化知识产权维权援助。建立侵犯知识产权在线举报系统,完善专利、版权线上执法办案系统;完善知识产权行政执法监督,加强执法维权绩效管理。健全知识产权维权援助体系,完善维权援助举报投诉机制,畅通"12330"知识产权维权援助热线及"12315"消费者投诉举报热线。建立知识产权纠纷多元解决机制,加强知识产权仲裁机构和纠纷调解机构建设。

三是加强重点领域知识产权保护。重点推进农林产品申请及获取知识产权

工作，加强玉米、水稻、小麦等主要农作物新品种的培育、申请与保护。做好电子商务领域的知识产权执法维权工作，开展线上与线下执法维权工作。加强对网络侵权的监管和查处力度。加强创业知识产权保护，保护商业模式等新形态创新成果的知识产权。落实开展遗传资源、传统知识和民间文艺等知识产权资源调查，加强对优秀传统知识资源的保护和运用；加强传统知识、民间文艺保护；构建中医药知识产权综合保护体系，建立医药传统知识保护名录。加大对食品、药品、环境等领域的知识产权保护力度，建立健全创新药物、新型疫苗、先进医疗装备等领域的知识产权保护机制；加强污染治理和资源循环利用等生态环保领域的专利保护，开展知识产权保护进乡村专项行动，加强农村市场知识产权行政执法条件建设，针对食品、农资等重点产品生产加工企业和专业市场，加大对侵权假冒商品的打击力度。

5. 加快知识产权转化运用，提升知识产权运用水平

一是建立完善的知识产权运营体系。创新知识产权运营模式，培育与德阳产业发展相适应的知识产权运营机构，开展知识产权产业化试点示范工作，促进知识产权产业化；加强知识产权交易平台建设，建立专利价值评估、转化和企业孵化系统集成综合服务平台，促进知识产权产业化、商品化。完善知识产权服务体系，建设集知识产权资源数据库、产业专题数据库、农产品知识产权信息平台、知识产权服务信息平台等于一体的德阳市知识产权综合服务平台；市县共建，拓展基层服务渠道，满足基层服务需求；培育和发展知识产权服务业，引入高端知识产权服务资源，适时建设知识产权服务业发展集聚区。加快培育知识产权服务品牌机构，成立区域性服务联盟。

二是促进知识产权转移转化。建立社会化的知识产权价值评估体系，发掘知识产权商用价值，畅通转化渠道，提升专利运用效率；建立专利转化交易公共服务机制，组织专利技术对接会，通过多元化渠道进行系统运作，组织优秀专利项目参加国内外大型展会和交易会，促进专利转移、转化和实施；建立和发展专利技术交易服务联盟，促进专利资源共享，拓宽交易转化渠道；加强商标专用权质押登记服务和引导，指导企业开展商标品牌资本化运作，在企业并购、股权流转、对外投资等活动中加强商标品牌资产评估管理。

三是开展知识产权金融服务工作。深入开展知识产权投融资服务试点、知识产权质押融资风险补偿试点，加强专利、商标、版权等质押贷款工作。建立以"银行贷款＋保险保证＋政府补偿"为特色的知识产权质押融资新模式，破解中小微企业融资难瓶颈；把专利保险作为促进企业专利保护与运用的重要保障，化解企业知识产权运用的侵权风险；推进知识产权同多层次资本市场的有效对接，为具有自主知识产权的科技型企业提供强大的资金支持和专业的金融

服务。

四是促进科技成果产权化和商用化。建立产学研用协同创新的知识产权服务保障机制，促进职务发明专利产业化；组织高校、科研院所和企业的知识产权供需对接活动；进一步加大天使基金、双创基金及风投和担保机构参与知识产权转化运用的支持力度。

五是构建产业化导向专利组合和战略布局。围绕重点产业积累和储备一批核心技术知识产权，培育一批综合实力强的知识产权优势企业，鼓励和支持企业运用知识产权参与市场竞争；支持组建知识产权联盟，推动市场主体开展知识产权协同运用促进中心建设；建立知识产权评议机制，深入开展知识产权评议工作；鼓励和支持骨干企业与专业机构合作开展专利评估、收购、运营、风险预警与应对等。开展现代农业知识产权资源分析，强化德阳主要农作物产能提升协同创新中心知识产权保护工作。

6. 强化载体建设，推进强市、强县、强企工作

一是强化知识产权试点示范建设。加强知识产权示范城市建设工作，强力打造知识产权强市，充分发挥知识产权对创新驱动发展和供给侧结构性改革的支撑作用，全面提升知识产权综合能力；推动广汉市、绵竹市、旌阳区知识产权强县工程试点工作，推动罗江、中江、什邡突出区域特色积极开展国家知识产权强县工程试点县（市、区）申报，市县强县工程全覆盖。

二是提升企业知识产权综合能力。积极推进企业知识产权管理规范贯标认证工作，促进企业知识产权管理升级；支持大中小型企业开展知识产权评议工作，在重点领域合作开展知识产权评估、收购、运营、风险预警与应对；引导知识产权服务机构助力企业形成知识产权竞争优势；着力推进专利优势企业创建工作，培育一批企业进入国家知识产权优势企业、示范企业行列，引导和带动全省企业全面提升知识产权创造、运用、保护和管理能力。

三是促进企业知识产权运用能力提升。深入实施企业知识产权"清零"计划，引导企业进行专利布局和构建专利池。面向全市规模以上企业开展专利技术产业化促进工作，提高企业核心专利技术实施与产业化水平；在科技型企业开展专利挖掘、专利布局、专利信息检索和专利分析等服务，引导企业运用新技术、新工艺创造新专利和新的市场需求。

参考文献

[1] 李铎，黄红健. 江苏：创新金融服务支撑强省建设 [N]. 中国知识产权报，2016 - 01 - 13 (4).

[2] 王潇，张俊霞，李文宇. 全球专利运营模式特点研究. 电信网技术，2018 (1)：1 - 6.

政府引导企业自主创新暨
知识产权保护对策研究

杨荣德　　陈怡竹[1]

一、背景概述

在知识经济时代，科技创新是第一生产力，在大众创业万众创新的大背景下，自主创新能力日渐成为企业、产业、区域乃至国家核心竞争力的关键因素。《国家中长期科学和技术发展纲要（2006—2020）》指出："必须把自主创新作为国家发展战略，贯穿到现代化建设的各个方面，贯穿到各个行业、产业及地区，大幅度提高国家竞争力，努力将我国建设成为具有国际影响力的创新型企业。"

经开区企业在自主创新中对知识产权的保护正是在这个大背景下实施的，基于全国乃至世界各国的发展经验，知识产权在知识经济社会有着重要地位，是衡量企业、城市乃至一个国家是否具有竞争力的标准中的重要指标。经开区工业企业90%为重装制造加工业，现有工业企业493家（其中规模以上工业企业127家，装备制造企业100家），拥有有效发明专利525件，提升企业自主创新，完善体制机制转变，有效加强知识产权创造、运用、管理、保护及服务，必将成为经开区在创新工作中的重要支撑。

二、知识产权管理应用存在的问题及现状

（一）企业在自主创新中对知识产权的认识不够

通过走访经开区百余家规模以上工业企业，设置《德阳经开区企业专利服

---

[1]　作者简介：杨荣德，1974年生，本科学历，专利代理人，在德阳经开区工业和信息化（科知）局负责科技和知识产权工作；陈怡竹，大学本科学历，德阳经开区工业和信息化（科知）局工作人员。

务调查表》，调查企业的基本情况，以及专利信息利用和专利管理的现状，包括利用专利的目的、方式、需求，专利信息服务人员配置等，发现被调查的企业主要在技术和产品研发及诊疗申请方面应用了专利申请，部分企业获取过专利查新检索、法律状态查询、专利知识普及和专利事务咨询等基本专利信息服务。但是不少企业知识产权保护意识薄弱，对政府专利文献及专利政策缺乏正确认识，企业负责人没有设立专门的知识产权部门。除此之外，没有组织知识产权相关专利培训会，知识产权的利用率不高。尽管德阳经开区专利申请保有量相比去年有较大提高，但企业整体对知识产权保护和专利申请的重视程度还不够。

（二）企业自身自主知识产权的运用及保护意识差

当今社会是知识经济的社会，但在整个社会层面上没有形成良好的运用及保护自主创新知识产权的氛围。个别小企业不积极开展技术创新，不尊重他人知识产权，冒险走仿冒之路，侵权仿冒他人的技术产品。如四川中航超高分子量管业有限公司（甲方）于2016年8月3日向国家知识产权局申请了名称为"双层加肋双色增强复合管"的实用新型专利，并于2017年授权公告。2018年4月，该公司发现四川天立宏建设工程有限公司（乙方）侵犯了专利权。甲方公司人员2018年4月13日在德阳市中江县回龙镇项目工地现场发现有疑似仿冒公司经授权销售的专利产品"DREC双层加肋双色增强复合管"，经仔细勘察，工地现场施工使用的产品外观及结构严重侵犯涉案专利。给甲方公司造成了巨大的经济损失。此类案件说明，企业遇到侵犯自主知识产权情况，除了运用法律的手段对企业自主专利权人进行必要保护以外，加强企业之间专利权人和知识产权的维护意识，对知识产权进行合理布局，也不失为解决企业在发展过程中所面临知识产权侵权问题的有效办法。

（三）政府职能部门对知识产权保护服务及保护力度不够

从企业对专利信息服务需求调查中可以发现，大部分企业希望获得政策在专利检索、专利预警分析、专利维权、专利贯标、导航等方面的帮助，而政府职能部门提供的服务还停留在专利资助和贯标中，且扶持力度较小，企业深层次专利服务需求还得不到满足。与企业自主创新相关的政策中，对企业自主创新及知识产权保护的政策不集中，相应的扶持政策，如财政政策、金融政策、采购政策等，分散在相应的意见和通知中，规章制度层次较低；各类相关扶持政策比较分散，并没有从总体上对自主创新给予政策支持。

（四）专利信息服务机构建设不足

目前缺乏专业的专利信息服务机构，在企业自主创新中对知识产权的利用十分不利。缺乏专利信息服务机构将阻碍企业在自主创新的道路上运用知识产权。另外，少数的专利信息服务机构与企业的信息沟通不畅，使得服务机构提供的专利信息不能满足企业需求。被调查的企业大多数只能获得一些基本的专利撰写方面的服务，而对企业的深层次专利需求服务如专利分析、专利预警、专利数据深加工、专利信息应用等还不能满足。除此以外，社会中介服务的水平有限、机构良莠不齐、收费过高、管理不规范等因素也制约了企业专利需求服务。

（五）企业自主创新的融资现状不理想

企业在自主创新和专利开发过程中需要大量的资金支持，加之自主创新是个高风险、高投入的行为，从纯粹的技术研发到产业化也需要大量的资金支持。目前科技型中小型企业的融资现状并不理想，存在融资能力薄弱、外援性融资困难、融资渠道狭窄、融资结构不理想等问题。政府服务体系不够完善、融资政策的制定和执行不利于中小型企业、信用担保机构和抵押担保机构不健全等问题共同构成了企业自主创新融资道路的主要屏障。

三、政府在知识产权管理上的指导调控

（一）宏观指导层面

首先，政府的宣传力度很重要，在宣传中一定要将知识产权保护渗透到企业的发展进程中，引导企业形成自主创新和专利保护意识；其次，要加强引导和指导力度，要加强对知识产权的统筹引领作用，提升成果转化效率。

（二）措施层面

知识产权作为 21 世纪竞争时代的核心因素，其重要性不言而喻，知识产权保护政策犹如一道屏障，不仅将侵权行为挡在侵权之外，还对知识产权的创新起到激励作用。知识产权工作是一项艰苦而复杂的工作，知识产权保护工作应从上到下给予高度重视。政府要结合当地情况出台一系列措施办法，在一定程度上鼓励企业的自主创新及保护企业的知识产权。相关部门应互通有无，使得相关的政策更好地融合，构建规范科学的政策体系，为企业自主创新能力的发展提供良好的宏观政策环境和制度环境。

（三）微观技术层面

企业知识产权平台对企业知识产权信息的获取和交流起到一定的作用，但是企业由于自身限制很难自发形成知识产权平台。而政府可以通过建立知识产权平台来达到知识产权服务的目的。知识产权平台建立的目的不仅是政府对外提供知识产权的窗口，企业也可以从中获得重要资源，如协调高校科研院所、多渠道推出科研成果、定期举办专利对接活动。

四、政府在知识产权工作上的实施措施

政府作为知识产权工作引导管理的主要负责部门，承担着工业企业自主创新和科技成果转化的建设任务，要充分利用知识产权这一有利杠杆，完善知识产权管理体制机制，推动知识产权管理工作有序进行。具体建议如下：

（一）健全体制机制，提升服务职能

调整科技知识产权工作人员结构，成立知识产权工作领导小组，作为知识产权工作的主要组织协调机构，进行有关知识产权管理和保护相关的信息沟通、情况通报，定期发布知识产权的保护状况，指导知识产权战略研究和宣传报道等。要着力加强组织协调能力、宏观管理能力、综合服务能力和人员的业务能力等自身的能力建设，来承担起知识产权工作制定实施的各项服务职能。此外，要加强市科知局、税务局的相关知识产权实施推进的协同工作，确保知识产权战略工作有序推进。

（二）推动科技创新，加强知识产权保护

一是突出政策推动科技创新的有效性。奖励和资助政策不仅考核申请数量，更要与科技创新成果直接挂钩，发挥好政策支持科技创新方面的引导作用。二是坚持高新技术企业认定标准。坚持知识产权要素与企业科技创新和实际产品的内在统一，注重审查企业所拥有的核心自主知识产权与主营业务的关联性、匹配性，真正发挥知识产权工作在推动企业科技创新方面的作用。三是继续改善管理体制机制。改变知识产权管理机构和职能分散的现状，提高知识产权管理的效率和效果；建立知识产权统一执法机制，提高执法水平和执法效率。四是实行严格的知识产权保护政策。认真贯彻中共中央、国务院"实行严格的知识产权保护制度"的要求，把重点放在"加大知识产权侵权行为惩治力度"上。支持司法机关积极推行知识产权侵权惩罚性赔偿，加大知识产权侵权赔偿力度和惩罚力度，打击侵权行为，营造保护创新的示范环境，更好地鼓励科技创新。

（三）深层挖掘，满足企业专利需求服务

知识产权工作领导小组可调动社会专业中介服务机构为企业提供专利信息服务。要以自身网络为平台建立起包括知识产权流转、交易的平台。结合企业自身的知识产权发展情况，在满足企业自主创新的同时，以市级主管部门为依托，构建对知识产权信息利用综合数据库和技术创新信息服务支持平台。要充分发挥政府在产学研中的作用，不断深化舆论宣传，设立专门的规划和项目，加强产学研资金的引导和资金投入，完善相关政策和法规，为产学研提供制度保障。

（四）拓宽渠道，化解企业风险危机

一是要加强政策性金融支持，对进行自主创新的企业给予政策支持并优先安排科技立项。对重大科技成果转化项目、科技基础平台和科技中介服务平台提供支持。

二是要积极引导各类商业机构，通过提供基金、担保及企业贴息的方式拓宽贷款渠道，通过政策扶持提高科技成果转化的资金使用率。

三是引导创业风险投资实业的多元化发展，以参股、奖励及风险投资的方式，鼓励相关机构和个人设立风险投资企业并建立创业投资的引导资金。大力吸引海内外创业投资机构来经开区投资，引导其增加对中小企业特别是科技型中小企业的投资，疏通融资渠道，改善创业投资环境。

（五）人才引进，培育知识产权专业人才

认真落实《"十三五"国家知识产权保护和运用规划》的总体要求。贯彻知识产权"百千万人才工程"要求，实施知识产权重点人才培养工程。进一步加强和完善企业知识产权管理制度，引导企业把实施知识产权战略作为管理科技创新的基本手段，并纳入科技创新的全过程。加强企业，特别是高新技术企业、专利试点示范企业、创新型企业的知识产权人才队伍建设，为全面提升企业掌握和运用知识产权制度的能力和水平，为拥有自主知识产权和知名品牌、国际竞争力较强的龙头企业提供强大的知识产权人才支持。

基于新形势下知识产权服务价值的思考

孙 杰[①]

一、前言

国家知识产权战略推进下的政策环境、知识产权内在需求快速发展的创新主体，以及自身不断演化发展的知识产权服务业，这些环境要素使知识产权服务呈现新的形态。本文将以笔者所在的城市为样本，试图从政策环境、创新主体以及知识产权服务主体多角度来分析和思考新形势下的知识产权服务价值。

二、要素的分析

1. 政策环境

笔者所在城市德阳，是一座典型的以装备制造为主的工业城市，也是"国家知识产权示范城市"。

德阳装备制造产业中，拥有二重、东汽、东电、宏华等知名企业。德阳市国民经济和社会发展统计公报指出，全市 2017 年全年实现地区生产总值（GDP）1960.6 亿元。其中，第一产业增加值 228.5 亿元，增长 3.9%；第二产业增加值 941.8 亿元，增长 9.5%；第三产业增加值 790.3 亿元，增长 10.0%。三次产业结构为 11.7∶48.0∶40.3。

据统计，2017 全市共有高新技术企业 154 户，以专利为典型代表的知识产权中，2017 年全年共申请专利 7282 件，其中发明专利 2681 件；专利授权 3211 件，其中授予发明专利权 331 件。相比 2016 年的 5964 件专利申请，增长 22.10%。2017 年，全市通过和进行 GB/T 29490—2013 企业知识产权管理规范标准贯彻的企业有 20 余家。

---

❶ 作者简介：孙杰，男，1985 年生，本科学历，成都九鼎天元知识产权代理有限公司副总经理。

为推进"知识产权强市"以及"知识产权示范城市"的创建，德阳市科学技术和知识产权局出台了一系列政策鼓励企业通过加快技术创新获得自主知识产权。其中包括：设立专利申请资助专项资金、鼓励企业通过专利申请、加大市级优秀专利的奖励力度、落实高新技术企业的资金支持、鼓励企业通过校企合作进行高校先进技术的转移转化、鼓励企业通过 GB/T 29490—2013 贯标提升企业知识产权管理水平、加强专利行政执法等举措。

德阳市还先行先试，在市中级人民法院成立知识产权"三合一"审判庭，率先参与四川省知识产权运营基金，加强基金与企业的对接沟通，同时率先进行专利质押融资，为创新型企业解决资金难题，同时专利保险的工作也在稳步地推进。

在德阳市发布的《深入实施德阳市知识产权战略行动计划（2016—2020年）》中，明确了至 2020 年，每万人发明专利拥有量为 7.18 件，发明专利申请量 3500 件，有效商标注册量 15000 件，著作权登记量 4000 件，有效植物新品种权 32 件的工作目标，同时也提出了大力发展知识产权服务业，促进知识产权服务能力的全面提升的目标。

这些举措为德阳市知识产权服务提供了政策保障。

2. 创新主体

德阳以高端装备制造、新材料、新能源、生物医药、电子信息等产业为主的战略性新兴产业基地已逐渐形成，聚集了以大中型企业为骨干，众多中小型企业相衔接的新兴产业集群。以高端装备制造为例，截至 2017 年 5 月，德阳装备制造企业超过 1500 家，为龙头企业配套的中小企业达 600 多户，其中规模以上的企业 514 户。2016 年，全市装备制造业占全市工业比重达 43.2%。

以专利为典型代表的知识产权工作，其职务发明的专利申请比重近年持续增加。以 2017 年公开的专利数据样本为例，以东方汽轮机、东风电机为代表的龙头企业专利申请量持续领先，以四川建筑职业技术学院为代表的院校异军突起，东方水利、龙蟒钛业、汇川科技等科技型中小企业代表也表现不俗。这充分显示了德阳市企业的创新活力，使得德阳市知识产权服务具有广泛的市场基础和前景。

德阳的传统生产、加工型的企业也同国内其他企业转型升级一样经历着阵痛。去产能、供给侧结构性改革为传统产业带来冲击的同时也带来了新的希望。这也提供了新的知识产权需求的可能性。

3. 知识产权服务主体

基于德阳市毗邻成都的优势，使得在成德同城化进程中，德阳的知识产权服务业享受着成都的优质资源。据统计，在德阳市开展知识产权服务工作的规模以上的机构有近 20 家。为创新主体提供了充分的选择空间。

同时也可以看到，以知识产权运营为主的新兴形势也已经在德阳落地生根。各知识产权服务主体的服务范围也不再受限于传统的如专利代理、商标版权代理等知识产权获取服务，而是进一步延伸至知识产权维权、知识产权管理咨询、知识产权金融、知识产权投融资、知识产权交易等领域。这些服务内容都极大地满足了创新主体需求的多样性。

从上述政策环境、创新主体、知识产权服务主体三方面可以看出，德阳市的知识产权服务业具有较好的基础，也具有广泛和深入的需求。

三、知识产权服务的现状问题

我们将以知识产权服务主体的策略行为为例反映德阳市的知识产权服务现状和问题。

1. 服务机构数量多，但本土专业服务能力不强

得益于毗邻成都的优势，同时借助良好的政策环境以及迫切的创新主体需求，使得数量众多的服务机构进入德阳。但大多数机构采用市场模式，即市场人员进行市场的拓展，而后端通过成都团队进行技术支持，仅有极少的服务机构具备能提供知识产权解决方案的本土化专业团队。这样的业务模式使得本土的专业服务能力不强，特别是本土化的知识产权服务人才匮乏，不利于知识产权服务的发展。

2. 知识产权服务模式相对单一

数量众多的知识产权服务机构进入德阳的同时，可以看出各服务机构的服务模式（或盈利模式）却相对单一。一般情况下，成熟的业务和利润来源于传统的专利代理、商标版权代理等知识产权的获取业务，或者来源于数量不多的专利侵权诉讼/调处、商标侵权诉讼等知识产权维权业务，或者更进一步地来源于企业的项目申报和资质类（如高新技术企业）的申报服务业务。

而新兴的知识产权服务，如专利质押融资、专利保险、专利运营、专利评议分析等，在现行的以传统的知识产权服务机构为主导的市场环境中还难以找到有效的盈利模式。

3. 低价竞争现象严重

服务机构数量众多和服务盈利模式单一的现状，所带来的必然是竞争的加剧，以及低价竞争日益严重。

不能绝对地否认不会有低价高质情况，但从市场和经济的一般性规律来看，

低价的竞争显然不利于高质量服务内容的提供，以及知识产权服务业在本市的健康良性发展。至少在目前知识产权服务盈利模式单一的现状下，其缺点是显而易见的。

四、创新主体的现状问题

我们还将尝试从创新主体知识产权工作的现状和问题方面来侧面探索新形势下的知识产权服务价值。

1. 创新主体的知识产权意识还有欠缺

不可否认，在国家、省、市知识产权战略、知识产权工作的推进中，各创新主体的知识产权意识已经有了很大的提升，但受限于传统的经营思维，知识产权工作在各创新主体的经营活动中还没有受到充分的重视。或者受限于创新主体的管理制度，知识产权工作以及知识产权工作人员在创新主体的经营和管理中话语权还没有得到有效的提升。这就造成了知识产权工作虽然持续开展，但很难或者不可能从战略性的高度审视知识产权工作的重要性，以及将其列为经营活动中的要素。

这种意识的欠缺将直接导致生产经营中知识产权管控能力的丧失。例如德阳市的某企业，数年前就开展了某重点产品的研究和开发，但该产品的知识产权状况的调查是在产品将完成时才进行的。

2. 知识产权工作者的专业水平普遍不足

极少的创新主体在实际经营中配备专业的工作人员进行知识产权事务的处理，更少的创新主体有专职从事知识产权事务的工作人员且具有专业的知识产权技能。据调查，在德阳市内，仅东电、东汽、宏华一类的企业配备了专门的知识产权工作人员，也仅这类企业的知识产权工作人员具备一定的知识产权技能。而反观国际同行，阿尔斯通、西门子等企业，无一不具有庞大而专业的团队来处理其知识产权事务。

知识产权工作者专业水平的不足，特别是在面对低价竞争现象时，难以分辨知识产权服务机构的服务质量，难以避免以低价为目的而造成选择上的错位。以专利为例，普通的工作人员根本无法分辨专利文件撰写质量的高低，以及权利要求撰写不同所带来的保护范围的变化。

以低价为目的而造成选择上错位，还容易导致企业在知识产权工作中对服务机构选择的延续性差，极易造成管理上的脱节。如专利的申请过程中，德阳市众多的创新主体均发生过代理机构的变更。

五、基于新形势下的知识产权服务价值思考

我们从政策环境、创新主体、知识产权服务主体三个方面阐述和分析了所面临的机遇和问题。本部分中我们将从新的角度定义和思考该"新形势"的意义。

1. 新形势

（1）从政府角度而言，新形势是通过无形的手来引导创新主体的发展方向，同时利用政策红利驱动产业的转型升级、驱动先行先试的改革和发展方向、驱动创新主体以及大众普遍意识的提升，以及驱动先行先试的改革和发展成果的普及和推广。在知识产服务体系中，政府担当引导企业和引导知识产权服务业发展的双重任务，起到汇集资源和要素、促进经济发展的作用。

（2）对于创新主体而言，新形势不仅是指在企业转型升级大潮下、新的技术革新驱动下如何面对新的市场和新的发展机遇，也是指如何在随政策环境所带来的具有国际普适性的知识产权规则（也是商业规则）在国内各创新主体延伸和发展的同时来保持自身的知识产权竞争力，以避免经营活动中的风险，及利用知识产权规则获得更多的战略主动地位。

（3）对于知识产权服务主体而言，新形势是日新月异的知识产权服务内容的延伸，是创新主体知识产权服务能力需求不断提升的满足，是如何在知识产权服务中提供更具价值的产品和服务，是如何在现行和将来的政策环境以及创新主体间进行新的可持续发展的探索。

2. 知识产权服务价值

显然，知识产权服务价值能够为创新主体带来良好的效益，该效益至少可以包括：

（1）显著经济效益。经济效益应包含避免风险、创造利润两个角度。通过知识产权服务，制定的知识产权战略可以为创新主体在经营活动中扫清知识产权障碍，以能规避或能防御可能面临的知识产权风险所带来的损失为目的。创造利润即是在后期的经营活动中通过知识产权的保护，维护市场占有率、提高产品附加价值等来直接创造利润。

（2）良好的社会效益。创新主体知识产权意识的提升，能加快形成倡导崇尚和尊重知识产权的良好氛围，并有利于维护创新主体自身在保护知识产权等方面的良好声誉和树立商业典范。

3. 知识产权服务价值的创造

通过上述的分析，最终我们将站在知识产权服务主体从业者的角度，来讨

论和思考如何创造知识产权的服务价值。

有价值的知识产权服务，前提是能为创新主体带来上述的知识产权服务价值，能够跟随政策环境建立或引导规范、自律的行业作风，以使我们能在竞争日趋激烈的知识产权服务业中突出重围。

笔者尝试将知识产权服务的周期依次划分为知识产权的策划和创造、知识产权的获取和知识产权的运用，并从果到因进行倒叙，结合现行政策环境、创新主体实际情况进行知识产权服务价值创造的讨论。方式如下：

①利用现有创新主体知识产权助力其价值的实现。利用现行政策环境及市场手段，先行先试。以专利、商标为例，不可否认各创新主体在近年的知识产权战略进程中已经获取的专利或商标数量相当庞大。善用好手中的现有资源，充分进行专利运营，包括专利技术的转移转化，专利、商标的维权，专利、商标的品牌化运作，或者利用政府的政策进行专利的质押融资等资本化运作，以获取其经济价值，将是创新主体重视和做好知识产权工作的直接动力。作为全国专利权质押融资试点工作城市、国家专利保险试点城市，近年来，德阳设立6000万元阳光天使投资基金，出资2000万元参与四川省专利运营基金，建立了"银行贷款＋保险保证＋风险补偿＋财政补贴"为特色的专利权质押融资"德阳模式"，并在全国推广，累计完成专利权质押贷款总额3.45亿元，为推动德阳产业转型升级、经济高质量发展提供了强劲支撑。此外还出台了系列相关指导文件，首期设立了500万元的风险补偿金和100万元专项补助资金，为专利权人保驾护航的专利保险工作全面启动并初见成效。

②获取高质量的知识产权是其价值实现的根本保障。通过对现有知识产权资源（如专利、商标）的价值实现，有助于创新主体重新审视知识产权的获取质量，同时从实际的知识产权价值利用角度来提高其对质量的观念和认识，从而更加重视知识产权获取过程的质量，有利于提高其知识产权的内在价值，并认可知识产权服务主体的服务内容。2017年4月，二重集团（德阳）重型装备股份有限公司诉烟台台海玛努尔核电设备有限公司侵犯了其拥有的"反应堆主管道热段弯管及其制造方法""组合成型模具"以及"反应堆主管道热段弯管的管坯"3件专利的专利权，并请求赔偿经济损失1亿元。在这种亿元级侵权赔偿请求面前，专利稳定性以及专利组合的合理性无疑将起到关键作用。

③通过对知识产权的应用和获取，反观知识产权的策划和创造过程中知识产权战略的重要性。这有利于提升创新主体的知识产权保护意识，并通过知识产权的分析，摸清产品研发过程中的知识产权障碍以及具有的机遇，有利于创新主体构建高价值知识产权组合，促进知识产权价值的实现。

基于上述，知识产权服务机构以知识产权服务价值提升为目的，笔者认为：

①服务链条的完整有利于提升知识产权服务的价值。知识产权价值的实现、知识产权质量的保证、知识产权获取前期的分析和策划，是创新主体在经营过程中避免风险、创造利润的重要保证。知识产权策划、创造、应用链条的服务能力的完善，有利于提高整体知识产权服务的价值，也能提高整个知识产权流程的创新主体和服务主体结合的紧密性，促进知识产权服务价值的实现和提升。

②知识产权运营是适合现阶段创新主体知识产权价值实现的手段。虽然目前创新主体的知识产权（如专利）数量大、质量不高，但通过知识产权运营，可以体现其实际价值和现实意义，有利于倒逼知识产权的策划和创造、知识产权的获取过程的服务质量上升，实现高价值知识产权的创造、获取和应用，有利于进一步提升知识产权服务的价值。

③需要更为严肃的知识产权保护环境提升其保护效率。现行的政策环境可以为知识产权的发展和进步提供效果显著的催化剂，但在普遍意识提高后政策环境的消失将成必然。而以更为严肃的知识产权保护环境提升其保护效率是知识产权作为保护创新主体的最根本推动动力。将法律赋予的保护力转化为创新主体经营活动中的商业活动规则的建立是创新主体的根本动力。

六、总结

笔者以城市为样本，从政策环境、创新主体以及知识产权服务主体多角度来分析和思考新形势下的知识产权服务价值，并认为完善的服务链条、以知识产权运营为手段、严肃知识产权保护环境，对新形势下的知识产权服务价值的实现具有一定的作用和意义。

实施知识产权战略 为科技创新保驾护航

王明炜❶

一、前言

进入 21 世纪，随着知识经济和经济全球化的深入发展，知识产权日益成为国家和企业发展的战略性资源。实施知识产权战略，已成为维护国家利益和经济安全的战略性武器，成为促进企业自主创新、转变经济增长方式、获取与保持市场竞争优势、提高核心竞争力的重要支撑和掌握发展主动权的关键。

知识产权是企业创新的核心资源，企业创新的目的就是通过创新成果的产权化和商业化谋求持续竞争优势，在未来国际竞争中争得优势地位。在这样的历史条件下，中国第二重型机械集团公司（以下简称"中国二重"）将知识产权管理纳入企业经营战略框架，全面实施知识产权战略，为持续提升自主创新能力，提升企业知识产权的创造、运用、管理和保护能力，大胆探索，开展了一系列切实有效的尝试。

二、实施知识产权战略，为科技创新提供支撑

1. 普及专利信息的有效利用，降低研发和市场风险

在省知识产权局的帮助和指导下，中国二重于 2007 年年底建成了公司局域网版专利数据库，这使公司员工在工作中随时进行专利信息检索成为现实。知识产权办公室面向全公司持续开展多层次、多形式、多渠道的数据库检索、分析等专利信息普及的培训，为企业的创新活动充分利用专利信息资源奠定了坚实的基础。

在科研立项、技术攻关、技术引进、新产品开发、申请专利、专利纠纷等

❶ 作者简介：王明炜，1981 年生，男，就职于中国第二重型机械集团公司，从事企业知识产权管理工作。

一系列工作之前，中国二重都首先要求进行专利检索与分析，做到"事前检索定向，事后检索定位"，以期降低研发和市场风险，提高研发水平。

例如：根据核电大锻件研制需求，知产办配合项目组提供国际专利检索服务。其中一个项目检索到相关技术在美国、法国、德国、英国等国家的同族专利及升级换代情况。为研制工作借鉴别人的先进技术提供了科技信息支持。

2. 实施知识产权战略，为产品研发保驾护航

（1）对重点研发成果实施专项知识产权保护

针对公司在第三代核电大锻件主管道、第三代核岛主设备蒸发器等关键制造技术上的研发成果，知产办组织课题组、专利法律专家等进行了申请专利的风险性评估和知识产权保护方案的研究。采取加快专利申请措施，及时向国家递交了 8 项专利申请，目前已有 4 项获得了国家授权。为抢占技术制高点，构筑核心技术的自主知识产权优势赢得了先机。

（2）专利与标准结合，抢占技术制高点

"十字轴万向联轴器用十字包"是中国二重为适应国际冶金装备产业升级对主传动设备提出更高要求而对行业标准 JB/T 3241—2015《SWP 型剖分轴承座十字轴式万向联轴器》核心部分的优化升级。为抢占技术制高点和国内市场先机，公司采取了抢先申请、快速获权的专利申请策略，于 2008 年 10 月 15 日获得实用新型专利权。

该专利技术目前已在国内 10 大钢铁企业各类型轧钢设备主传动系统上获得成功应用，技术性能和主要参数达到了国外同类产品先进水平，在冶金行业有取代其他型式万向接轴的趋势。已创造整线工业产值 236810.89 万元，新增利税 18080.02 万元，其中含本专利技术商品产值 13892.88 万元；新增利税 1060.70 万元。对中国二重在重型装备及传动件市场占有 60% 以上份额的优势地位的巩固、加强和提升做出了贡献。目前，公司已完成该专利产品的规范化设计，技术稳定成熟，计划纳入行业标准，使这一专利技术获得更大范围的推广应用。

（3）引进消化吸收再创新，实现对核心技术的掌控

集团公司依托公司拥有的在冶金设备传动件产品技术和综合配套能力方面的优势，引进了德国 RENK 公司 1.5MW 大型风力发电机增速箱设计制造技术，依托东方汽轮机厂引进德国 REPOWER 公司 1500kW 风电机组成套技术进行配套。在此基础上研制 2~3MW 的齿轮增速箱。通过技术引进、联合制造、技术合作等方式，实现消化、吸收再创新。第一步实现国产化，第二步形成具有自主知识产权的产品，以完成引进技术的自主转化，实现抢占技术制高点的目标。目前，围绕风电制造技术的改进，公司已向国家提出 4 项专利申请，有 2 项获

得了专利权，并正在陆续向国家提出专利申请，以期逐步实现对核心技术的掌握和控制。

通过对风电变速箱技术引进项目的产业化实施，集团公司实现了以 1.5MW 风电增速机为主，涵盖 1MW、2.5MW 等多品种、系列化、批量化生产。目前已实现年产风电增速箱 800 台的生产能力，产品研制能力和水平不断提高。

（4）主动出击、积极应对知识产权纠纷

2000 年，集团公司收到加拿大 Hatch 公司针对我们开发的热卷箱专利技术的侵权指控，要求公司支付专利费。这背后隐藏的实质是对中国市场份额的争夺与反争夺、防御与反防御、进攻与反进攻和利润再分配的博弈与较量。中国二重主动出击，积极应对。通过大量的国际专利检索调查，列举有力的证明材料陈述法律事实，证明中国二重不但没有侵犯他们的专利权，而且热卷箱技术是中国二重拥有的一项中国专利权。纠纷使中国二重在中国市场的地位更加巩固，打破了 Hatch 公司长期以来对中国热卷箱技术市场的垄断地位。

中国二重持续在消化吸收国外先进技术基础上进行创新，成功研制了第二代专利产品"钢卷无芯移送式热卷箱"和第三代专利产品"带钢轧线热卷箱的钢卷无芯移送机构"。系列专利产品的技术水平达到了当代国际先进水平，有力支撑着中国二重在中国市场占据了近 8 年的优势地位，改写了过去由跨国公司全球垄断的历史。目前，集团公司研发的三代专利技术累计创造工业产值 67.88 亿元，仅热卷箱单台设备产值就达 2.34 亿元。2008 年，中国二重成功研制了国内最大规格的专利设备热卷箱，实现了机电液成套全面的自主设计。

（5）清除研发障碍，规避技术壁垒

在研发活动中我们获悉，竞争对手的专利技术可能对我们某领域的研发形成障碍，为此，知产办组织研发人员和专利法律专家开展调查研究。在锁定竞争对手和重点技术进行专利信息检索的基础上，对本领域的专利布局、竞争对手的专利申请及公司可能遭遇的研发障碍等进行分析，对中国二重的相关技术进行梳理。排除了中国二重在特定技术领域可能存在的侵权风险，明确了其他相关技术的规避措施。为创造和保持我们的研发空间、降低研发和市场风险提供了保障。

（6）加强立体保护，构筑自主知识产权优势

公司实施知识产权战略，注重以最大限度合理保护企业的创新成果，采取知识产权的组合来为各类创新成果提供综合保护，以克服利用单一知识产权工具存在的局限性。近年来，公司围绕大型成台套冶金设备、大型铸锻件、模锻件、核电、风电、水电、火电、重容等重点产品，以及热、冷制造技术，设计、工艺软件等先进技术，根据不同产品的技术特性，结合不同知识产权工具的保

护重点和力度，形成差异化的知识产权立体保护形式。使一大批研发成果以适当的知识产权形式获得了合理保护。这些专利技术与企业持续积累的强大的专有技术及其他知识产权共同构筑起中国二重的自主知识产权优势。

（7）启动专利地图工程，明确技术领域的专利布局

近年来，中国二重启动了专利地图工程，主要锁定企业"十一五"至"十二五"期间及更长期间重点发展或重点突破的产业技术领域，了解公司重点产品及产业技术领域的专利布局和归属，预测竞争对手的专利走向，指导公司创新活动开展专利布阵和专利网建设，充分发挥专利信息在企业技术发展中的引领和保障功能，为研发活动有效实施专利战略提供重要支撑。

三、科技创新与知识产权成效

近年来，在国家各级政府部门的高度重视和指导帮助下，中国二重的技术创新与知识产权工作伴随着集团公司快速发展的步伐取得了长足进步。

1. 近期取得的重大科技成果

（1）全球最大的 800MN 大型模锻压机研制取得突破

800MN 大型模锻压机是中国二重在世界上率先设计制造的当代"世界第一锤"设备，是支撑我国大飞机计划的不可缺少的重大装备，是世界级的技术难题。研制取得了以下重大突破：

①掌握了全球最大的大型模锻压机设计的核心技术（包括机械设备、液压设备、电气控制技术）。完成这台压机的设计，实现了技术集成，填补了世界空白。这是中国的核心技术，是国力的象征。

②完成了重大技术装备的极限制造。800MN 模锻压机的零部件重量大都达到或超过了我国的装备制造的极限，如活动横梁的铸造一次使用钢液约 800 吨，这已经达到了我国乃至世界铸造业的极限，大幅度提升了我国装备制造业的国际竞争能力。

③系列大型航空模锻件的研制取得阶段性成果。大飞机所用的涡轮盘、起落架、大型铝合金框梁及高温合金等大型航空模锻件的研制取得了阶段性成果，为我国大飞机计划的实施提供了保障。

（2）成功研制出世界第一件 AP1000 核电主管道产品，填补了世界空白

AP1000 核电站是美国西屋电气公司设计的第三代核电站，是目前世界上最先进、最安全的核电站。我国在世界上率先引进了这项技术，并在世界上首次建造，是世界首例。主管道是连接核反应堆压力容器和蒸汽发生器的大型厚壁承压管道，是输出堆芯热能的"大动脉"，是保证核安全的关键设备。该核电

站的寿命周期由二代的 40 年提高到三代的 60 年，随着安全性能指标的大幅度提升，对巨型复杂的主管道的高材质、高性能、高指标等苛刻的设计要求成为了当代世界级的制造技术难题。

中国二重成功研制的该产品质量、寿命、安全可靠性等重要指标全部满足了美国西屋公司设计的高标准要求，技术性能和主要参数居国际领先水平。

这是 AP1000 第三代核电技术从设计走向产品的一个重大里程碑，是对世界核电产业升级做出的重大贡献。同时也是我国推进三代核电自主化发展实现的一项重大突破，是我国重大能源装备发展瓶颈的一项重大突破。中国率先踏上了世界核电技术的最前沿，对摆脱我国大型铸锻件受制于人，提升我国装备制造业的核心竞争力具有深远影响。

（3）成功研制出我国首件百万千瓦级核电半速转子

中国二重成为世界第二家能够制造百万千瓦级核电半速转子的公司，打破了发达国家的垄断地位。

（4）成功研制出我国第一支 5 米轧机支承辊

中国二重成为除日本 JSW 外世界第二家能生产该产品的公司，并出口国外，打破了国外的垄断地位。

（5）实现 Cr12 型百万千瓦级超超临界汽机转子的批量化生产

不仅满足国内需求，还出口国外，如西门子公司，打破了欧洲和日本的长期垄断。

（6）成功研制出百万千瓦级核电压力容器、封头、锥形筒体等核轴锻件

发达国家曾不向中国出口这些产品。系列产品的研制成功摆脱了我国核电材料受制于人的局面。

（7）成功研制出我国第一对三峡机组用特大型镜板锻件

中国二重成为我国唯一一家能够制造三峡 70 万千瓦级全套大型水电铸锻件的公司。

（8）成功制造出 8 万吨压力机上用的 C 形板等系列大型锻件

2. 掌握一大批关键核心技术，中国二重成为世界先进同行业竞相合作的对象

在国家产业政策的引导下，中国二重以装备中国、创造卓越为己任，秉承鼓励创新、宽容失败的理念，通过自主创新、集成创新、引进消化吸收再创新、产学研及企业间合作等方式，攻坚克难，向世界高端技术发起冲击，向国家制造技术瓶颈展开攻克，实现了一大批核心技术的掌握和控制，基本实现了重大成套装备的技术集成。许多技术站在了世界重大技术装备制造的顶峰，一些技术代表着行业领域研究的最高水平。随着一系列关键核心技术的突破，重大技

术装备高端制造一直是少数发达国家专利的历史被改写。我国在重大技术装备高端受制于人的被动局面被一项项打破。中国二重成为了世界先进同行业竞相合作的对象。

2007 年至今，中国二重承担了 14 项国家级科研课题、48 项省级科研课题，成功研制的具有自主知识产权的诸多中华人民共和国"首台""首套"载入了世界及中国重大技术装备的史册，创造 2 项世界第一，47 项产品填补了国内空白。

3. 产品结构调整实现历史性重大突破，解决了国家有和没有的问题

近年来，通过新产品开发和技术改造工程，中国二重在保持冶金、电站铸锻件等传统产品项目研制优势的同时，向多元化产品布局迈进，具备了国际核材料和核设备的生产制造资格，成为国内核级锻件的主要生产商；成功进入煤液化工程领域，具备了千吨级以上加氢反应器制造能力；船用产品、清洁能源、环保产品和大飞机等新产品的开发，极大地提升了中国二重的核心竞争力。

中国二重正是以高度的责任感、领先的技术、强大的制造能力，厚积薄发，以冶金、锻压、矿山为主的成套设备工程总包为基础，以水电、火电、核电、风电设备并举，重型容器、大型传动件、轴类件齐头并进的产业格局，解决了一系列国家"有和没有""受制于人"的问题。立足于国家综合实力的充分体现，立足于建设世界知名成套装备基地和世界著名铸锻钢基地，中国二重在与发达国家跨国公司的竞争中装备中国、进军国际市场，跻身世界重大技术装备制造业先进行列。一个产业布局合理、具有世界级制造能力的现代化大公司正展现在世人面前，塑造着中国重大技术装备脊梁的形象。

4. 专利实施及产业化取得实效

公司专利申请实施率为 96%。"钢卷无芯移送式热卷箱""核电反应堆主管道热段弯管及其制造方法"等 5 项专利先后荣获第八、第十、第十一、第十二届中国专利优秀奖。专利等无形资产在企业的生产经营中发挥着越来越重要的作用。

5. 被国家知识产权局授予首批"全国企事业知识产权示范单位"

2009 年 12 月 10 日，在全国企事业知识产权工作会议暨全国专利运用与产业化会议上，中国二重被国家知识产权局授予首批 57 家全国企事业知识产权示范单位。

浅谈企事业单位专利管理中
存在的问题及建议

罗贵飞　梁　鑫❶

从 1985 年我国第一部《专利法》正式实施以来，已经经过了 1992 年、2000 年和 2008 年的三次修正，2015 年 12 月发布了《国务院关于新形势下加快知识产权强国建设的若干意见》，目的即是提高我国知识产权创造、运用、管理的水平，增强国民的知识产权意识，促进我国科学技术的进步和经济社会的发展。我国知识产权制度包括专利制度在逐年完善，但笔者发现，民众的知识产权意识包括专利意识却并没有紧随国家的步伐，还存在众多的问题。究其原因，笔者认为：我国重视知识产权，我国知识产权制度包括专利制度取得了迅猛发展，取得了卓越的成绩，但企事业单位的领导层却并未足够重视知识产权制度，没有将知识产权的管理包括专利管理纳入日常的企业管理中。因此，从国家、省、市、企事业单位到民众的知识产权普及路线中，在企事业单位就中断了。在此，笔者根据与企事业单位长期的沟通经历，归纳了发现的主要问题，希望引起企事业单位领导层的重视，逐渐地规范企事业单位专利管理制度，为我国专利制度的发展起到一定的推动作用。

一、企事业单位领导存在"专利无用论"，不重视专利人才

目前，由于企事业单位文化理念的不同，最高管理者也因专利知识的匮乏，对企事业出现的有关专利问题不闻不问，经常出现轻视专利这种无形资产的现象。同时，随着我国对专利的不断重视，国家、省市甚至区县都出台了各种专利扶持政策，由此也出现了很多为了获取专利资助、为了申报国家高新技术企业、为了科技项目验收的目的而申请专利的情况。另外，当出现疑似专利侵权

❶ 作者简介：罗贵飞，专利代理人，就职于成都虹桥专利事务所；梁鑫，专利代理人，就职于成都虹桥专利事务所。

的情况时，管理人员由于知识的限制往往就放弃了自己的发展方向，如：

四川攀枝花某企业 A 正在研发一项冶炼新技术，企业 B 知晓该情况后，告知了企业 A 该技术企业 B 已取得了专利权，随后，企业 A 为了避免后续生产侵权，即放弃了该技术的研发。

出现该情况完全是由于企业 A 不清楚什么是专利侵权，企业 A 只是看到了企业 B 拥有一项名称叫××冶炼方法的专利权而已。

当企业出现被侵权的情况时，往往由于调解、起诉时间长，程序复杂，赔偿金额低而放弃自身应有的权利，例如：

某经营部 C 申请了一项农产品外包装的专利，由于该产品质量好，并且经过经营部 C 长期的宣传，使得该产品销量长期处于领先地位。此时，就在位置不远处的经营部 D 明目张胆地模仿经营部 C 的外包装，并且装入质量低劣的产品，且价格更低，对经营部 C 的正常经营产生了严重的不良影响。但是，经营部 C 并未起诉经营部 D，而是经过四处了解咨询，最终放弃维护自身的权利。

出现上述的种种情况，笔者作为职业的专利工作者感到非常的遗憾和些许的无奈，也正是由于上述的种种情况，部分企事业管理者轻视专利权应该起到的保护、储备、限制等作用，认为申请专利只是为了项目验收、申报国家高新技术企业。如果我们企事业单位的管理者能够多学习专利知识，并加以理解和运用，当出现企业 A 的情况时，就会去分析企业 B 专利权实质所保护的内容，并借鉴或避让以开发出更好的技术，提高自己的竞争力；当出现企业 C 的情况时，就不会放弃自身的权利，会督促我们的行政管理者尽快做出调节或尽快上诉，并加以宣传，让民众知晓侵权的后果，也会让自己的产品更深入人心。

"专利无用论"是一种错误的理解，是部分企事业单位管理者未深入学习专利知识、不重视专利人才、受部分不恰当言论影响的结果，也和我国司法制度、侵权违法成本较低有一定的关系。但是，用知识武装自己才是正确的道路，抱怨制度的不完善才是无用。因此，笔者希望并建议企事业单位最高领导能够更多地学习专利知识，重视专利管理人才，发挥专利应有的作用；同时也希望知识产权行政管理部门多开展针对企事业最高管理者进行的培训，而不是针对企事业的普通工作人员，专利不仅是企事业单位的开路先锋，也是其坚强后盾。

二、企事业单位未能足够重视检索的重要性

我国为什么大力发展专利制度，笔者认为：一是为了给予发明创造保护，即给予专利权人一定时期内的独占排他权；二是更多地利用发明创造，公开技术避免资源的浪费和重复研究是提高国民的创新能力，促进科学技术的进步和经济社

会的发展。要避免技术资源的浪费和重复研究，检索是其中最重要的环节。

目前，企事业单位在进行重要技术项目的开发研究或科技项目申报时，大多都会进行检索，检索的方式基本有两种：一种是企业开发研究时内部技术人员的简单检索，另一种是项目申报或验收时委托省内检索机构进行的检索。第一种检索的目的是了解现有技术，从而指导我们研究开发的方向，这种检索都是相对较粗略的、不完善的。第二种检索的目的是得到一种肯定的答复，从而能够顺利地申报或验收项目，这种检索只能用于评价新颖性。无论是哪种检索，都存在一定的问题，例如：

四川攀枝花某企业 E 的技术人员与笔者沟通，告知企业 E 花了大量的时间、精力和财力研发了一项新的技术，并且企业 E 分别进行了上述的两种检索，非常肯定地告知其技术具有很高的创新性，全球独一无二，并且效果显著。于是，企业 E 针对该技术申请了发明专利。两年后，企业 E 的该技术发明专利被驳回，原因是该技术在多年前已被公开成为现有技术。

笔者认为，上述例子能够给企事业单位很重要的启示：为什么企业 E 在开发研究前没有发现该技术，从而浪费了大量的时间、精力和财力，最重要的原因就是对检索不够重视。如果企业 E 能够足够重视检索的重要性，那么在开发研究前就应该到国家知识产权局检索咨询中心进行详细的专利检索。发现该技术后，如果是以论文的形式存在，或者虽然申请了专利但是已失效或未在中国获得保护（专利具有时间性和地域性），那么企业即可以直接使用，不需付出任何的费用。如果该技术是以一种有效专利权的形式存在，企业就应该根据市场及企业自身情况考虑技术实施合作或等专利权失效直接使用，或者改变开发研究方向。但是，企业没能重视检索的重要性，导致财力、物力、时间的浪费。

由此，笔者建议所有的企事业单位重视检索，在做出重要的开发研究、技改等决策以前，首先进行充分的检索分析。

三、企业单位未能正确理解专利挖掘

在我国极力推进知识产权工作的背景下，较多的企事业单位已经开始重视专利保护，因此需要进行专利挖掘。但是，部分企事业单位对专利挖掘理解不正确，一般存在以下两种情况。

1. 企业自身无任何技术可以挖掘申请专利

导致该情况的原因是对"专利挖掘"中的"专利"理解不正确，认为是只有指南针、造纸术、火药等类型的发明创造才能申请专利，将能够申请专利的技术方案理解为开拓性发明技术。笔者认为："专利挖掘"中的"专利"应该指可以申请专利的创新点或技术方案；对于发明和实用新型，创新点即是改进，是在现有技术基础上做出了改变并且产生了进步，含有改进的技术方案即是可以申请专利的技术方案；对于外观设计，创新点即是具有明显区别的改变，这种改变主要是形状、图案或色彩与形状、图案的结合。企事业单位正确理解上述的"专利"，即可便于进行挖掘。

2. 专利挖掘需要资深的专业技术人员

导致该情况的原因是对"专利挖掘"中的"挖掘"理解不正确，这与部分知识产权工作人员的错误培训有关，认为挖掘首先是确定主题，然后根据主题进行检索阅读，最后是进行汇总分析，根据检索到的专利的目的和不足撰写专利申请文件。笔者认为：这种对挖掘的理解是完全不正确的，是为了专利而专利，违背了我国制定专利法的目的，是部分知识产权工作人员的错误引导。挖掘是指在开发研究、生产经营过程当中，对所取得的技术成果从技术和法律层面进行剖析、整理、拆分和筛选，从而确定用以申请专利的创新点或技术方案，简而言之就是从已有的创新成果中提炼出具有专利申请和保护价值的创新点或技术方案，而不是凭空创造专利。

专利挖掘是企事业单位专利管理工作中的重要内容，正确理解专利挖掘有利于企事业单位适时形成专利保护，避免无形资产的流失。

四、企事业单位未进行专利布局

如前文所述，较多的企事业单位已经开始重视专利保护，对专利技术的充分保护需要对专利进行合理的布局。所谓专利布局，是指综合产业、市场和法律等因素，对专利进行有机结合，涵盖利害相关的时间、地域、技术和产品等维度，构建严密高效的专利保护网，最终形成有利格局的过程。但是，省内大多数企事业单位开发一项新技术后，都没有对专利进行布局，只是对主工艺或主产品申请专利保护，导致专利技术保护不充分，不能实现专利申请的首要目的，更不能达到防御、干扰竞争对手的目的。

笔者认为：专利布局可以采用路障式、地毯式等多种多样的布局方式，企事业单位可以根据自身情况及市场环境等因素进行合理布局；对于电子等解决问题技术方案多、技术更新快、周期短的行业，必须具备一定的专利数量规模，并且使专利保护层级分明、功效齐备，避免竞争对手有回避设计的机会；对于省内大多数的传统行业，由于技术已比较成熟，因此至少应该在改进的新技术中对每一个创新点分别作为独立权利要求1申请一项专利，以达到充分保护新技术的目的。

五、总结

企事业单位专利管理，是专利管理机构或专利管理人员在相关部门的配合和支持下，为贯彻国家制度、促进技术进步和创新、保障自己的合法权益、提高企事业经济效益而对专利事务进行战略策划、规划、监督、保护、组织、协调等活动的总称。企事业单位专利管理不仅可以在企事业内部激发技术开发研究活动、跟踪前沿技术、提高企事业技术创新能力和水平，而且对外可以获得市场竞争的优势，实现企事业单位外向型发展。因此，为了贯彻国家制度、促进技术进步和创新、保障自己的合法权益、提高企事业单位的经济效益，企事业单位的最高领导应该加强专利相关知识的学习，组建独立的专利管理部门或配备专业的专利管理人才，注重专利检索分析、挖掘与布局，形成独有的企业专利文化，将专利管理融入日常的管理工作当中。

关于地方知识产权行政管理机构设置的研究报告

吉方英[❶]

根据党的十九届三中全会发布的《深化党和国家机构改革方案》、2018 年 3 月国务院发布的《国务院关于部委管理的国家局设置的通知》规定，重组国家知识产权局，国家知识产权局由国家市场监督管理总局管理。此次国家知识产权局的调整是否意味着地方局也必然进行相应的调整，成了一个值得研究的问题。

一、知识产权事业发展需要管理机制体制创新

自 2008 年国务院出台《国家知识产权战略纲要》以来，国务院及各有关部门先后制定和推进实施了《关于加强战略性新兴产业知识产权工作若干意见》《国家知识产权战略实施推进计划》《深入实施国家知识产权战略行动计划（2014—2020 年）的通知》《国务院关于新形势下加快知识产权强国建设的若干意见》《"十三五"国家知识产权保护和运用规划》《强化实施创新驱动发展战略进一步推进大众创业万众创新深入发展的意见》等一系列政策和措施，极大地促进了我国知识产权事业的发展，知识产权对创新发展的保障作用日益凸显。为更好地发挥知识产权保障创新作用，我国知识产权管理机制体制仍然在不断地尝试和探索。

2016 年 12 月 5 日，习近平总书记主持召开中央全面深化改革领导小组第三十次会议时强调："紧扣创新发展需求，发挥专利、商标、版权等知识产权的引领作用，打通知识产权创造、运用、保护、管理、服务全链条，建立高效的知识产权综合管理体制，构建便民利民的知识产权公共服务体系，探索支撑创新发展的知识产权运行机制，推动形成权界清晰、分工合理、权责一致、运转高

---

❶ 作者简介：吉方英，西华大学知识产权学院系主任。

效的体制机制。"2016 年 12 月 30 日，国务院印发《"十三五"国家知识产权保护和运用规划》，明确要求"打通知识产权创造、运用、保护、管理和服务的全链条，严格知识产权保护，加强知识产权运用，提升知识产权质量和效益"，将积极研究探索知识产权管理体制机制改革、努力在重点领域和关键环节取得突破性成果、支持地方开展知识产权综合管理改革试点等作为主要任务。根据《国务院办公厅关于印发知识产权综合管理改革试点总体方案的通知》（国办发〔2016〕106 号），2017 年 7 月，国务院确定了第一批知识产权综合改革试点地区。包括四川省在内的部分省市也开始开展知识产权综合管理改革试点工作。知识产权综合改革是探索知识产权管理体制机制改革的重要举措。知识产权综合改革力争通过积极探索，集中资源和力量破解制约知识产权支撑创新驱动发展的难题，实行严格的知识产权保护，提升知识产权管理水平，推动形成权界清晰、分工合理、权责一致、运转高效的管理体制机制。目前，我国各地的知识产权综合改革试点为我国知识产权管理机制体制改革提供了丰富的经验。

国家知识产权局的重组为进一步深化地方知识产权管理机制体制改革创新提供了新的机遇和挑战。根据知识产权综合改革试点经验，地方应因地制宜，积极打通知识产权创造、保护、运用全链条，构建有利于集中创新优势资源、管理更加顺畅、执法体系更完善、公共服务和监管水平明显提升的新型地方知识产权行政管理体系，为有力促进大众创业、万众创新，加快知识产权强国建设，全面建成小康社会提供有力支撑。

二、地方知识产权局的工作重心

当前，随着知识经济和经济全球化深入发展，全球新一轮科技革命和产业变革蓄势待发，知识产权日益成为国家发展的战略性资源和国际竞争力的核心要素。创新引领发展的趋势更加明显，知识产权制度激励创新的基本保障作用更加突出。2017 年 10 月，习近平总书记在十九大报告中强调，要"倡导创新文化，强化知识产权创造、保护、运用"，为知识产权事业发展指明了方向、明确了重点。

当前，地方知识产权工作在知识产权"创造""保护""运用"各环节中，必须致力于推进创新型国家战略目标的实现，着力提高知识产权创造质量、运用效益、保护效果和管理水平。与国家知识产权局相比，地方知识产权局的工作应该更主动地着力解决知识产权数量相对不足、质量参差不齐、服务平台建设滞后、运用效益不理想、文化建设滞后等状况，要把知识产权工作贯穿于创造、保护、运用的全生命周期，构建起相对完整的地方知识产权保护体系。目前地方知识产权局的工作重心还不宜转移至市场事后监管环节。

三、关于地方知识产权局设置的构想

《中共中央关于深化党和国家机构改革的决定》（以下简称《决定》）是加快推进国家治理体系和治理能力现代化的纲领性文件。《决定》指出："治理好我们这样的大国，要理顺中央和地方职责关系，更好发挥中央和地方两个积极性；要统筹优化地方机构设置和职能配置，构建从中央到地方运行顺畅、充满活力、令行禁止的工作体系，中央加强宏观事务管理，地方在保证党中央令行禁止前提下管理好本地区事务，赋予省级及以下机构更多自主权，合理设置和配置各层级机构及其职能，增强地方治理能力，加强基层政权建设，构建简约高效的基层管理体制。"

《决定》赋予了地方合理设置和配置各层级机构及其职能的权限，地方应该根据机构的任务和职能，从实际出发，因地制宜进行机构设置，不能简单照搬上级机关设置模式。中央和地方机关在设置上应该允许"一对多"，即一个基层机构接受多个上级机构的领导；也应该允许"多对一"，即不同基层机构可以接受同一个上级机构领导。基于地方知识产权工作的特点与要求，在目前的知识产权管理机制体制改革探索过程中，地方知识产权局的设置应当允许地方继续进行探索、因地制宜，以满足本地区知识产权事业的发展需求。

德阳作为中国西部重要工业城市，是中国重大装备制造业基地、国家首批新型工业化产业示范基地和四川省重要的工业城市。德阳拥有中国二重、东方电机、东方汽轮机、宏华石油等一批国内一流、世界知名的重装制造企业。德阳重大装备制造业集群在中国乃至世界都具有巨大的影响力。近年来，德阳的知识产权工作取得了优异的成绩，德阳已经由传统工业大市逐步转型为创新研发大市。当前，以知识产权驱动创新，以创新驱动科技、经济整体实力的提升是德阳发展的硬道理。

近年来，德阳市知识产权事业发展迅速，但是与发展的需求相比还有一定距离。德阳的知识产权工作应该进一步加强，而不能削弱。必须明确的是：当前德阳知识产权的工作重心不在知识产权的市场监督管理环节，将知识产权事业整体纳入市场监督管理会对其产生严重的制约作用。目前，德阳将知识产权与科学技术工作放在一起，突出专利创造与科技创新的内在联系，具有合理性。为了进一步释放知识产权对创新驱动的支撑作用，应该设置独立的知识产权局，将专利管理、商标管理、原产地地理标识放在一起，集中行政管理、服务资源，为知识产权创造、保护和运用提供更为专业、有效的政府管理与服务。

　　2001 年，德阳市委、市政府高度重视知识产权工作，将德阳市知识产权局列为政府组成部门，成为当时全国地级市少有的正县级行政管理部门。当前，中央将四川作为系统推进全面创新改革试验区，四川首推成德绵地区开展先行先试，德阳市知识产权综合管理体制改革作为德阳全面创新改革重要举措之一，已被纳入德阳全面创新改革 50 条，并获省政府批复。在地方知识产权机构改革中，德阳一直在全国全省走在前列，现在德阳更有条件、有能力进行先行先试，形成新的德阳经验。

企业知识产权文化建设初探

周渝利[1]

作为一种文化现象，企业知识产权文化在推进企业知识产权工作中发挥着独特的作用。近年来，随着企业知识产权意识的不断提高，企业知识产权工作能力有了显著提升。与此同时，企业知识产权文化建设工作也逐渐引起关注。本文就有关企业知识产权文化的特点，以及企业在知识产权文化建设中一些有代表性的观点进行探讨，并提出企业知识产权文化建设的一般模型。

一、企业文化概述

企业文化是企业成员的核心价值观的体现，它使企业独具特色，区别于其他企业。按照一般理解，企业文化是一个企业或组织由其价值观、信念、仪式、符号、处事方式等组成的特有的文化形象，它是企业为解决生存和发展的问题而树立形成的，被组织成员认为有效而共享，并共同遵循的基本信念和认知。

企业文化是在现代化大生产与市场经济发展基础上逐步产生的一种以现代科学管理为基础的新型管理理论和管理思想，也是企业全体员工在创业和发展过程中培育形成并共同遵守的最高目标、价值标准、基本信念和行为规范的总和。在我国，企业文化的提出与实践的历史较短，20 世纪 80 年代以后，"企业文化"这一概念才开始被我国的理论界与企业界所关注，并逐渐升温。

关于企业文化的定义，国内外的学者有各种不同的表述。例如，美国管理学家彼德斯·沃特曼认为："员工作出不同凡响的贡献，从而也就产生了有高度价值的目标感，这种目标感来自对生产、产品的热爱，提高质量、服务的愿望和鼓励革新，以及对每个人的贡献给予承认和荣誉，这就是企业文化。"塔格尤尔·利特温提出："企业文化是企业内通过物体布局所传达的感觉或气氛，以及企业成员与客户或其他外界成员交往的方式。"威廉·大内认为，企业文化是传

---

❶ 作者简介：周渝利，中国知识产权报四川记者站工作。

统气氛构成的公司文化，意味着公司的价值观诸如"进取、守势、灵活性"——构成公司员工活力、意见和行为的规范，管理人员身体力行，把这些规范灌输给员工并代代相传。

从企业的实践看，典型的企业文化一般分为三个层面：精神文化层、制度文化层和物质文化层。其中，企业核心价值观、企业精神、企业哲学、企业伦理、企业道德等构成了企业精神文化层；各种规章制度以及这些规章制度所遵循的理念形成了制度文化层；厂容、企业标识、厂歌等形成了物质文化层。

二、企业知识产权文化的作用

从形式上看，企业文化属于精神或者思想范畴的概念，各要素之间存在一定的时空顺序、主次地位与结合方式。作为企业文化的一个组成部分，企业知识产权文化在指导企业建设知识产权管理体系中起着独特的作用。

1. 指引企业打造知识产权战略

企业知识产权战略是指企业为获取与保持市场竞争优势，运用知识产权制度进行确权、保护与运用从而谋取最佳经济效益的策略和手段。即企业在知识产权创造、保护、利用、实施和管理中，为提高企业的核心竞争力和谋求最佳经济效益，运用现行的知识产权制度而进行的整体性筹划和采取的一系列的策略与手段。

一般认为，在推进企业经营发展战略中，企业文化发挥着独特的导向、约束、凝聚、激励、调适等功能，从而保证企业目标的实现。而企业知识产权战略属于企业经营发展战略的一部分，因此，企业知识产权战略的施行离不开企业知识产权文化发挥作用。

2. 提升企业的知识产权意识

推进企业知识产权工作，离不开提升企业员工的知识产权意识。在建设企业知识产权文化的过程中，通过有意识、多角度地宣传知识产权知识，可以强化企业全体员工对知识产权的了解，从而提高企业在知识产权的创造、管理、保护、运用等各个方面的能力和水平。

3. 指导企业建立与其状况相适应的知识产权管理体系

从企业管理的角度看，完整的知识产权管理体系包括管理模式的选择、管理部门的建设、管理人员的配置以及管理制度、管理措施的制定与落实等方面。在建设企业知识产权管理体系的过程中，同样也离不开企业知识产权文化。

4. 推进企业各项知识产权工作的开展

企业知识产权工作是一项综合性、系统性的工程，内容涉及竞争情报、专利、商业秘密、商标、版权、域名以及知识产权贸易、知识产权诉讼等各个方面。通过企业知识产权文化的强力支撑，能够有效地推动企业各项知识产权工作的开展。

三、企业知识产权文化建设的一般模型

要建设企业知识产权文化，首先应分析企业知识产权文化建设的一般模型。

企业知识产权文化建设模型由两大部分、四个层次构成。第一部分是企业文化的核心理念，是企业知识产权文化建设的总纲，引领企业知识产权文化的健康发展。

第二部分由三个层次组成。其中，员工对知识产权的认识和理解构成了企业知识产权文化建设的驱动力，使核心理念"内化于心"。

企业知识产权文化管理制度体系，是把与知识产权相关的企业管理制度经过整合而形成的一个较全面和科学、系统的制度体系，具有规范功能和保障作用，使企业知识产权文化"固化于制"。

员工在知识产权管理方面的行为准则体系是企业知识产权文化在每个企业员工的行为规范。企业的每个员工都是企业知识产权的参与者。通过一系列的行为准则，促进知识产权工作不断发展成为每个员工的文化自觉，使企业知识产权文化"外化于行"。

四、知识产权文化建设的主要内容

如前所述，企业知识产权文化是企业文化的一个子系统，它是企业文化中促进企业知识产权工作的相关文化的集中体现。从实践看，企业知识产权文化主要有两大类：一类是企业知识产权特有的企业文化，另一类是在企业管理工作各个方面均发生作用的共有文化。

1. 创新文化

知识产权制度的本质之一是鼓励创新，不鼓励模仿与复制，这也是知识产权文化的本质。"创新是一个民族进步的灵魂"。顾名思义，创新文化就是有利于创新的文化，即这种文化可以促进体制创新、科技创新和文化创新。在企业实施知识产权战略的进程中，我们必须大力提倡和营造创新文化，把知识产权的创造、管理、实施、保护、人才培养、制度完善、能力建设置于创新文化的氛围内。

构建创新文化，企业在观念上，要允许失败和勇于尝试；在制度上，建立

创新渠道、创新评估和奖励、创新成果应用的制度保障体系；在模式上，原创是创新，消化吸收再创新也是创新。

2. 诚信文化

正直、诚信是社会规范和道德标准，是取得信任的关键因素，是赢得尊重的重要砝码。知识产权是无形资产，因此，企业要有长远的目光，在诚信的基础上创造、运用、保护、管理知识产权，切不可贪图一时之利而损害企业的声誉；要通过知识产权管理，形成以保护知识产权为荣，以侵犯知识产权为耻的文化氛围。

3. 竞争文化

竞争能够激发人的潜能，使之得到最大限度的发挥，知识产权制度鼓励建立在技术创新基础上的公平竞争，这正是知识产权制度所要求的价值体系的核心内容。企业应当建设有序的竞争文化，充分发挥利益驱动机制的作用，善于运用知识产权制度和国际规则，积极参与市场竞争，合理维护自身利益。

4. 人才文化

人才是企业最宝贵的资源，是企业知识产权工作的动力元素。因此，企业知识产权工作要以企业发展为导向，建立组织、职位、胜任能力和人才测评，绩效、薪酬、培训、职业发展规划和福利保障等人力资源管理制度体系，并严格贯彻实施。在行动上，坚持公平、公正、公开的原则；在企业发展的轨道上，为企业知识产权创造、运用、保护和管理等环节的人才搭建职业发展和实现自我价值的平台。

5. 学习文化

学习是最可贵的生命力、最活跃的创造力、最本质的竞争力，是知识获取、知识转化、知识共享、知识运用和知识创新的重要途径，是获取核心知识、先进知识和创新知识的主要来源。因此，企业各级管理者要营造良好的学习氛围，跟踪知识产权的前沿信息，建立和完善培训需求分析、评估制度保障体系和知识库管理体系，使学习成为员工的一种习惯，提升员工的知识产权素质。

6. 团队文化

团队是实现价值观、使命和愿景的载体，是推动企业持续发展的成长基因。公司的团队文化要坚持以人为本，重点关注团结协作和人心凝聚，加强协作，强化责任意识，提升团队向心力、凝聚力和执行力，消除障碍，打造"团体"的氛围。通过团队文化，建立一支团结和睦、协作共赢、快乐生活、努力工作的员工队伍。在团队文化中要融入合作的因子，只有合作才能成功，在合作中促进发展，在发展中谋求共赢。

五、企业知识产权文化建设的实践——以 M 公司为例

M 公司是四川省一家知名的数据通信、网络安全及软件产品供应商和服务商。经过 20 年左右的发展，公司已是国家重点高新技术企业、国家 863 计划项目承建企业、火炬计划 15 周年优秀高新技术企业、国家科技部认定国家火炬计划软件产业基地骨干企业、四川省企业技术中心。近年来，公司加强了知识产权文化建设，并在实践中充分发挥企业文化的功能，推动了公司知识产权工作的开展。其在以下的 3 个方面尤为突出。

1. 打造企业知识产权文化

M 公司十分重视企业知识产权工作。在其企业文化中，公司将知识产权战略融入公司总体战略，把自主技术及自主知识产权作为核心竞争力之一和战略要点，并将其视为公司可持续发展的立身之本。以此为指导，在整个企业营造一种有利于创新和变革的文化氛围。

2. 建立适合自身发展的知识产权管理体系

市场与研发的紧密结合是该公司开展研发活动的重要指导思想。实践中，该公司的知识产权工作与公司发展战略密切结合，并服务于公司发展战略。在知识产权文化的制度文化层建设方面，M 公司制定了各种规章制度与操作指导，以此规范知识产权工作的各项行为。

3. 规范员工在知识产权工作的行为准则

例如，公司规定管理者有责任"定期有效地组织交流、培训活动"，以此"提高企业技术水平和创新能力，增加企业凝聚力"。在激励方面，公司明确规定了对申请专利的员工给予奖励；对专利实施取得经济效益的，可以获得专利实施奖。

六、结语

市场经济条件下，企业有了自主知识产权，就拥有了制胜的实力；掌握了核心的竞争力，就可以在市场竞争中获得财富。因此，企业间的竞争实质上就是企业核心竞争力的竞争。而企业核心竞争力的构筑必不可少的两样就是知识产权和企业文化。

事实上，有很多成功运用知识产权战略和企业文化的案例——不管是国外的微软、三星，还是国内的华为、中兴——已经反复论证了企业文化与知识产权战略能为企业带来巨大的经济价值。由此可以得出结论：企业应当不断完善这两方面的工作以形成自己的核心竞争力。

德阳市高新技术企业知识产权
管理存在的问题及对策研究

黄明波❶

随着经济的知识化与全球化，知识产权成为一个国家或企业竞争优势的核心基础已是不争的事实。2004 年 6 月国家总理在青岛考察时明确指出：世界未来的竞争就是知识产权的竞争。胡锦涛总书记在 2006 年 5 月 26 日中共中央政治局第 31 次集体学习时发出"大力提高知识产权创造、管理、保护、运用能力"的号召。中国加入 WTO 后，德阳市高新技术企业的经营和发展发生了根本的变革，技术创新和新产品开发日益在企业的经营与发展中占据主导地位，国内企业面临的国际竞争越来越激烈，许多企业因缺乏自主知识产权而在发展中受制于人。2013 年 9 月 30 日，中共中央政治局以实施创新驱动发展战略为题举行第九次集体学习，把"课堂"搬到了中关村，习近平主席在主持学习时发表了重要讲话，以"五个着力"明确指出知识产权在我国发展的新时期的必要性和重要性。

高新技术企业作为知识密集、技术密集的新型企业，不仅要在战略思想上重视，在法律应用上完善，更要求把知识产权作为企业的无形资产进行运营，引进知识产权管理思想，构建一套科学的知识产权管理制度，并把知识产权管理制度贯彻运作到企业的整个管理工作中。近年来，德阳市很多高新技术企业在知识产权管理方面积累了很多好的经验，取得了显著的成果，企业所拥有的知识产权的数量增长很快，质量也不断提高。但是从总体来看，高新技术企业知识产权管理能力还很薄弱。

一、国内外企业知识产权管理现状

1. 国外

知识产权管理在国外的研究与实施已有几十年的历史，发展已经相对成熟。

---

❶ 作者简介：黄明波，就职于广汉市科商局。

如美国、日本、韩国非常注重知识产权管理的研究和运用，使知识在经济增长中所占的比重达到 70% 以上，知识产权管理取得了很大的成功。Furman Por-ter 和 Stern（2002）、Gans 和 Stern（2003）通过经济合作与发展组织论证了知识产权保护的强化是创新绩效（以全球专利测量为例）的一个关键驱动因素。Belay Seyoum（2006）经实证研究提出：随着知识产品在全球经济贸易份额的大幅度增加和国际技术竞争的加剧，专利和其他类型的知识产权的功能大大提升，专利保护水平与外国投资有正相关关系。Samson（2005）认为：知识产权的真正价值是企业利用它作为企业战略——资产增值、研究开发和企业发展整体营销战略的一部分。Wagman 和 Scofield（1999）指出：知识产权管理的目标是提供给发明者保护和享有创新成果，以此来促进企业战略。高桥明夫（1990）认为：企业应当根据企业方针进行战略性专利活动，从战略上进行进攻和防卫，充分发挥专利的各种作用。美国学者理纳德·玻克维兹认为专利战略是保证企业能保持已获竞争优势的工具。Lang（2001）认为：专利的管理能提升企业在市场中的竞争优势。Stewart（1999）认为知识产权与企业战略有着密切联系，知识产权是知识资本的子集，是企业核心能力的要素。迈克尔·波特（1997）通过对典型的产业群的实证研究，将竞争优势划分为低层次优势和高层次优势，倡导投资保护专有技术、积极申请发明专利、对侵权者进行诉讼等策略，以提高壁垒的方法构筑防御战略，从而达到构筑竞争优势之目的。亚历山大·I. 波尔托拉克（Alexander I. Poltorak）博士和保罗·J. 勒纳（Paul J. Lerner）博士（2004）认为：企业应当高度重视研发成果保护、知识产权审计和搜集情报、知识产权价值评估、知识产权许可使用。

2. 国内

国内学者普遍认为企业应当重视知识产权管理。中南财经政法大学校长吴汉东教授（2009）认为：知识产权的有效运用，既涉及知识产权主体（即企业）的培育，又事关一般社会条件的成就；知识产权文化的培育与养成是知识产权法治秩序构建的重要内容。何敏（2002）提出：企业应当规范企业内部各种知识产权管理关系，建立健全相关的知识产权管理和管理制度，形成科学管理的规范体系。何敏提出，企业知识产权管理机构设置有三种基本模式：直线式组织、职能式组织和矩阵式。徐雨森（2003）指出：知识产权战略对培育企业核心竞争力具有重要作用。柯涛、林葵（2004）认为：企业应当建立知识产权管理战略与制度。冯晓青（2005）认为：企业要综合、灵活运用知识产权法律制度，将知识产权与经营管理有机结合起来，最大限度地获取竞争优势。徐明华、包海波（2003）认为：国内企业应当借鉴发达国家和地区企业在开发利用和保护知识产权方面的成功经验，结合国际知识产权制度的特点、发展趋势，运用知识产权管理和技术创新理论，建立知识产权管理体系。

二、德阳市高新技术企业知识产权管理存在的问题

1. 知识产权管理与保护意识淡薄

知识产权本来就是舶来品，在改革开放以前，中国根本不存在知识产权法律制度，知识资产的产权是公共的，任何人都可以不做任何付出而利用他人的知识资产，表现出一种技术成果无权利状态，大部分企业根本没有知识产权意识。随着知识产权的发展，部分高新技术企业的知识产权意识有所提高，但与外国相比仍有相当大的差距，在经营管理活动中更多地强调有形资产的使用和管理，对知识产权管理重视不够。高新技术企业保护知识产权观念淡薄还表现在：企业不仅不重视自己的知识产权，也不重视别人的知识产权。知识产权观念淡薄已经成为困扰部分高新技术企业发展的重要问题之一。

2. 缺乏自主知识产权

目前，德阳市高新技术企业的自主知识产权特别是与核心技术、关键技术相关的自主知识产权数量偏少，质量偏低，而且缺乏知名品牌，尤其是国际知名品牌。高新技术企业创新能力不足，自主知识产权缺乏，导致了德阳市高新技术企业在国际市场上缺乏竞争力。

3. 对知识产权信息利用不够

世界上每年有百万项专利技术公布，但德阳市高新技术企业在研究与开发过程中对专利文献利用得不够，相当一部分企业科技人员在选择和设计科研课题前，由于没有进行专利文献检索，导致重复研究，浪费了大量人力、物力和财力。

4. 缺乏有效调动发明人创新积极性的激励机制

虽然大多数的高新技术企业已经建立了知识产权方面的激励机制，而且能够依照知识产权相关法规给予发明人奖励，但奖励的落实程度不够，甚至出现奖励不透明、不到位的现象，部分企业仍习惯于单一的科技奖励制度，发明人的报酬与知识产权的创造及收益关系不大，科技人员的绩效考核与知识产权的数量和质量无关，这就大大降低了科技人员从事科技创新的积极性，使企业缺乏竞争的后劲。

三、德阳市高新技术企业知识产权管理存在问题的原因分析

①制度缺陷是高新技术企业知识产权管理战略方面存在问题的更深层次原

因。没有法律制度保护知识产权所有者的收益，还会因侵害他人的知识产权不受处罚而纵容仿造、假冒和不正当竞争行为等。

②企业知识产权意识淡薄，缺少主动性，知识产权管理工作缺少战略等。

为什么德阳市的高新技术企业对知识产权不大重视呢？在行为方式上，由于过去体制的惯性影响，许多高新技术企业习惯于"等、要、靠"，习惯于向国家争项目、争投资，忽视了自主知识产权的创造、保护与运用。

知识产权管理人才匮乏，导致知识产权管理知识供给不足。一方面是由于科研与生产相脱节，大量科研人员集中在高校和科研院所，企业科研力量不足，导致企业知识产权的形成来源不足；另一方面是实施市场经济和知识产权保护的时间较短，通晓知识产权法律和知识产权资本化运作的人员很少，这导致企业可能还认识不到知识产权管理能带来的巨大收益，或者虽然认识到了，但由于缺少相关的人员而不知如何着手采取行动。

四、完善德阳市高新技术企业知识产权管理的对策

以上分析了德阳市高新技术企业知识产权管理存在的问题及原因，要解决这些问题，一方面要依靠政府的力量，加快知识产权普及宣传进程，加强知识产权执法力度，实施知识产权国家战略；另一方面则要依靠企业自身努力，在企业内部建立起完善的知识产权管理体系，将企业知识产权管理工作贯穿于企业技术开发、生产经营全过程。

1. 提高高新技术企业知识产权意识

企业对知识产权保护不重视，在很大程度上是由于高新技术企业知识产权保护意识淡薄，没有认识到知识产权对促进技术创新和企业发展的重要价值，甚至有人认为专利被窃、人才流失对经济发展有一定推动作用。只有提高了知识产权保护意识，高新技术产业的知识产权保护才能真正落到实处。

因此，要加强宣传和普及知识产权知识；加强企业知识产权文化建设；有针对性地对企业领导层和员工进行知识产权培训，提高知识产权保护意识，特别是应注意提高企业领导层知识产权保护意识，提高其知识产权管理、利用和运营水平，使他们充分认识到知识产权是法律确认的重要的无形资产、竞争优势和市场垄断的合法机制，知识产权与企业经营管理和发展壮大息息相关，是企业扩大市场份额和提升竞争力的重要手段。

2. 提升高新技术企业创新能力，创造自主知识产权

高新技术企业应设立自己的研发机构并实行"产学研"联合，通过加大研发投入、提高技术开发人员素质来提高企业自主创新能力，带动自主知识产权

量的增加。

3. 完善发明创造的激励机制

为激励公司员工进行发明创造，减少因人员流动而造成的知识产权流失，高新技术企业应当实行对员工发明的终身多次奖励和累积计分制奖励的激励机制。

4. 有效开展知识产权信息管理工作

知识产权信息是企业参与市场竞争的重要资源，有效开展知识产权信息管理工作，有利于提高企业自主创新能力，从而提高核心竞争力。

5. 企业知识产权管理机构与其他部门协调运作

任何成功的企业都不可能是某一独立部门单独运转的实体，它应该也必然是各部门相互协调的综合体。一方面，在研发初期，知识产权管理部门就要对技术人员提出知识产权保护的法律要求，让他们注意哪些领域可以获得知识产权，技术人员也要向知识产权部门提供技术背景及来源；另一方面，市场部门应及时将产品的市场状况、产品的销售情况、产品的侵权和被侵权情况反馈给知识产权部门，以便知识产权管理部门对知识产权战略进行及时有效的调整，这样有利于指导研发工作的开展。

知识产权托管

——中小企业在知识产权管理上的策略

刘雪莲[●]

一、为何进行知识产权管理

在知识经济时代，知识产权不仅对交易至关重要，同时，公司财产价值的重心也逐渐由有形的物质资产转向无形的知识产权，知识产权已日益变成公司最有价值的资产。根据文献报道，知识产权的价值在美国上市公司股票市值中的比例连年大幅增加、直线上升。1982 年，在 500 家美国具代表性的上市公司的市值中，无形资产的比例占 38%；到了 1992 年，情况发生逆转，无形资产的比例占到 62%；到了 2002 年，无形资产的比例已高达 87%。[1]知识产权等无形资产占公司总值的百分比分别为：3M75.6%，强生 87.9%，默克 93.5%，微软95.2%。作为公司的无形资产，知识产权虽然在形态上有其特殊性，但它仍然是客观实在的财产。所以，仍然需要对无形的知识产权进行科学管理，以提高知识产权的经营、使用效益。

知识产权的产生、实施和维权都离不开对知识产权的有效管理。同时，有效的知识产权管理可以使创造的目标更加明确，能够促进知识产权的创造、运用与保护，全面提高企业的核心竞争力。知识产权管理的主要任务之一就是确立以专利战略为主的企业知识产权战略，并在战略框架内依据企业的总体经营和创新策略，对知识产权的创造特别是对专利申请的数量、质量、时机、类别形成一个总的目标和方针。知识产权管理可以提高创新研发的起点，避免低水平重复研究。通过加强知识产权信息管理，建立和完善与本单位科研、生产领域相关的专利信息数据库，充分运用专利文献信息，可以及时了解与本单位相关的国内外技术动态，避免低水平重复研究，节约人力和资金资源。通过知识

产权管理可以提高发明人、设计人创造的积极性，充分发挥职务发明人的聪明才智，避免人才技术流失。通过加强技术人员和技术成果管理，明确技术人员的权利义务，以及技术成果的权利归属，从而最大程度地避免因资产流转和人员流动而引发的知识产权纠纷。另外，知识产权管理在衡量、降低维权成本，选择维权途径，确定维权方案等方面也发挥着重要作用。

二、知识产权托管的必要性

知识产权管理是包括知识产权战略制定、制度设计、流程监控、运用实施、人员培训、创新整合等一系列管理行为的系统工程，[2] 其涉及的内容广泛而复杂，需要相关人员具备技术知识、知识产权法律知识和经营管理知识。尽管我国的知识产权事业经过 20 多年的发展已取得了长足进步，但知识产权专业人才仍比较匮乏，因而我国企业，特别是中小企业由于资金实力、人才匮乏、管理不完善等，在知识产权管理方面仍面临困境。

为此，在我国提供知识产权服务的机构和需要进行知识产权管理的企业之间，出现了一种被称作"知识产权托管"的服务新模式。

通过知识产权托管，引入知识产权代理机构和专业人才，可以突破中小企业专利管理人才短缺的瓶颈，使企业的知识产权管理得以有效进行，进而使企业的知识产权价值最大化。同时，行业内稀缺的知识产权高素质人才能一人服务多家企业，不仅使企业节省了人力成本，也提高了人才的利用效率。

三、知识产权托管中的关键问题

目前，已有一些城市开始提供知识产权托管服务，如北京、上海、广东等。实践表明通过知识产权托管服务，企业专利经营意识大幅提高，开始尝试将拥有的专利进行策略性的专利转让和许可，部分企业专利经营已经初见成效。[3] 然而，在如何具体开展知识产权托管工作方面，可供借鉴的经验不多。根据笔者所在单位开展的知识产权托管经验，笔者认为：为了确保知识产权托管的顺利实施，实现托管价值的最大化，在知识产权托管中，首先，需要明确知识产权托管的目标与内容，并与企业达成一致目标；其次，需要重点把握几个关键问题，即通过宣传知识产权知识提高企业知识产权意识，建立有效的知识产权管理组织，建立并执行正式的知识产权制度。

四、明确知识产权托管的目标与内容

企业根据管理需求与托管服务机构，在签订严格保守企业商业秘密的授权托管协议下，由托管服务机构在授权范围内代替企业管理知识产权相关的业务。为了托管的全面顺利进行，企业与托管服务机构应当就托管拟达成的目标与内容进行充分的沟通，达成一致。通常情况下，可以达成托管服务的业务包括：①对知识产权战略与发展进行研究，提供专业方案；②协助实施知识产权战略，逐步实现知识产权资本运营；③协助企业进行知识产权布局；④宣传培训知识产权相关知识；⑤协助完成日常知识产权事务；⑥完善、监督、落实知识产权的各项管理制度；⑦对竞争对手知识产权状态的监控；⑧对侵权行为及时进行调查、取证，有效保护企业知识产权等。

五、知识产权托管中应把握的几个关键问题

1. 宣传培训知识产权知识，提高企业知识产权意识

在知识产权托管工作中首先应当重视知识产权知识的培训和宣传工作。为此，托管服务机构应与企业充分沟通，根据企业的实际情况，规划设计完整而系统的培训计划，并严格执行，以培养企业员工对于知识产权的认识，培育员工的知识产权意识。其中，提高知识产权意识至关重要，是知识产权托管工作中所不可或缺的重要一环。

培训的对象可以为企业的全体员工，包括管理层、专利工程师、技术人员等相关人员。在宣传培训的过程中，应当遵循"分层管理，分类培训"的原则，区分管理层与员工、知识产权专职人员与非知识产权专职人员，并根据不同对象的不同需求量身定制不同的培训方案。例如，对于普通员工的培训内容可以为基本知识产权知识、专利申请知识、商业秘密遵守规范等，对于技术人员的培训内容可以为研发记录、如何撰写技术交底书、专利申请实务、专利挖掘等，对于管理人员的培训内容可以为专利战略与风险、专利保护的法律实务、专利诉讼攻防等。

通过培训，使企业高级管理层认识到知识产权对公司的重要价值，从公司高层开始自上而下推行知识产权保护，有利于知识产权托管工作的全面顺利进行。通过向员工宣传企业的知识产权计划（保密义务，专利申请程序，公司发明的提交、分析和审批程序，专利系统和公司专利计划的基础、奖励制度等），提升员工的知识产权意识，让其了解本企业的知识产权现状，使其将知识产权

目标自动纳入工作目标和期望值中，充分调动员工的工作积极性。

2. 建立有效的知识产权管理组织

知识产权管理工作的涵盖面十分广，包括制度建设、信息管理、知识产权的取得与维持、纠纷处理、教育培训、奖酬激励、战略实施、对外交流等事务，因而，在托管工作中，建立有效的知识产权管理组织将有助于企业积极从事知识产权管理，并将其置于比较核心的地位。应根据企业本身的需求与特性采取不同的管理组织形式。但在规划配置管理组织时，应当考虑到保障知识产权管理部门的权限范围或人员配置能够涉及企业各项经营机能，以利于知识产权管理部门与研发部门、营销部门等职能部门的协调沟通，利于整合与研发、行政、经营和决策有关的各种知识产权管理职责。因而，组建的知识产权管理会员会中至少应当包括一名公司管理人员，此外还应包括专利律师、研发代表、营销人员、财务人员等。

3. 建立并执行正式的知识产权制度

知识产权托管工作的顺利开展需要知识产权管理的常规化进行，而这离不开可操作的管理制度的保障。比较完备的知识产权管理制度包括《知识产权管理办法》《发明创造奖酬办法》《知识产权教育培训办法》等。此外，还需要规范可供执行的操作规程及相关文本，如发明披露表、技术交底书、合同文本等。

知识产权管理委员会应有计划地执行知识产权制度，使企业的知识产权工作逐渐正规化。例如定期召集研发人员、专利代理人或律师参加集思广益会议，有结构性地产生创意，收集审查发明披露表或技术交底书，有计划地推进知识产权获取工作的顺利进行。设定专利、商标等知识产权获取目标，将知识产权执行标准纳入各个级别的工作目标和期望值中。

知识产权托管中，有经验的专利代理人或律师参与到新产品开发的最初阶段并定期出席研发会议，有助于确保托管的实施效果。一方面，专利代理人或专利律师可以通过与技术人员充分交流沟通，明确技术问题，确定潜在发明创造；另一方面，能在早期发现潜在风险，协助企业明确、修正研发方向，规避相关的知识产权风险，避免损失。

近年来，四川力久律师事务所在知识产权托管方面进行了一些有益的探索，取得了一定的成功经验，帮助一些托管企业组建了有效的知识产权管理组织，建立并执行了有效的知识产权制度，协助托管单位的知识产权管理工作顺利开展并取得了可喜的实施效果。因此，笔者认为：通过委托专业机构对知识产权进行有效托管是我国中小企业快速解决知识产权管理问题的有效策略之一。

参考文献

［1］袁真富.专利经营管理［M］.北京：知识产权出版社，2011.

［2］百度百科.知识产权管理［EB/OL］.http：//baike.baidu.com/view/4184577.htm.

［3］倪文娟.简议知识产权托管制度建设［J］.魅力中国，2010（32）：142－143.

高价值创造篇

创新成果知识产权化是经济
高质量发展的有效途径

——从知识产权金融服务的德阳实践
看知识产权高效益运用

王 宏[1]

经济从高速增长阶段转变为高质量发展阶段是当前时代发展的主旋律。这核心的要义是"质量"二字。其内涵一是要从"数量追赶"转向"质量追赶",二是要从"规模扩张"转向"结构升级",三是要从"要素驱动"转向"创新驱动"。要使市场在资源配置中起决定性作用,创新成果知识产权化无疑是保障和促进经济高质量发展的有效途径和重要标配,而知识产权高效益运用的加快和突破口是知识产权和金融的深度融合。

一、创新成果知识产权化是高质量发展的有效途径

科技创新是人们应用创新的知识和新技术、新工艺,采用新的生产方式和经营管理模式,提高产品质量,开发生产新的产品,提供新的服务,包括新技术、新工艺、新生产方式和新经营管理等。其成果从自然属性看是智力成果,从经济学角度看是生产要素和资源。但是,它还不具有财产和产权属性,即该创新成果还处于无产权状态,任何人都可以无偿使用、控制和支配。

创新成果怎样转变为具有产权的属性?知识产权制度能较好地解决这一关

[1] 作者简介:王宏,男,1958年12月生,高级工程师,德阳市知识产权研究会理事长。从事科技和知识产权行政管理工作30余年(其中知识产权20余年),著有《企业专利统计指标体系研究》《中国重大技术装备基地知识产权发展战略研究》《知识产权概论讲座》《德阳知识产权运营服务体系建设》《成都平原经济区知识产权发展战略研究及对策》等。

键问题。

1. 知识产权内涵

什么是知识产权。它泛指人们创造的无形的、有关智力成果的权利。笔者认为知识产权较为准确的概念是"智慧产权"。因为知识是形不成产权的，知识只能是增强和提高创造财富和形成产权的能力。

2. 创新成果知识产权化

创新成果知识产权化可以认为是指按照知识产权法律法规，使创新成果成为知识产权实体，使完成者成为知识产权的权利主体，从而最终实现和形成知识产权的过程。通过知识产权化，创新成果就得到了优雅华丽的转型。真正地拿到了产权清淅，具有法律保障、市场竞争力的敲门砖和试金石。创新成果知识产权化具有以下几点重要的作用。

（1）形成了真正的产权即财产权

众所周知，世界上的财产分为三类，即动产、不动产和无形财产。动产如汽车、计算机等；不动产如土地、房屋等；而知识产权就是无形财产。知识产权制度的本质就在于把创新成果作为一种财产权进行保护。因此，创新成果是否具有产权取决于是否将其创新成果知识产权化，这在高新技术日新月异的知识经济的今天就显得尤为重要。据相关权威机构统计和分析，知识产权资产对一个国家和地区的 GDP 的贡献和作用巨大，美国达 50% 以上，德国、英国、日本等达 40% 以上，科技型跨国公司达 60% 以上。因此，创新成果只有通过知识产权化才能拥有该创新成果的产权，即财产权。

（2）确立了市场的垄断权

知识产权制度及其法律决定了知识产权的独占性和地域性，即确立了市场的地域性垄断权。四川德阳东宇信息技术公司是 2013 年成立的不到 5 年的微小"双创"科技企业，通过技术创新发展地铁接地电流检测和线芯温度的专利产品及计算机设计布图等自主知识产权，成功打入成都、西安地铁市场。中国二重研发的 8 万吨模锻压机、三代核电设备 AP1000 主管制造技术等拥有发明专利上百件，独占国内市场，仅承担国产大客机 C919 关键锻件就达 45%；独家拥有三代核电 AP1000 主管的弯管制造技术。

（3）促进科技创新，推动创新成果转化

创新成果知识产权化是创新主体形成核心竞争力的关键和最主要来源，可以有效地保护创新成果不被模仿和抄袭。企业借助知识产权多种盈利途径，如转让、入股、许可等，确立起重要的核心竞争力，同时，获取丰盈的利润，保障科技创新研发投入的良性循环。按照国际标准，科技研发投入强度为 2% 时企业可以维持基本生存，当达到 5% 时企业在市场中才有一定的竞争力。全球和国内高科技创新型跨国企业从来不吝惜科技研发的投入,其科技研发投入强度可达 10% 以上。如深圳华为公司,其科技研发投入强度达到 20% 以上,年申请发明专利数万件,PCT 专利达万余件,年销售额达 5000 亿元以上。这就是科技创新的力量。这就是创新成果知识产权化的核心竞争力。

(4)创新成果知识产权化是经济高质量发展的前提和保障

经济高质量发展要真正体现创新、协调、绿色、开放共享的新发展理念。创新是第一动力,而科技创新是核心,改变过去"数量追赶""规模扩张""要素驱动"的粗放型发展,从而走上"创新驱动"的高质量发展之路。

据世界知识产权组织发布的《2017 年全球创新指数报告》显示,中国创新指数世界排名达到第 22 位,比 2013 年上升了 13 位,成为前 25 名中唯一的非高收入经济体。由此可见,时代和现实把我国经济高质量发展有效途径推上了以"创新驱动",特别是以科技创新为核心驱动的发展之路。

二、知识产权金融深度融合是知识产权高效益运用的突破口

综上所述,将科技创新成果知识产权化,高效益运用及其保护知识产权等,是充分发挥市场在资源配置中起决定作用的全链条。知识产权高效益运用是保障经济高质量发展的条件和标配。知识产权是一种无形资产,以什么形式进入市场并产生交易是高效益运用的核心,知识产权的"量化"是关键。笔者通过几年来知识产权金融服务的实践认为:知识产权和金融的深度融合是知识产权高效益运用的突破口。

在当今日新月异的高科技时代,知识产权是企业最重要的资产,金融是现代经济的核心,这两点有机地深度融合有利于充分发挥知识产权的价值。知识产权金融模式主要有:知识产权质押融资、知识产权保险、知识产权运营基金、知识产权证券化、知识产权信托、知识产权众筹、知识产权入股等。知识产权金融一般指知识产权拥有者以合法的专利权、商标权、著作权等,经价值评估后作为质押物,与投资、信贷、担保、典当、证券、保险等结合,从而达到融资的目的。知识产权资产由此得到了一定的"量化",在金融市场实现了资本的交易。目前,我国支撑知识产权金融服务开展的法律文本主要是 1995 年颁布的《担保法》和 2007 年颁布的《物权法》等。

目前,我国知识产权金融服务工作与欧美、日本等发达国家相比尚处于起步和探索阶段,有较大差距。知识产权金融多集中在知识产权质押融资和知识产权保险等。从检索中发现,知识产权质押融资有多种模式:

(1)欧美、日本等国:①美国的市场主导型;②德国的风险分摊式;③日

本的半市场化式；④韩国的政府主导式。

（2）中国：①市场主导模式，如"湘潭模式"；②政府引导下的市场模式，如"北京模式""武汉模式"；③政府主导模式，如"浦东模式""成都模式"等。笔者通过对德阳知识产权金融的实践探索，浅述知识产权质押融资、保险和知识产权运营基金等知识产权金融服务是知识产权高效益运用和促进经济高质量发展的有效途径和突破口。

三、知识产权金融服务的德阳实践

1. 知识产权质押融资

知识产权质押融资是指知识产权权利人持其合法拥有的且目前还有效的专利权、商标权、著作权等作抵押物向商业银行申请融资的一种融资方式。

德阳市由于知识产权行政管理部门较为健全，早在 1998 年就在宣传推动、鼓励拥有自主知识产权的科技型企业和金融部门结合，探索专利质押融资。1999 年，绵竹齐福水泥厂以自有的"利用磷石渣生产复合水泥"的发明专利，从农业银行成功贷款 300 万元。这应该是四川乃至全国较早的一笔专利质押贷款。2009 年德阳市知识产权等部门出台了《德阳市专利质押办法》等法规。但由于没有抓住问题的关键，缺乏相应政策、资金、信用、机制、部门联动等支撑，这些工作在 2015 年前只是在民间自发地零星开展。但是，知识产权和金融融合的基因和知识产权高效益运用的突破口早在德阳这块沃土上扎下了根。

2015 年，乘着四川成德绵作为全国八大"全面创新改革试验区建设"的春风，德阳市把专利质押融资作为一项可推广、可复制的重要探索实践的创新项目列入"全创"清单。德阳市科知局、德阳市财政局、人民银行德阳市中心支行等部门联动，充分借鉴和吸收国内先进地区的做法，立足德阳作为西部地区的实际，先后出台《关于支持开展（科技型）中小微企业专利权质押贷款及其保证保险工作的指导意见》《德阳市专利权质押贷款管理办法》等法规。截至 2018 年 6 月，邮储银行德阳分行等 4 家商业银行分别向全市境内 4 家高新技术开发区（1 家为国家级、3 家为省级）的高新企业，拥有自主知识产权的中小微企业的专利质押融资额度授信达 9.8 亿元，涉及有效专利 3963 件，其中发明专利 790 件、实用新型 2816 件、外观设计 357 件。据悉，金融机构向高新开发区知识产权质押融资额度授信是全国首创。截至 2018 年 6 月，全市境内专利质押贷款金额达 3.83 亿元，涉及有效专利质押 500 余件，科技型中小企业上百家，为经济高质量发展及知识产权高效益运用注入知识产权和金融资源深度融合的活力。

德阳专利质押融资模式被四川省推荐作为"全创"可复制、可推广经验之一报送国务院，国务院国办发〔2017〕80号文将"贷款、保险、财政风险补偿捆绑的专利权质押融资服务"的"德阳模式"作为科技金融创新方面的三项之一发文向全国推广。

知识产权质押融资"德阳模式"有以下主要特点：

（1）政府财政建立专利权质押风险补偿资金，对贷款企业贴息、贴费、贴保。

①风险补偿资金。财政每年度设立一定的风险资金池，以500万元为基数，并根据业务开展情况增加额度。政府、银行、保险三方风险补偿分担比例按5：2：3，较为科学地划分了三者的资金风险。

②贴息、贴费、贴保。贴息额为按发放贷款同期同档次银行基准利率计算的利息额的40%；保证保险费和专利价值评估补助费为发生额的50%。为了鼓励合作银行，保险机构积极开展此项工作，给予专利质押贷款发放额各1%的工作补贴。经测算，财政资金的杠杆作用撬动的比例达到1：20。

（2）无担保公司，保险机构取代担保公司，为企业贷款提供保证保险。

企业贷款一般需要资产抵押和担保公司担保。知识产权作为无形资产，其价值评估和确定较有形资产难度更大，这是知识产权金融的核心和最大难点。保险机构为知识产权融资保证保险，将现代金融的支柱之一保险业列入专利质押贷款，是知识产权金融服务的创新。

（3）建立"政银保企介"五方合作融资绿色平台。

①政府相关部门提供一定的政策和资金支持，建立融资平台通道，指导金融部门和企业、服务机构等开展专利质押融资。

②无形资产评估机构及知识产权服务机构是知识产权金融服务的重要力量和生力军。政府部门的初期引导和指导，使其他行业成为金融业和企业间的桥梁和纽带，最终由市场在资源配置中起决定作用。

③对于拥有自主知识产权的科技企业，知识产权资产是最重要的具有核心竞争力的无形资产，和金融资源深度融合是企业参与市场竞争、解决融资问题最有效的途径和突破口。德阳通过大数据分析，经北京无形资产评估机构测算，仅境内6大高新开发区的规模以上企业拥有知识产权专利资产就达20亿元。

"德阳模式"是典型的半市场化政府引导模式。其核心是引入"保证保险"机制，建立"政银保企介"五方合作融资平台，分散融资风险，充分调动各方主体积极性。因此，"德阳模式"在当前具有较为广泛的适用性和推广价值。

2. 知识产权（专利）保险

知识产权（专利）保险是指"以知识产权和知识产权侵权赔偿责任"为标

准的保险，主要解决由于知识产权的侵权行为而造成的民事责任赔偿和财产损失。

德阳市自 2015 年就开始探索推进知识产权（专利）保险，并从众多的保险方案中遴选出中国人保财险公司设立的专利保险、侵犯专利权险、专利代理人职业险、境外展会专利纠纷法律费用险这 4 项专利险种，平安财保公司设立的专利执行险、专利被侵权险、专利申请费用补偿险、专利代理险这 4 项专利险种。其主要保险形式和内容，一是保险人向知识产权权利主体进行理赔，二是保险人向知识产权潜在的侵权人进行理赔。这是将无形资产作为保险对象的有益尝试和探索，无疑有利于知识产权资源有效利用，规避专利侵权风险，为知识产权大保护、快保护、严保护、同保护，起到知识产权金融服务的功效和作用。

德阳市经过近年来的探索推进，设立一定的政府财政补贴专项资金，出台了《关于开展专利保险试点工作的实施意见》《德阳市专利保险补贴资金管理办法》等。截至 2018 年 6 月，全市完成专利保险 50 余项，保费 75 万元，为重装、新材料、新能源等支柱产业核心专利提供保险服务，其理赔金额可达 3000 万元。

3. 知识产权（专利）运营基金

知识产权（专利）运营基金，一是可以通过对债权融资采取风险补偿的方式为实施主体的知识产权质押融资提供信用增强、风险兜底服务；二是可以通过对股权融资采取知识产权作价入股；三是实施主体积累到一定数量时可对知识产权质押融资实施证券化运作。

国内外知识产权运营基金的设立和发展仅有 20 余年的历史。美国 2000 年成立了高智发明投资基金，德国 2010 年成立专利基金，韩国 2010 年设立知识产权基金以及创意资本公司。这些基金公司即是以维护本国企业利益和知识产权资本最大化为出发点，不断向国外企业发起专利侵权诉讼，为提高本国企业的创新能力和市场竞争力服务。

我国实施国家知识产权战略行动计划以来高度重视知识产权金融服务。国家层面在 2015 年就投入了一定的财政资金引导有条件的省市建立知识产权运营基金。四川省以成都、德阳、绵阳为核心，中央、省、市三级财政出资并吸引募集社会资金，于 2016 年建立起四川省知识产权运营基金，资金规模达 6.4 亿元。德阳市也积极筹建知识产权运营子基金，力争规模达 2.4 亿元。经过两年的德阳实践，10 个项目立项储备推荐，并对 8 家科技企业基金投资 2300 万元，走出了知识产权基金服务科技创新企业的第一步。

4. 知识产权金融服务的作用和意义

如前所述，知识产权金融是知识产权与金融资源的深度融合，其作用和意义有以下几点：

①知识产权金融能够大力促进科技创新企业与现代经济的核心金融深度融合，有助于拓宽中小微科技创新企业融资渠道，改善市场主体创新发展环境，促进创新资源良性循环。

②有助于建立基于知识产权价值实现的多元资本投入机制，全面促进和推动知识产权以资产、资本、股权等不同的产权形式转移转化。

③鼓励、引导金融资本向拥有自主知识产权的高技术转移转化，大力促进传统产业的转型升级、战略新兴产业培育发展，全面提升和推动经济高质量发展。

四、结论

综上所述，我们可以得出这样的结论：

第一，经济高质量发展、创新成果知识产权化是前提和基础，是推动和促进经济高质量发展的最有效途径。

第二，对知识产权化的创新成果的有效转移转化，知识产权金融服务是较佳模式，是推动和促进经济高质量发展的突破口。

1. 创新成果知识产权化的对策

①建立和完善科技创新成果和知识产权相关法律法规。逐步淡化科技成果这一计划经济的概念，树立创新成果的产权意识，和国际通行规则接轨，最大限度地以知识产权的各种表现形式如专利、商标、版权、布图设计等来物化、量化、形成产权，获取权利，真正让市场在资源配置中起决定性作用。

②建立和完善较为合理的创新成果的产权激励、确权机制。最大限度地发挥创新研发人员和团队的积极性、创造性，合理、科学地兼顾所有者和发明者的权利、权益、股份、奖励、报酬等利益关系。

③大力推进知识产权运营服务体系建设。在中央财政资金引导下，地方各级政府出资匹配，逐步构建起要素完备、体系健全、运行顺畅的知识产权运营服务全链条，促进运营平台、机构资本、产业等要素融合发展。高质量创造、高效益运用、高水平保护，全面促进和提升创新主体的核心竞争力。

2. 知识产权金融服务的对策

第一，政府特别是金融监管部门从政策上要鼓励和支持金融机构广泛开展知识产权金融服务，并把知识产权和金融产品作为特殊和创新的金融产品。适当提高对贷款不良率的容忍度，适度降低风险控制。

第二，地方政府应积极从政策、专项资金上给予大力支持。设立知识产权风险补偿资金和贴费、贴息、贴保资金运营基金，如"德阳模式"等。

第三，知识产权金融服务在初创发展阶段应以政府引导为主，搭建平台，政银保企介五方互动共赢。现阶段宜以知识产权质押贷款、知识产权保险、知识产权运营基金等金融产品抓起，寻求突破口，从而建立与投资、信贷、担保、典当、证券、保险等相结合的多元化多层次的知识产权金融服务机制，从而使市场在资源配置中起决定性作用。

参考文献

[1] 宋凯，徐静霞，尹永强. 科技成果和知识产权化发展对策 [J]. 经济师，2015（6）：12－13.

[2] 黄幼陵，吕建平，唐丽蓉. 试论技术创新成果的知识产权化 [J]. 软科学，2002（4）：89－91.

[3] 王海吉. 运用知识产权运营基金实现社会融资创新 [J]. 现代经济信息，2016（16）：334－336.

[4] 王立军，范国强. 我国知识产权金融发展模式研究综述 [J]. 知识经济，2016（19）：37－38.

[5] 王立军，范国强. 知识产权金融服务体系构建研究 [J]. 现代商业，2016（25）：110－112.

[6] 王一鸣. 大力推动我国经济高质量发展 [EB/OL]. www. rmit. com. cn/2018/0313/513622. shtml.

德阳市专利分析

王　波[❶]

一、研究概况

1. 德阳市产业概况

德阳是四川省辖地级市，别称旌城，位于成都平原东北部。德阳市是成渝经济区重要区域中心城市和成都经济区重要增长极，也是四川省重点规划在建百万人口城市。德阳于1983年建市，现辖旌阳区、中江县和罗江县，代管广汉市、什邡市、绵竹市，辖区面积5911平方公里，户籍人口392万。[1]

德阳是中国重大装备制造业基地、国家首批新型工业化产业示范基地和四川省第二大工业城市，拥有中国二重、东方电机、东方汽轮机、宏华石油等一批国内一流、世界知名的重装制造企业。德阳重大装备制造业集群在中国乃至世界都具有巨大的影响力，全国60%以上的核电产品、40%的水电机组、30%以上的火电机组和汽轮机、50%的大型轧钢设备和大型电站铸锻件、20%的大型船用铸锻件都是由德阳制造装备。德阳市发电设备产量连续多年居世界第一，石油钻机出口居全国第一；食品工业享誉中外，拥有中国名酒剑南春、长城雪茄、冰川时代矿泉水等一批优质品牌，建成了亚洲最大的雪茄烟生产基地；化学工业以磷化工、氯碱化工、钛化工、天然气化工为主，是全国重要的磷化工基地和化肥生产基地；德阳着力培育新能源装备制造战略性新兴产业，大力发展以核电、风力发电、太阳能、潮汐发电、生物能、燃料电池等为重点的新能源装备制造业，被联合国列为清洁技术与新能源装备制造业国际示范城市；新材料、医药等新兴产业快速发展，是国家新材料产业化基地和中药现代化生产基地。[2]

2. 研究对象及方法

研究对象：德阳市申请人1985年至今在全球申请各个国家、地区和组织申

---

❶　作者简介：王波，专利代理人，就职于四川力久律师事务所。

请的专利。

中外文专利文献检索系统：Incopat 与 Patsnap；检索截止日期：2016 年 6 月 13 日。

关于专利文献数据的问题：PCT 专利申请可能自申请日期 30 个月甚至更长时间之后才进入国家阶段，导致与之相应的国家公布时间更晚；中国发明专利申请通常自申请日期 18 个月（要求提前公布的申请除外）才能被公布；因此在本次专利分析所采集数据中，由于上述原因导致检索到的专利申请数量比实际数量要少。

二、对外专利分析

1. 专利公开地域分析

图 1 清晰地展示出德阳市申请人向全球各个国家、地区或组织提交专利申请的整体情况，图中显示自 1985 年至今德阳市申请人向中国国家知识产权局提交了 15931 件专利申请，通过 PCT 途径递交了 76 件专利申请，向中国台湾地区提交了 48 件专利申请，向美国提交了 8 件专利申请。上述数据表明，德阳市申请人的专利申请主要集中于国内申请，几乎占其申请总量的 99%；同时，德阳申请人已开始对外专利布局，但目前对外申请数量还较少，对外申请的地区或国家主要是中国台湾、澳大利亚和美国。

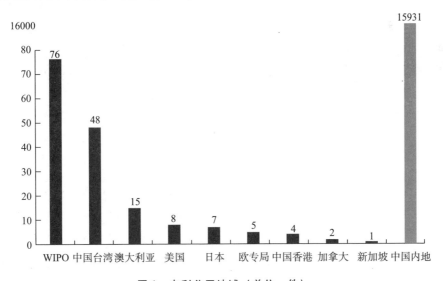

图 1　专利公开地域（单位：件）

2. 主要申请人

在德阳市申请人中，对外申请的主体主要是企业，对外专利的主要申请人和其申请量分别是中江涌德电子有限公司 47 件、四川龙蟒集团 34 件、宏华石油设备公司 19 件；这三家公司共 100 件对外专利，占总体对外专利的 60%。另外，四川龙蟒集团的 34 件专利分别是由其下属的四川龙蟒生物技术有限公司和四川龙蟒钛业股份有限公司申请的。

中江江涌德电子有限公司、四川龙蟒集团和宏华石油设备公司三家企业的对外专利关键词聚类，如图 2 所示，其中颜色较深的区域代表该关键词聚类区的专利数量较多，反之则专利数量少。四川龙蟒集团的对外专利申请主要集中于植物生长、促进、增长及抗逆性方面以及二氧化钛、废酸回收方面。中江涌德电子有限公司的对外专利申请主要集中于连接器、模组改良以及电路板、滤波方面。宏华石油设备公司的对外专利申请主要集中于转井、升降器方面。

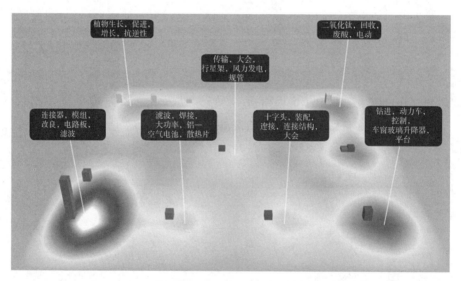

图 2　对外专利关键词聚类（单位：件）

3. 主要技术分布

图 3 展示了 166 件对外专利的主要集中的 IPC 领域，图中重点展示了 IPC 最集中的前 10 个小类，10 个方块代表所述 10 个 IPC 小类分类，面积越大，则相应的 IPC 小类分类号下的专利申请量越多，例如，图中面积最大的区域展示了专利申请量最多的 H01R 小类，该小类的技术为导电连接。

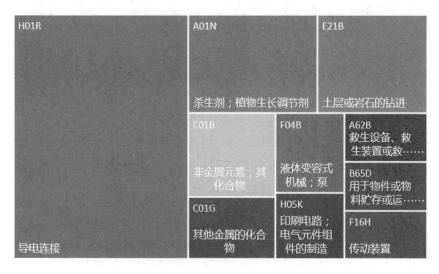

图3　对外专利主要 IPC 分布

三、国内专利分析

1. 专利申请趋势

　　图4展示的是德阳市申请人向中国国家知识产权局提交专利申请的类型和趋势，图4由堆积面积图和环状图组成，堆积面积图横坐标为专利申请年份，纵坐标为专利申请数量。图中数据显示德阳市的专利申请大致可以分为两个阶

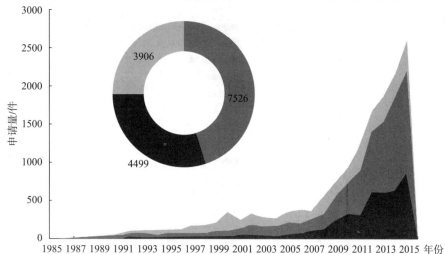

图4　专利类型及申请趋势

段，萌芽期（1985—2006年），在这一阶段，专利申请数量较少，发明专利申请出现晚，申请数量也较少；快速发展期（2007年至今），2007年以后，德阳市的专利申请量出现了迅猛发展，并且实用新型和发明的申请量增长明显快于外观设计，说明德阳市的申请人已日益重视对技术进行专利保护，专利意识不断提升。需要说明的是2015年专利申请突然下降主要是因为专利公开存在滞后性，2015年至今的部分专利尚未公开。

2. 主要申请人分析

图5由4个条形图组成，分别展示了不同专利类型下的前10位专利申请人排名，以及专利总量下的前10名申请人。

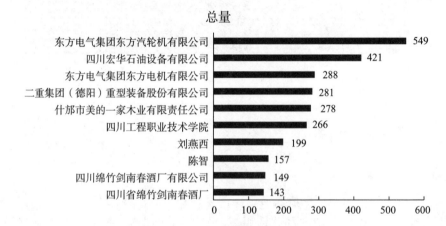

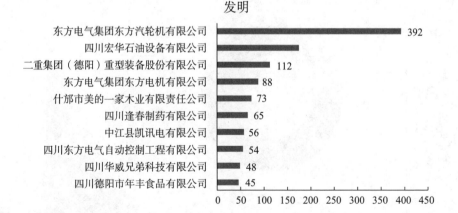

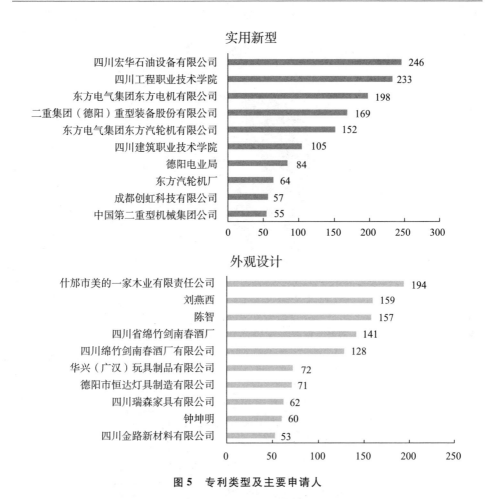

图 5　专利类型及主要申请人

图 6 展示了专利申请总量排名前 5 的申请人的近 10 年专利总量的对比，扇形区面积的大小代表专利数量的多少，扇形区越大代表专利数量越多，扇形区越小代表专利数量越少。图 6 显示近 10 年国内申请总量排名中，东方汽轮公司排名第 1，其专利申请量为 562 件；其次是宏华石油，其专利申请量为 435 件；东方汽轮和宏华石油的申请量明显领先于其他申请人。

图 7 展示了专利申请总量排名前 5 的申请人近 10 年专利申请趋势，横坐标为年份，纵坐标为申请人，气泡大小代表专利数量，气泡越大代表专利越多，气泡越小表示专利越少。图 7 中的数据显示，东方汽轮的专利申请起步较早，其申请总量在德阳市排名第 1，然而近两年的申请量下降较为明显。宏华石油的申请总量排名第 2，其申请量近两年也有所下降。东方电机的专利申请起步较晚，但近年来的申请量呈现上升的趋势，具有较好的潜力。

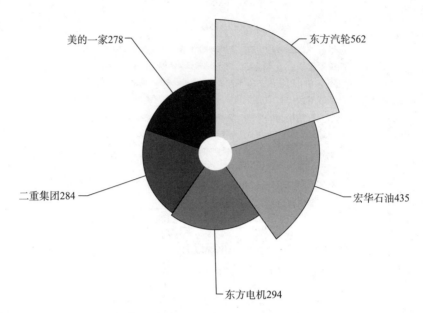

图 6　排名前 5 申请人近 10 年专利总量对比（单位：件）

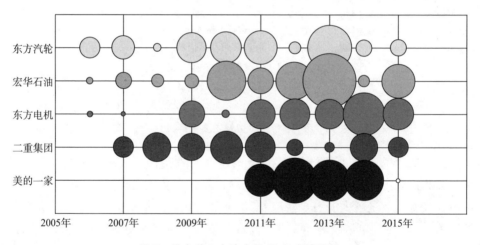

图 7　排名前 5 申请人近 10 年申请趋势

3. 辖区分析

图 8 展示的是德阳市各下辖区域 1985 年至今的专利总量对比，扇形区的面积大小代表专利数量的多少，扇形区越大代表专利数量越多，扇形区越小代表专利数量越少。图 8 显示德阳市各辖区中，广汉市的专利申请量最多，为 3290件，遥遥领先于其他辖区。

图 9 展示了各个辖区 2001 年至 2015 年的专利申请趋势，横坐标为年份，纵坐标为申请人，气泡大小代表专利数量，气泡越大代表专利越多，气泡越小

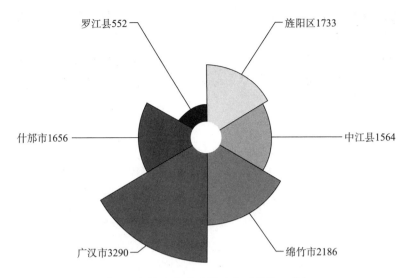

图8　各辖区专利总量对比（单位：件）

专利越少。图9显示近5年广汉市的专利申请量仍领先于其他辖区，旌阳区和中江县的专利申请量也呈现明显增长的趋势。

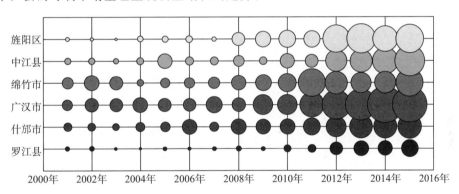

图9　各辖区专利申请趋势

四、小结

（1）德阳市申请人自1985年至今向其他国家、地区或组织申请专利166件，其中PCT申请76件；所述166件专利的主要申请人为中江涌德电子有限公司、四川龙蟒集团、宏华石油设备公司；所述166件专利主要集中于H01R、A01N、E21B、C01B、C01G等IPC技术领域。

（2）德阳市自1985年至今，专利申请总体呈增长态势，2007年至今增长尤为明显；德阳市专利申请排名前五的申请人为东方电气集团东方汽轮机有限公司、四川宏华石油设备有限公司、东方电气集团东方电机有限公司、二重集团（德阳）重型装备股份有限公司、什邡市美的一家木业有限责任公司。

（3）德阳市下属辖区中，广汉市较为突出，专利总量优势明显，并且保持了较好的增长态势。

由于专利文献的数据采集范围和专利分析工具的限制，加之研究人员水平有限，文中的数据、结论和建议仅供社会各界借鉴和参考。最后，衷心希望更多的行业关注和重视专利信息分析，更多的创新主体和市场主体掌握专利分析方法，加速推动我国技术创新水平向高端发展，努力实现经济发展方式转变的战略目标。

参考文献

［1］德阳概况［EB/OL］. http：//www. deyang. gov. cn/zjdy/dygk/59319. htm.

［2］百度百科. 德阳［EB/OL］. http：//baike. baidu. com/item/德阳/192425？fr = aladdin.

德阳市专利统计分析及发展建议

蒋易君[1]

一、德阳市专利统计分析

（一）数据来源

（1）2011—2017 年德阳市专利申请、专利授权数据：德阳市科学技术和知识产权局在《德阳市专利申请数据统计表》《德阳市专利授权数据统计表》中公布的数据。

（2）2013—2017 年德阳市有效发明专利数据：四川省知识产权局在《四川省有效发明专利统计表》中公布的数据。

（3）2011—2017 年德阳市地区生产总值、工业主营业务收入数据：德阳市统计局发布的《德阳市国民经济和社会发展统计公报》。

（二）德阳市专利活动基本特征

2011 年，德阳全市申请专利 1840 件，2017 年增至 7282 件，年平均增长率约 27.3%。从增速来看，2014—2016 年全市专利申请持续快速增长，2017 年开始增速放缓，同比增长 22.1%（如图 1 所示）。

从专利申请的类型看，2011—2017 年发明专利申请的年平均占比约为 30.5%，实用新型专利申请的年平均占比较大，约占专利申请总量的近 50%。另外，发明专利申请占比呈现出逐渐扩大的趋势（如图 2 所示）。

从有效发明专利来看，2013 年，德阳市全市拥有有效发明专利 595 件，2017 年增长至 1522 件，2013—2017 年德阳市有效发明专利数量占四川省有效发明专利数量的比例约为 3.5%（如图 3 所示）。

从专利申请在德阳市各区的分布来看，2011—2017 年德阳经济开发区累计申请专利 5773 件，累计申请发明 1875 件，位居德阳市第一。

---

❶ 作者简介：蒋易君，女，专利信息分析师，四川力久律师事务所专利代理人。

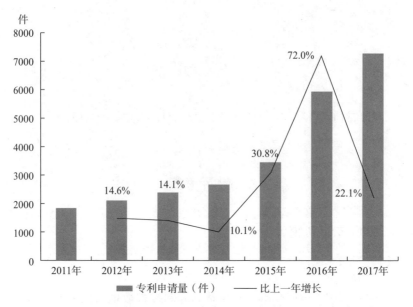

图 1　德阳市专利申请趋势分析

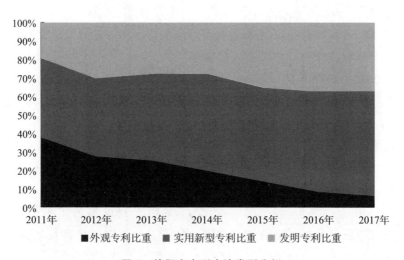

图 2　德阳市专利申请类型分析

　　广汉市、绵竹市和旌阳市处于第二梯队，其中绵竹市发明专利申请的年平均占比最高，约35.8%。罗江县2011—2017年累计申请专利1124件，排名最后，但发明专利申请占比较高（约32.5%）（如图4所示）。

　　从授权专利在德阳各地区的分布情况看，2011—2017年经济开发区已累计授权专利3311件，其中发明专利525件，排名第一。其次是旌阳市、广汉市，分别位居第二、第三位（如图5所示）。

图 3 德阳市有效发明专利及在四川省的占比情况

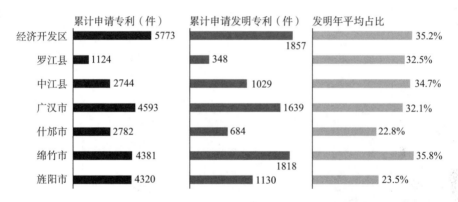

图 4 德阳各地区 2011—2017 年累计申请专利情况

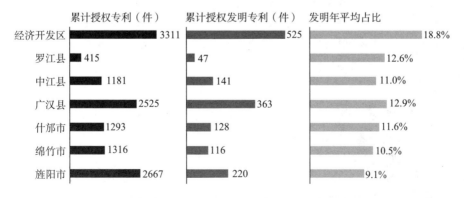

图 5 德阳各地区 2011—2017 年累计授权专利情况

二、德阳市专利活动对经济增长的影响

据德阳市统计局发布数据显示：2011 年全市实现地区生产总值（GDP）1137.4 亿元，2017 年地区 GDP 增长至 1960.6 亿元，按可比价计算，比上年增长 9.0%。经济总量突破 1900 亿元大关，人均 GDP 达 55607 元。

从专利活动对区域经济增长的影响来看，2011—2017 年德阳市专利申请的变化与地区生产总值的变化如图 6 所示。

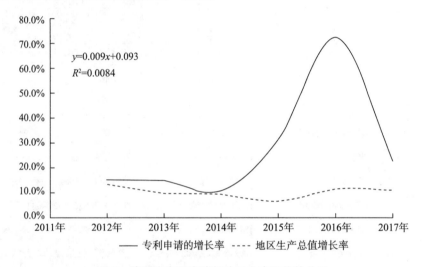

图 6　德阳市专利申请与地区生产总值的关系

2011 年德阳市规模以上工业企业实现主营业务收入 2075.7 亿元。2017 年全市规模以上工业企业主营业务收入增长至 3397.3 亿元，同比增长 13.3%；实现利税 380.7 亿元，增长 18.5%；利润总额 230.3 亿元，增长 24.8%。

2011—2017 年德阳市专利申请的变化与工业主营业务收入的变化正相关关系如图 7 所示。综上表明，德阳市专利活动为区域经济增长提供了驱动力。

三、德阳市知识产权促进经济增长的对策建议

1. 知识产权促进经济增长的理论分析

2016 年美国专利商标局与经济统计局发布《知识产权和美国经济》，报告显示 2014 年美国知识产权密集型产业创造了美国 GDP 的 38.2%、就业量的 18.2% 和出口额的 52%。同年，欧洲专利局和欧盟市场内部协调局发布《知识

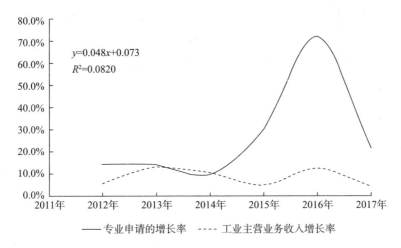

图7 德阳市专利申请与工业主营业务收入的关系

产权密集型产业及其在欧盟的经济表现》显示：2013年欧盟知识产权密集型产业创造了欧盟GDP的42%、就业量的27.8%、出口额的93.2%。

从知识产权促进经济增长的机理分析（如图8所示），创新价值链包括研发创新（即技术创新）、产业化创新，最终实现经济增长。而研发创新主要包括基础研究（知识原理、规律方法和理论模型等）和应用研究（包括技术测验、成果试制等）。企业通过技术创新提升企业绩效，而企业绩效的提升能够促进产业绩效的提升，通过产业绩效的提升最终实现经济的增长。

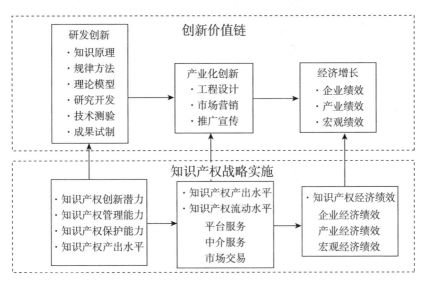

图8 知识产权促进经济增长的机理

知识产权贯穿于创新价值链中，研发创新阶段，知识产权创新潜力与知识产权经费投入、管理人员投入有关。通过增强知识产权创新潜力、管理能力、保护能力，提升知识产权产出水平，最终促进企业创新产出，为产品或技术的顺利实施提供保障。产业化创新阶段，通过知识产权交易等提高知识产权流动水平，实现知识产权的经济价值。

2. 德阳市知识产权促进经济增长的建议

（1）建立知识产权与产业经济统计分析工作机制

建议建立区域知识产权与产业经济统计分析长效机制，通过将德阳市专利、商标、版权等知识产权数据与产业经济数据融合，定量分析知识产权绩效。通过评估区域知识产权对产业发展、经济增长的贡献度，为科学合理地制定和优化政策提供依据。

（2）重视企业创新质量，提升知识产权产出水平

知识产权作为创新成果，提升知识产权产出水平的关键在于增强企业创新能力，企业通过增加研发投入、培养和引进创新人才等途径提升企业研发实力，为高质量的知识产权产出提供技术保障。此外，建议依托龙头企业开展高价值专利培育工作，形成一批高价值专利培育中心。在专利资助方面，建议加大授权发明专利的奖励力度，并跟踪专利维持情况，有效提高知识产权质量和储备量。

（3）完善知识产权服务体系，打造知识产权交易平台

一方面，依托知识产权信息服务平台，为企业提供及时准确的知识产权信息；另一方面，打造知识产权交易平台，鼓励并支持企业和知识产权运营服务机构开展知识产权交易，提高知识产权流动水平，实现知识产权的经济价值。

（4）培育知识产权密集型产业，助推经济高质量发展

建议结合德阳市产业发展规划，对重点发展的产业开展专利导航工作，引导企业围绕产业链进行专利布局。通过培育知识产权密集型产业，增强产业竞争力，助推经济发展。

参考文献

[1] 刘和东，费钟琳. 江苏知识产权促进经济增长因素的实证分析 [J]. 南京工业大学学报，2014（9）：106.

专利申请的战略性管理探索

陈丽华[●]

一、序言

专利申请并不是一个简单的程序问题，其背后存在着一系列复杂的决策分析因素。专利权作为企业的战略性资源，专利申请目的、技术构成、申请时间和地区布局等战略性管理缺失将在很大程度上影响企业的市场经营，最终背离专利管理服务于企业的本质。

近年来，我国企业专利申请大幅增加，但分析后发现：在专利申请的相对数量、技术含量、申请主体、国内外专利构成等方面存在较多问题，如：个人申请多、企业申请少；大多数为实用新型和外观设计，最具市场竞争力的发明专利申请却不多（现有的发明专利申请人主要为国外申请人）；大多数企业缺乏基础专利申请；企业的海外专利申请缺乏，增长速度不快等。

专利申请是企业实施专利战略的基础，也是企业知识产权战略的重要组成部分。大量的事实证明，产品销售额最高的企业往往也是拥有专利最多的企业。企业之所以对其技术成果大规模申请专利，就在于当前企业之间的竞争从表面上看表现为市场的竞争，从实质上看则表现为技术的竞争，而技术的竞争实际上是争夺专利权的竞争，因此，专利已成为当代各国及其企业之间竞争的焦点。

笔者作为专利管理人员，有幸在东方汽轮机有限公司（以下简称"东汽"）从事专利管理工作多年，在本文将以东汽专利申请为实例，分析、总结当前专利申请工作中存在的问题，力图从专利管理角度提出东汽在主导产品专利申请策略方面的一些思路。

● 作者简介：陈丽华，女，就职于东方汽轮机有限公司，多年从事企业知识产权工作。

二、东汽专利申请现状分析

1. 现状之一：专利申请量的变化及原因

截至 2013 年 12 月，东汽专利申请总量已达到 455 件。从图 1 可看出：在
1987 年至 2000 年，年申请量不超过 2 件；2001 年至 2005 年专利申请逐步进入
以量为主的增长期，年申请量达到 20 件；2006 年至 2013 年，专利申请进入较
大幅度的增长期，年申请量达 50 件及以上，其中发明专利申请占比逐年提高。
纵观专利申请的时间轴线，专利申请量和三种专利申请构成呈良好的发展势头，
专利申请的数量和质量均走在了国内同行的前面。分析原因主要是与公司的高
度重视、成立专门的知识产权领导班子、建立专利管理机构、建章立制、落实
专项管理经费、配备专业管理人员，特别是与鼓励创新、激励创新、大力宣传
培训专利知识、营造知识产权保护氛围、科技人员专利保护意识不断增强等密
不可分。

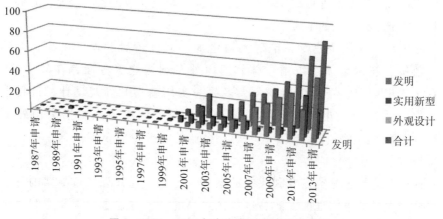

图 1　1987—2013 年东汽专利申请总体情况

2. 现状之二：专利申请的技术构成及潜在原因

如上所述，专利申请量和发明专利申请量的增长在一定程度上反映了东汽
科技创新和专利保护意识的增强。进一步地分析，由表 1 可看出，东汽专利申
请的技术构成为：首先，在 455 件专利申请中，生产制造及设备相关技术所占
比例最大，共计 275 件；其次是主营产品相关技术，共计 161 件；最后是材料
技术研究，共计 19 件。

表 1　东汽专利申请的技术构成

专利保护领域	专利申请（件）
工艺及其装备等	275
材料	19
主营产品	161

从表 2 可看出，主营产品专利申请中与汽轮机相关的申请为 105 件（其中发明专利申请 81 件）、风电 41 件（其中发明专利申请 36 件）、核电 10 件（发明专利申请 9 件）、燃机相关发明专利申请 2 件、储能电池专利申请 3 件（其中发明专利 2 件）。

表 2　东汽主营产品的专利申请分布

主营产品结构	申请量（件）
汽轮机	105
风电	41
核电	10
燃机	2
储能电池	3

东汽在生产制造与设备相关技术和主营产品专利申请的数量几乎持平，说明一方面东汽制造技术革新活动比较频繁，另一方面与东汽专利申请初期制造技术申请活跃度或申请专利意识有关。而主营产品专利申请则主要集中在相对成熟的汽轮机产品技术方面，说明汽轮机技术在东汽自主创新活动中所占的份额远远大于燃机、核电、风电等技术领域，经过多年的技术发展与实践，东汽掌握了汽轮机发电设备研制关键技术，在东汽"多电并举"的格局中具有明显的技术优势。主营产品如燃机、核电、风电、光伏发电中出现专利申请严重不足的主要原因是：首先，燃机、核电、风电等产业的关键技术大多数依靠国外引进，无论是自主研发的实力还是产品投运实践与汽轮机技术相比都有较大差距；其次，专利申请的战略性考虑不够，对专利制度本质理解欠缺，不能很好地运用专利制度，很多人仍然认为只有产品研发完全成熟，而且市场运用较好才能申请专利。

三、专利申请的战略性管理的探索

专利制度实施历史悠久、拥有大量专利申请的国外的先进技术型企业专利的申请实践证明，专利申请战略的制定和实施在开拓、控制和占领市场，最终赢得市场竞争优势中作用显著。

在东汽20多年的专利申请实践中，专利申请量增长主要源于国家政策层面、实施技术保护和公司对职务发明人大力度的激励机制三方面。申请的技术构成和主营产品申请的不平衡说明东汽主营产品技术发展的实力差距较大、专利申请缺乏战略性考虑、专利申请目的单一、申请技术层次较低，不能与东汽长远发展战略真正接轨。

对技术创新成果处理的途径有申请专利、作为技术秘密保密、公开成果三种形式。申请专利是企业创新获得专利权的唯一途径，专利申请战略要为实现企业的一定战略目标服务。无论申请专利是以转让或许可专利、以对竞争对手采取专利对策、以自己使用从而获得竞争优势、以迷惑竞争对手为目的的，是否提出专利申请、申请时机、申请地区等都是专利申请战略要考虑的主要内容。

1. 是否申请专利的战略性考虑

从竞争战略角度考虑，专利申请体现了专利的"垄断性原则"，尽管从眼前来看申请专利在经济上不能带来直接的利益，但从长远利益考虑，为了掌握未来技术市场的控制权，仍有必要申请专利。

申请专利是要缴纳费用的，授权后还要每年按规定缴纳年费，是一笔固定的开销，由于专利的时间、地域限制，如果没有明确地针对性地申请专利，则意味着技术方案的公开，容易导致竞争对手围绕该技术开发出更先进的技术去申请专利，反过来对自己的专利形成包围，从而使自己的专利丧失活力；如果最终未授权则面临公开，造成的损失更大。因此，是否将技术成果申请专利需要结合东汽的经营发展战略，从技术、经济、法律、市场等方面综合权衡后决策。

（1）东汽专利申请面对的现实和难题

按照国际通行惯例，特别是中国加入世贸组织后，国际贸易发生了明显的改变，技术贸易继货物贸易和服务贸易后成为以技术输出为特征的贸易的主要方式之一，为争夺中国市场，先进的国外发电设备研制商在进入中国市场前已进行了众多基础专利申请和专利布局。表3为部分国外企业在中国申请的基础专利实例，表4为全球知名发电设备制造商在汽轮机领域的专利申请量。东汽专利申请的出路在哪里？基础发明申请专利往往具有时间优先、技术比较复杂、保护范围宽泛、竞争对手难以绕过的特点，如通用电气公司、三菱重工、阿尔斯通、西门子等在汽轮机、重型燃机、核电、风电、高温材料等技术领域的专利申请，很多都是属于这种类型的，这些专利申请的实质是"圈地"行为，为包括东汽在内的国内发电设备制造企业设置了巨大的障碍，中国企业存在侵权纠纷的潜在可能。

表 3 跨国公司在华申请的基础专利实例

专利申请人	申请号	专利类型	专利名称	申请日	涉及技术领域	法律状态
通用电气公司	ZL98809277.8	国际申请	可变速风轮机发电机	1998.08.07（美国优先权日：1997.08.08）	双馈风机	授权
三菱重工	CN200980100052.3	国际申请	旋转机器的转子及其制造方法	2009.06.11（日本优先权日：2008.06.18）	高温（700℃等级）汽轮机转子	实审
三菱重工	ZL9107186.7	发明	蒸汽涡轮的异材焊接转子	1999.06.09（日本优先权日：1998.6.9）	焊接转子	授权
东芝	ZL200710108151.9	发明	汽轮机转子以及汽轮机	2007.05.30（日本优先权日：2006.10.04）	700℃等级高温材料	授权
阿尔斯通	CN200610079349.4	发明	汽轮机转子	2006.03.24（英国优先权日：2005.03.24）	焊接转子	实审
阿尔斯通	CN200880125609.4	国际申请	用于生产焊接转子的工艺	2008.11.06（德国优先权日：2007.11.19）	焊接转子	实审
西门子	ZL200380105289.3	国际申请	透平轴及其制造方法和应用	2003.12.02（德国优先权日：2002.12.05）	焊接转子	授权
LM玻纤有限公司	ZL98808849.5	国际申请	风车转子和用于该风车的机翼型叶片	1998.09.04（丹麦优先权日：1997.09.04）	风电叶片	授权

表4 国外主要汽轮机制造商在华专利申请情况
（以主专利分类号 F01D 与专利申请人组合检索）

专利申请人	申请总量（件）	发明（件）	实用新新型（件）	外观设计（件）
通用电气	633	633	0	0
三菱重工	127	127	0	0
西门子	267	267	0	0
阿尔斯通	112	106	6	0

技术拥有者的核心关键技术往往既不转让也不许可使用，鉴于此，东汽应当在全面收集、跟踪这些跨国公司专利申请公开文献的同时，从法律角度分析其有效性、时间范围和地域分布；从技术角度分析其保护的技术方案内容；从引证分析、诉讼和市场竞争等方面的信息确定基础专利申请中的重要专利，以重要专利为线索，围绕该专利申请进一步分析基于这些重要专利技术发展的脉络，以及基于重要专利的技术改进情况的专利申请情况，发现有无改进技术专利申请的空白点，争取以技术空白点为突破口，以优化产品为目的，创新和改进技术并及时申请专利，为基础专利设置障碍，以实现双方专利申请的互相钳制，为未来实施交叉许可和下一步市场竞争增加筹码做好铺垫。

（2）东汽专利申请量远远不足

一旦决定创新成果应当申请专利的，就要以多种目的进行大量的专利申请，专利申请的目的可以分为以公开为主、以迷惑竞争对手制造假象为主、以自己使用为主、以战略储备为主、以针对强大竞争对手为目的的改进技术为主等。从战略投资角度申请专利，重点是要为东汽将来5年或更长时期准备专利资源，作用是既保护自己，也防御对手。提升东汽的产品形象，既是获取利益最大化的强有力的武器，也是与竞争对手抗衡的重要筹码。

（3）东汽应当申请专利的情形

从技术开发难度角度考虑：开发难度大，竞争对手容易通过反向工程获得技术要点的应申请专利；创造性低但市场潜力较大的，必须及时申请专利，否则容易错失市场机遇。

从法律保护与利用角度考虑：专利将作为有偿转让战略的、产品容易被他人仿制的、开发时间长、耗资巨大的都必须采取专利保护措施。

从市场角度考虑：对市场应用前景好、经济价值大的创新成果，是否及时申请专利关系到新产品抢占市场的问题。市场因素在决定是否申请专利方面的重要性已经为国内外业界高度认同。

2. 东汽主营产品专利申请策略探索

火电：表5为东汽汽轮机产品专利申请的构成情况，专利申请不仅较其他主营产品多，而且技术方案集中在关键技术领域，说明东汽在该产品技术领域具备较强竞争优势，通过多年的技术革新和实践，掌握了较多的设计、制造关键技术，专利申请量在主营产品中位居第一。尽管如此，在表4中仍可发现，以非变容式机器或发动机分类（即国际专利分类号F01D）和申请人为组合检索式得出的结论是：通用电气公司等跨国公司在中国已经大量地进行了该技术领域的专利布局，东汽对该领域提出专利申请前应当进行认真比对和排除分析。专利申请更多地考虑有突破性的关键技术和对专利权人保护技术方案的技术改进性专利申请，即以补空为主寻找和把控专利申请的技术机会，分析火电产品出口国专利申请情况，及时调查出口国专利申请情况，规避风险。

表5　东汽汽轮机产品专利申请情况

技术方案类别	专利申请量（件）
本体	6
控制	10
辅机	17
叶片及喷嘴	35
汽封	5
隔板	3
轴承	8
外壳	6
整机	4
其他	11

核电：东汽核电产品的国产化率超过90%，CAP1400、焊接转子、叶片等自主研制的成功给国外竞争对手制造了较大的市场压力，可以预见，以专利技术为主要知识产权竞争焦点不可避免。通过检索分析，在该领域，阿尔斯通、西门子、通用电气为其主要的专利申请人。有关国外专利申请人相对成熟的产品技术，东汽也进行了大量的专利申请，完成了专利布局。随着国家大力提倡和推进节能环保产品的开发，核电已成为东汽主导产品之一。与火电不同的是，东汽对该领域核心技术的自主创新和技术掌控尚需一个过程，模仿、再创新仍然是主要的技术路线。

东汽在核电技术领域专利申请较少，见表6。专利申请技术方案分散、无明显保护技术层次，目的单一。不仅如此，专利申请也未对自主技术创新成果实施完整、立体保护，策略性不明显，因此，东汽在核电技术领域专利申请方面应及时、加大专利申请数量，加强基础专利的国内外申请力度，与外国竞争对手形成较高层面的、真正的技术对峙格局。

表 6　东汽核电产品专利申请情况

技术类别	专利申请量（件）
叶片	4
本体	5
辅机	1

　　燃机：东汽通过打捆招标引进了三菱公司燃机及联合循环制造技术。通过引进、消化吸收，到目前东汽燃机制造技术国产化率已达到 69%，为燃机扩大生产奠定了坚实的基础。尽管如此，东汽还未完全掌握燃机设计、试验和高温部件制造技术，这会极大地制约东汽燃机技术的发展。

　　经检索分析发现，早些年前至今，以包括三菱重工、通用电气公司等为主的国外发电设备制造商在燃机设计、制造、材料、试验、电厂运行等技术方面不断在中国大量申请发明专利，基本完成在中国的专利申请布局。

　　东汽在燃机技术方面的专利申请不超过 15 件，保护内容大多为制造技术，其中涉及产品结构的只有 2 件，见表 7。在设计、试验、材料、电厂运行调试等方面均为空白，与国际上主要燃机技术输出方的上百件发明专利申请相比差距非常大，缺乏关键技术和核心技术专利申请支撑，与东汽燃机业绩形成反差。

表 7　东汽燃机产品专利申请情况

专利名称	数量（件）
本体结构	2

　　东汽相继承担了国家"973"等重大计划项目的燃机技术研究，50MW 燃机已经完成方案设计。燃机将作为东汽未来继火电、核电以后的主导产品，当务之急必须尽快开展有目的、针对性强的专利申请。根据燃机产品目标市场分布情况，在分析掌握竞争对手专利申请技术方案、申请区域等基础上，争取在关键技术专利申请方面有所突破，形成以东汽自主研发的设计、试验、材料等关键技术为基础和中心的专利保护网。调查研究海外燃机专利申请布局情况，在国内专利申请的同时做好出口国专利申请准备，力争摆脱技术输出方的限制，采用专利保护法律手段实现与竞争对手的技术抗衡。

风电：风电作为东汽乃至全球的新兴产业，其技术成熟度不及火电、核电、燃机，尽管如此，威斯塔斯、通用电气等世界知名企业通过并购、转让等多种方式获取了该领域的基础专利申请权，在该领域申请了大量专利，当前，各知名风电专业制造商因市场竞争专利纠纷不断。风电技术相比火电等发电产品而言，发展时间较晚，技术创新空间较大，产品更新节奏快，在技术和专利保护方面占领制高点的企业将在竞争中获得优势。

东汽风电专利申请量有 41 件，见表 8。专利申请中风电整机技术、叶片设计技术、关键零部件、超前的概念型设计方面少有或几乎没有任何专利申请。因此，当前风电专利申请的重点应当在调查研究全球风电技术发展现状和专利申请保护技术方案现状的基础上，找出风电技术发展空白点而非完全的技术跟随，专利申请中适当考虑以超前的、概念机型设计理念为主的设计技术，为未来风电市场做好专利申请布局。

表 8　东汽风电产品专利申请情况

技术方案类别	专利申请量（件）
控制	20
本体结构	18
叶片	3

四、专利申请的时机战略管理

申请时机具有重要的战略意义是由于世界上绝大多数国家实行在先申请原则，两个或两个以上的申请人对同样的发明创造申请专利的，专利权只能授予最先申请的人。

在东汽专利申请的实践中不乏这样的实例：一些发明人将多年前的成果用来申请专利，理由是成果运用的效果好或产品在市场卖得好，当专利进入审查状态时，经检索发现该技术已由同行申请了专利，这样即使是自己开发出来的成果也不能申请专利，不仅如此，还有可能被诉侵权。还有些发明人先发表论文或申报成果奖等，将自己的成果在申请专利前公开，申请专利时因发明人自己公开而丧失新颖性，失去申请专利的必要条件。更重要的是，对东汽主要产品的创新成果决定申请专利的，其时机的把握尤为重要，意味着占领市场先机，有时候晚一天申请可能会丢失一个市场。首先，确定申请时间首先要考虑竞争对手的情况，估算是否有研究相同发明创造的可能，对于市场需要很强、技术容易被模仿且有多个竞争对手的，应尽早申请专利。其次，未申请专利前，如果因为新闻发布、省级以上的鉴定会、国际展览会、他人恶意泄露发明创造的技术内容的，要充分用好《专利法》规定的不丧失新颖性宽限期，尽快申请专利。最后，就重要的专利或基础专利申请，必须防止竞争对手以基本专利或重要专利为基础展开外围研究，或者抢先申请应用发明专利覆盖自己的基本专利或重要专利，应当在基本发明或重要发明研究大体成熟后再与外围专利一同申请专利，单纯申请基本专利或重要专利会给竞争对手留下开发外围专利技术的机会反过来限制自己。

过早申请专利有时也不可取，过早申请意味着专利保护周期比晚申请提早结束，对市场前景很好的技术有不利的影响；另外，过早申请专利还会暴露自己的技术秘密，有可能使竞争对手短期内赶上甚至超过自己，使自己的专利申请尚未授权就被淘汰。

因此，申请专利的时机必须综合考虑多种因素，总之要以申请人的最大利益为根本目的。

五、专利申请种类选择管理

东汽三种专利申请的确定除《专利法》明确规定发明创造主题只能申请特定种类的情况外，在过去的实践中，一般对重大技术创新、技术难度大、产品潜在市场周期长、主营产品类技术申请发明专利。发明专利的审查周期长、费用高、法律稳定性好，因此，申请发明专利的技术创新成果必须具备有新颖性、创造性的前提条件。而实用新型专利可适用于一些技术和市场生命周期较短、技术难度不大、容易被仿制的创新成果。无论是发明专利申请还是实用新型专利申请，在具体的管理流程中都应当由技术创新一线单位按照上述方法提出建议，经专利管理部门、经营管理部门和相关公司专利主管理领导综合考虑而最终决定申请类型。

六、专利申请地域选择管理

东汽 400 多件的专利申请中，目前有 2 件为国际申请（PCT），其余均在中国申请。2012 年，东汽将相关产品技术的海外专利调查列入专利管理工作计划。专利申请的地域性决定了产品能否顺利进入潜在目标市场，对开拓新兴国际市场、保护出口产品正常销售、防止海外专利侵权具有极其重要的作用。东汽产品早已出口东南亚、中东等地区，将来可能还会有新的目标市场。当前，世界经济全球化进程不断加快，东汽经营战略将把目光转向海外市场，因此，对海外市场知识产权环境的调查、出口国知识产权法律法规的了解将为产品出口排除知识产权法律障碍。对海外市场的专利布局也应当建立在熟知当地知识产权法律法规、对出口目的地专利申请调查的基础上。

七、结论

专利申请的战略性管理是企业知识产权战略的重要组成部分，专利作为一种知识形态的特殊商品，专利申请行为决定了一个企业专利布局水平，将直接或间接地影响企业科技发展、市场经营和整体实力提升。

专利申请的战略制定和实施必须围绕企业科技和经营发展规划，从技术、经营、管理、法律方面共同策划，根据市场、技术发展情况适时调整。

参考文献

[1] 冯晓青. 企业知识产权战略 [M]. 2版. 北京：知识产权出版社，2005.

浅析说明书撰写中关于清楚完整的问题

曾晓波❶

一、引言

中国《专利法》第 36 条第 3 款规定：说明书应当对发明或者实用新型作出清楚、完整的说明，以所属技术领域的技术人员能够实现为准[1]。该条款历来是审查实践中被引用最多的条款之一。在医药与化工领域，"不清楚"问题尤其突出。审查指南也规定说明书应当用词规范、语句清楚，即说明书的内容应当明确，无含混不清或者前后矛盾之处，使所属技术领域的技术人员容易理解。也就是说，说明书应当满足充分公开发明或者实用新型的要求[2]。在审查实践中，有些"不清楚"问题可以通过修改申请文件或者进行意见陈述得以克服；但是，有些"不清楚"问题则是不可克服的致命缺陷，没有办法挽救，严重时甚至可能直接导致专利申请被驳回，或权利要求保护范围大大缩小，因此对于"不清楚"问题应当予以高度关注。

二、关于技术术语

符合规定的申请文件应当文意清楚和逻辑清楚，从而使其表达的技术方案清楚和要求的专利权保护范围清楚。文意清楚是最基本的要求。因而，说明书的内容应当用词准确，使用所属技术领域的技术术语，该术语能准确表达发明的技术内容，不会由于该术语的使用而导致技术内容含混不清或模棱两可，进而影响所属技术领域的技术人员对该发明的理解和实施。[2]

规范的术语表达对于说明书技术内容的充分公开以及权利要求保护范围的准确确定具有重要的影响。尤其当术语是用于表征发明的必要技术特征时，不

---

❶ 作者简介：曾晓波，1986 年生，男，四川德阳人，专利代理人，就职于成都九鼎天元知识产权代理有限公司德阳办事处。

规范的术语表达将会导致发明的技术手段含混不清，进而导致所属领域技术人员无法实施其技术方案。因此，在撰写过程中应当对技术术语给予足够的重视。

1. 严谨细致，避免出现错误

不规范的书写，比如使用错别字，导致术语的含义"失之毫厘，谬以千里"。

案例1：在申请文件中错将"乙烷"写成了"已烷"，本领域技术人员能够意识到"已烷"一词为明显笔误，然而该错误可能是由"乙"与"已"同音造成的打字错误，也可能是"己"与"已"字形相近造成的，因此存在两种修改的可能，对"已烷"的真正含义无法确定，在实际审查过程中，这两种修改往往都是不被接受的。由此可见，在撰写过程中一个很小的疏忽可能会造成答复过程中的极大被动。因此在撰写过程中技术术语一定要引起足够的重视，尤其是涉及必要技术特征的技术术语，撰写完成后要特别注意检查。

另外，还需要注意说明书与权利要求书中术语表述的一致性。

2. 重视组分配比的含义及数据的单位

对于组合物发明往往会涉及各成分的配比，在撰写时一定要注意对配比类型进行说明，明确所述配比是质量比、体积比、摩尔比或其他类型的比例，尤其是对于前后两者进行比较的物理量不同时如质量体积比、摩尔体积比等。如果在撰写时由于疏忽忘了说明，将在审查过程中成为无法修改的致命缺陷。

对于涉及数据和单位技术特征，在撰写过程中一定要引起足够的重视，避免出现错误，尤其是单位采用英文缩写表示的时候。

案例2：说明书和权利要求书中均提到"将细胞于370C下培养"。此处的"370C"是一个明显的错误，实际是将温度单位符号写错了，然而此处的"370C"可能是"37℃"也可能是"30℃"，根据审查指南中的标准，这两种修改都将是不允许的，因为尽管这种修改对于本领域技术人员来说是很"合理"的，但还达不到"毫无疑义"的程度。在多数代理人的撰写习惯中，常采用"复制粘贴"的方式处理重复的内容，因此很容易出现整个申请文件都是重复的笔误，无法从其他地方找到修改的依据，在实审答复过程中会陷入极大的被动。所以在撰写完成后应注意检查数据和单位，尤其是作为必要技术特征的和在审查文件中多次重复的。

另外，尽量使用中文单位在一定程度上可以减少出错的风险，如本例中采用"摄氏度"就不会出现这种问题了。

3. 注意对技术术语进行定义

在说明书中应注意对重要的术语进行定义，即使是申请人觉得含义已经很清楚的术语，也可以"不厌其烦"将其定义写在说明书中。这样做可以在审查员与发明人对技术术语的理解出现偏差时，于答复过程有据可依，大大提高答复成功的概率。

案例3：权利要求说明中提到关键物质"低级醇"。令人遗憾的是，说明书中没有给出"低级醇"的定义，而在不同的词典中其定义各不相同，可以指C1～C4的醇，也可以指C1～C6的醇，没有公认的确定含义。最后申请人只能根据实施例中的记载将其限定为"乙醇"。这使得专利的保护范围过于狭窄，基本上失去了市场价值。

值得注意的是，2009年《专利法司法解释》第3条规定："人民法院对于权利要求，可以运用说明书及附图、权利要求书中的相关权利要求、专利审查档案进行解释。说明书对权利要求用语有特别界定的，从其特别界定。以上述方法仍不能明确权利要求含义的，可以结合工具书、教科书等公知文献以及本领域普通技术人员的通常理解进行解释。"[3]确定了"内部证据优于外部证据"的原则，这一原则赋予了申请人自由定义术语的权利。当说明书中给出的定义与该术语的通常含义不同时，以说明书的定义为准。这是一个重要的变化，因为这与审查指南中的有关规定[2]不完全一致，给予申请人的自由度更大，即使是本领域中具有基本含义的词汇，申请人也可以在说明书中赋予其特殊含义。但与此同时，如果说明书中的定义出现了错误，那么申请人也将失去援引其公知含义的机会。因此，对于术语的定义一定要谨慎，确保有关内容准确无误。

4. 慎用英文缩写

在生物、化学类发明中经常会涉及比较长的技术术语，如化合物名称等，这类术语在申请文件中重复出现会使申请文件显得烦琐、冗长，出于使说明书更简洁明了的目的通常会使用英文缩写。在这种确有必要使用英文缩写的情况下，最好在说明书中首次出现该技术术语的地方给出中文全称、外文原名或者参考文献等，防止出现含义不确定的问题，尤其是对于易出现一词多义的情况。

案例4：申请文件要求保护一种生物材料，其中涉及主要成分 HA，说明书中多次出现 HA，发明人认为本领域技术人员都知道 HA 指的是羟基磷灰石，因此未对 HA 进行详细的注释。然而，在审查过程中，审查员指出 HA 既可能代表羟基磷灰石（Hydroxyapatite），也可能代表透明质酸（Hyaluronic Acid）或腐殖酸（Humic Acid），而其中透明质酸也具有良好的生物相容性，也是生物材料领域常用的材料。由于说明书中对 HA 未做具体说明，使得说明书存在不清楚的问题，造成了无法挽回的损失，而这样的情况本来只需要一个中文词汇或一个英语单词就完全能够避免。因此，对于英文缩写一定要引起重视。

三、实验数据

中国对于生物、化学类专利申请中公开的实验数据提出了很高的要求，审查指南中指出要求保护的发明为化学产品本身的，说明书中应当记载化学产品的确认、化学产品的制备以及化学产品的用途[4]。其中化学产品的确认及化学产品的用途和效果等都需要实验数据来支撑，无论是产品发明、方法发明或用途发明，其充分公开都离不开足够的实验数据。实验数据与专利的充分公开、权利要求的创造性及支持性等密切相关，决定案件能否最终得到授权及保护范围的大小。中国专利法对于试验数据的这种要求比世界上大多数国家都要严格，应当予以高度关注。然而，申请人为了克服说明书公开不充分的缺陷，或者为了证明权利要求得到说明书的支持，于申请日之后提交的实验数据或效果实施例一般是不予接受的。因此，在撰写过程中提供丰富的足以证明所述发明的技术效果的实验数据就显得尤为重要了。

四、涉及参数范围的实验点的选取

对于要求保护的技术方案包括参数范围的发明，在说明书中至少在所述范围的两个端点和其间各取一点作为实施例，最好能在中间多取几个点，这样既能避免公开不充分也能为审查过程中克服新颖性问题提供依据。这一点代理人基本都知道，但是有时会嫌麻烦而只选用了发明人提供的几个点。这样做是相当危险的，尤其是作为端点值的点，如果没有实施例支撑很可能因公开不充分或权利要求得不到说明书支持的问题而不得不缩小保护的范围，造成不必要的损失。

同时也要对实施例中的负面数据引起足够的重视，最好不要简单地将负面数据删除，因为当负面数据出现的原因没有弄清时，对于权利要求的概括往往不够准确，如果在将来的无效程序中竞争对手举证证明某些范围确实不可实施的话，将很难进行挽救。因此，如果在撰写申请文件时确实发现了负面数据，有可能的话最好请发明人再进行一些有针对性的补充试验，完善研究思路，从而进一步提升发明高度，取得更加稳定和更有价值的专利。

案例6：为完成某化学反应，现有技术中需要加入100ppm以下的酸，优选5～50ppm。在本发明方法中，加入酸的量为100ppm以上，最优选200～300ppm。权利要求的方法要求加入200～300ppm的酸。实施例中测试了加入60ppm和240ppm酸的情况，其中240ppm效果很好，60ppm不能完成反应。审查员认为，本发明所宣称的技术效果与现有技术中的公知常识刚好相反，因此需要举出足够的试验证据加以证明。从实施例中的试验数据来看，60ppm 还不能完成反应，而 240ppm 的效果就已经很好，那么位于二者之间的左侧端点 200ppm 能否完成反应是不确定的；此外，从试验数据中也看不出一定的规律，右侧端点 300ppm 能否完成反应也是不确定的。因此，该申请最终被驳回。然而，如果发明人在原始文件中记载相应的实施例，证明 200ppm 和 300ppm 反应效果也很好，再加上之前已经测试过的 240ppm，就可以相当稳妥地要求"200～300ppm"这个范围。

五、合理的概括

在撰写实践中，为了获得更大的保护范围，在说明书和权利要求书中通常会涉及对下位概念或并列方案的概括，在概括的过程中一定要注意概括的合理性，不能一味地追求保护范围的扩大，概括时应反复推敲，并可以与申请人讨论，坚决避免将无法实施的方案概括进来。因为一旦将无法实施的方案包括进去，在后续的程序中很可能将面临很大的麻烦。由于在审查过程中不能进行二次概括，如果审查员提出所概括的方案中含有无法实现的情况，就不得不以单个实施例所述方案作为保护范围，从而大大缩小保护范围，对申请人的利益造成损失。

六、结语

由于医药化工领域复杂的法律规定，此类专利申请的撰写难度是比较大的。希望通过本文的讨论，有助于避免说明书撰写中出现的不足，提高撰写质量，尽量避免出现撰写问题造成不必要的损失，从而更顺利地获得授权。

参考文献

［1］中华人民共和国专利法（2008）。

［2］审查指南第二部分第二章。

［3］专利法司法解释（2009）。

［4］关于化学领域发明专利申请审查的若干规定。

浅析专利申请中要求本国优先权时存在的风险

刘芸芸　　庞启成[❶]

一、绪论

本国优先权，是指专利申请人就相同主题的发明或实用新型在中国第一次提出专利申请之日起 12 个月内，又向我国国家知识产权局提出专利申请的，可以享有优先权。

一般认为本国优先权的理念脱胎于外国优先权，即外国申请人可以按照《巴黎公约》要求优先权，并享受优先权带来的各种优惠，随着专利制度的发展，优先权制度不再局限于外国在先申请，进而扩大到本国申请，使本国申请也可以享有类似的权益。本国优先权与外国优先权之间具有天然的联系，但又具有明显的区别。

本国优先权与外国优先权的区别在于：

1）在先申请的地域不同。外国优先权的在先申请是向《巴黎公约》的其他缔约国提出，在后申请向中国国家知识产权局提出；本国优先权的在先申请和在后申请均是向国家知识产权局提出。

2）在后申请优先权的提出对在先申请的法律状态影响不同。在外国优先权中，由于在先申请与在后申请在地域上不存在重合，在后申请在我国是否提出优先权，对在先申请在该国的法律状态不会产生影响；在本国优先权中，由于在先申请与在后申请在地域上重合，为了避免重复审查和重复授权，现行《专利法实施细则》第 32 条第 3 款规定：申请人要求本国优先权的，自在后申请提出之日起，在先申请即视为撤回。

---

❶　作者简介：刘芸芸，毕业于西南石油大学，工学硕士，四川力久律师事务所专利代理人；庞启成，毕业于西南交通大学，工学学士，四川力久律师事务所专利代理人。

在实际操作中，由于在先申请会因在后申请要求了本国优先权而视为撤回，因此，本国优先权在使用中具有一定的风险。与外国优先权的申请人相比，本国优先权的申请人依然处于不利地位。

二、本国优先权的常见作用

在专利申请中，本国优先权常常在以下情况下发挥作用：

1）在先申请的技术方案不完善，可以通过要求本国优先权抢占更加靠前的申请日。由于专利权授予的"先申请原则"，对于申请人来讲，专利的申请日尤为重要。而新技术的研发往往是一个长期持续、趋于至善的过程。因此，对于已基本实现研发目的，但尚未实现较优技术方案的申请人，可以先提交一份专利申请，然后在优先权的要求期限内完善技术细节，并提交在后申请，使得在后申请可以享有在先申请的申请日。此后，申请人可以在优先权期限内继续研发，完善专利技术，在优先权期限内提交优化后的在后申请，使在后申请能够部分地享有在先申请的优先权。利用本国优先权，既能够避免竞争对手的抢先申请，又能够争取到进一步优化专利技术的时间。

2）在先申请的申请文件存在撰写瑕疵，可以通过要求本国优先权完善撰写文件。专利申请的撰写瑕疵，可能会造成专利无法获得授权，或造成专利的权利稳定性较差。对于已提交的专利申请，无论是主动修改还是针对审查意见提出的修改，其修改范围均受到《专利法》第33条的限制。在这种情况下，本国优先权，特别是部分优先权，能够较好地解决以上问题，使申请人提高专利授权的概率，或获得更为稳定的保护范围。

3）在先申请的申请类型不符合申请人的实际要求，可以通过要求本国优先权来增加或更改申请类型。例如，若在先申请仅仅申请了实用新型，而申请人后期希望获得更长的保护期限，则可以通过要求优先权的方法，重新提交一份发明专利，同时要求在先申请的优先权。又例如，若在先申请的申请类型为发明或实用新型，申请人在后期既希望较快获得授权，又希望方案能够得到更长时间的保护，则可以通过要求优先权的方法，再次提交一份相同主题的发明及实用新型，在后的两件申请均要求在先申请的优先权，使申请人既能够尽快获得在后实用新型的授权，又能够通过在后的发明专利实现较长的保护时间。

4）在符合单一性的前提下，申请人可以通过要求本国优先权，将若干在先申请合并为一个在后申请，减少后续的维护费用。因为一份在后申请可以要求多项在先申请作为本国优先权，申请人可以通过要求多项本国优先权将多项在先申请合并在一项专利申请中，后续维护中仅支付一项维持费用。

5）申请人可以通过要求本国优先权延长专利的保护期限。专利的保护期限是自专利申请日起算，当在后申请要求了本国优先权时，其专利保护期限是自在后申请的申请日起算，而在后申请的新颖性评价是自优先权日（在先申请的申请日）起算，由此，申请人可以在要求本国优先权的情况下，将专利保护的期限延后一年。

在以上各种情况中，实际操作的风险大小也具有差异。具体地讲，当本国优先权用于增加或更改申请类型时，在后申请可以与在先申请的申请文件保持完全一致，因此，其要求本国优先权几乎不存在风险。

若本国优先权用于在先申请技术方案不完善的情况，或在先申请撰写存在瑕疵的情况，在后申请必然会有一定程度上的修改。此时要求在先申请的本国优先权，则存在一定的风险。

三、本国优先权的风险来源

为了避免重复审查，现行的《专利法实施细则》第 32 条第 3 款规定：在先申请自在后申请提出之日起视为撤回。结合审查实际，《审查指南》中本国优先权的审查包括两个阶段：初步审查阶段和实质审查阶段。

在初步审查阶段，审查员只审查在后申请与在先申请的主题是否明显不相关，不审查在后申请与在先申请的实质内容是否一致。当在先申请与在后申请的主题明显不相关时，审查员应当发出《视为未要求优先权通知书》。如果在后申请满足初审的要求，审查员会在此时对在先申请发出《视为撤回通知书》，在先申请即视为撤回。

在实质审查阶段，审查员审查在先申请与在后申请是否属于相同主题的发明或实用新型。相同主题的发明或实用新型是指：技术领域、所解决的技术问题、技术方案和预期的效果相同的发明或者实用新型。因此，在实质审查结束后，才能够确定在后申请最终是否能够成功要求在先申请的优先权。

分析上述的审查流程可以看出，本国优先权的要求过程中风险来源主要有以下因素：

1）在先申请的视为撤回时间与确定在后申请最终是否能够享有优先权的时间分离，且初步审查阶段与实质审查阶段的审查标准不一致。

在后申请满足本国优先权的初审要求时在先申请即视为撤回，而在后申请是否能够享有优先权却要等到实质审查中的本国优先权审查结束后才能够确定。而初步审查中和实质审查中，对于能否享有优先权的审查标准并不一致，可能会导致在先申请因要求了本国优先权被视为撤回，而在后申请无法享受本国优先权。

另外，因在后申请提出本国优先权而导致在先申请视为撤回无法恢复，这就阻断了申请人对自己权益的救济途径。

2）实质审查中，能否享有本国优先权受到审查员主观因素影响。

实质审查中，对于在后申请能否享有在先申请的优先权的审查标准是：在后申请与在先申请是否是《专利法》第二十九条所述的相同主题的发明或实用新型，即在先申请与在后申请是否是技术领域、所解决的技术问题、技术方案和预期的效果相同的发明或者实用新型。同时，《审查指南》还指出：这里所谓的相同，并不意味在文字记载或者叙述方式上完全一致。

理论上讲，对于本领域技术人员而言，技术领域、所解决的技术问题、技术方案和预期的效果是否相同，标准应是统一的。但"本领域技术人员"毕竟是为了统一审查标准而设立的虚拟概念。在实际操作中，审查员只能够接近"本领域技术人员"，而难以做到与"本领域技术人员"的应有之义完全一致。因此，评价在后申请与在先申请是否是相同主题的发明或实用新型，是审查员在审查标准下受限于个人认识所进行的思维活动。对于不同的审查员而言，这种评价标准必然存在一定程度上的差异。

3）关于在先申请是否可以作为首次申请需要符合相关法规和协约规定。

关于在先申请是否可以作为第一次申请，作为本国优先权的基础，可以参考《专利法实施细则》第32条的相关规定以及"巴黎公约"第4条的c.4款的相关规定。只有满足上述要求的申请才可以作为第一次申请，成为在先申请。当申请人在要求优先权时，如果要求了无法作为优先权的在先申请，有可能会因为优先权不成立，导致整个申请的新颖性和创造性出现问题。

对于申请人而言，尤其是对于需要修改在后申请内容的申请人而言，在要求本国优先权时需要面临上述的风险。若这些风险最终发展成不利结果，导致实质审查中在后申请的优先权要求不成功，其最终结果分为以下两种情况：

1）若在先申请没有公开，在先申请视为撤回，申请人将无法保留原有的申请日，在后申请依照正常程序进行审查。

2）若在先申请已经公开，在先申请视为撤回，申请人将无法保留原有的申请日，在后申请的新颖性和创造性将因为在先申请的公开和本国优先权要求不成功受到影响，极大地驳回风险增加。

上述的不利结果相当严重，这在一定程度上影响了申请人利用本国优先权来争取更大合法权益的积极性，也使得与外国优先权申请人相比，本国优先权申请人依然处于十分不利的地位。

四、本国优先权申请中的风险规避

本国优先权的要求不成功，对于申请人而言，其结果可能是"灾难性"的。因此，在要求本国优先权时，尤其需要注意规避其中的风险。笔者认为，主要有以下途径：

1）在后申请中，至少需要有一条权利要求的特征能够在在先申请中的权利要求书或说明书中找到原文，以防止在后申请在实质上无法要求在先申请的优先权。

2）由于"隐含"特征的存在，权利要求的保护范围应当结合本领域技术人员在阅读说明书和附图后对权利要求的理解来确定。因此，即使在后申请的权利要求满足1）的要求，即在后申请中至少有一条权利要求的特征能够在在先申请的权利要求书或说明书中找到原文。申请人依然需要再次结合本领域的现有技术、说明书和附图的内容，评价在后申请与在先申请是否属于相同主题的发明或实用新型。

3）在后申请的说明书中，保留一个或多个与在先申请的说明书相同的实施例。如果审查员在实质审查中指出，在后申请因为与在先申请不属于相同的发明或实用新型，而导致无法要求在先申请的本国优先权。通过在在后申请的说明书中保留一个或多个与在先申请的说明书相同的实施例，则能够为申请人保留足够的修改空间。

4）若申请人在提出在先发明之时能够预料日后可能有提出在后申请并要求在先申请的本国优先权之需求，则申请在提出在先发明时不应要求在先发明提前公开。如此可以避免在先申请提前公开，而在后申请无法成功要求在先申请的优先权带来的弊端。

5）梳理在先申请的法律状态和相关联申请，确认其是否为第一次申请，以确保在后申请要求的优先权切实有效。

五、对本国优先权的立法和审查流程建议

综上所述，在本国优先权的申请中，根本的风险来源即是《专利法实施细则》第 32 条第 3 款的规定。若在《专利法》或《专利法实施细则》中，能够对该规定做出适当修改，对于申请人而言，要求本国优先权的风险即可大幅度降低。对此，笔者针对本国优先权的法律规定和审查流程提出以下建议：

1）将《专利法实施细则》第 32 条第 3 款的内容修改为："自在后申请能

够享有优先权之日起，在先申请视为撤回"。与之相应的是引入单独的本国优先权审查程序。在后申请提出优先权之日起，暂停在先申请的实质审查，直接进入本国优先权审查程序。若在后申请能够成功要求在先申请的本国优先权，则在先申请视为撤回；若在后申请无法成功要求在先申请的本国优先权，则在后申请的本国优先权要求视为未提出，在先申请和在后申请的审查流程继续分别进行，互不影响。

2）在相关法律中，引入因要求本国优先权而导致的在先申请视为撤回的恢复制度。即若在先申请因为在后申请的本国优先权要求而视为撤回，且在后申请的实质审查中要求本国优先权不成功，则申请人可在一定期限内获得要求在先申请的申请权恢复的权利，以实现对申请人权利的救济。

六、结语

本国优先权是为了避免本国申请人相对于外国申请人处于不利地位而设立的制度。但在实际情况下，本国优先权的使用存在一定的风险，有可能对申请人造成极为不利的后果。这些风险的存在使得本国申请人并不能处于与外国申请人对等的地位，因而违背了本国优先权制度设立的初衷。对此，申请人应在要求本国优先权的过程中注意规避相关风险。同时，在《专利法》下次修订时，希望立法机关能够针对此问题做出相应的法律调整，这对于本国申请人权益的保护是更为有利的。

以知识产权管理推动企业研发创新

钟　瑛❶

美大康药业股份有限公司是一家集研发、生产、销售于一体的医药高科技产业集团。自1991年成立发展至今，美大康药业在中药研发领域始终坚持走科技创新之路，在追求研发技术的不断创新方面精益求精，力求打造强势的中药研发平台。因此，在2006年公司启动了专利工作，并于2009年被列为四川省知识产权试点企业，在此期间，我们开展了一些工作，取得了一定的成效，积累了一些经验，同时也面临着一些问题，在此做出全面的总结。

一、开展的工作和取得的成效

第一，围绕技术研发、生产、销售的全过程来制定和实施全局性知识产权规划的战略，以构建产品技术壁垒、打造美大康核心竞争力作为指导思想，根据美大康的发展目标和领域特点，开展知识产权保护工作。一方面，对开发研制的新药进行专利保护，以保证在相当长的一段时期内（20年专利保护期），公司拥有相关品种的生产、销售独占权，以获得市场最大的经济回报。并且可以有效地避免其他药品生产企业以低成本投入取得改剂型或仿制生产批件，以低价产品进驻市场，造成对公司已有销售市场的冲击。另一方面，加紧挖掘现有产品中存在的可保护和应保护的核心专利技术，主要从处方及工艺制备的唯一性和可改进性方面进行研究并申请专利。

目前，公司在研新产品一项，已申请并取得发明专利授权，44个已取得生产批文的产品中，已申请发明专利的产品达18个，其中包括4个新药品种和12个已上市多年的品种，保护的发明内容涉及处方、工艺、检测方法和标准等多个方面，并且有效专利的实施率达56.5%，专利产品的销售收入累计达2.8亿元，占企业销售收入的80.75%，为企业带来了可观的经济效益。

---

❶　作者简介：钟瑛，就职于四川美大康药业股份有限公司。

第二，完善知识产权管理机构及制度。公司指定技术部门作为知识产权工作的机构，由公司技术总负责人直接领导，并有专兼职工作人员共 4 人，知识产权管理制度也在逐步完善。

第三，明确知识产权工作经费。每年公司都会依据年度知识产权工作安排，预算相关费用并保证资金到位。专项资金主要用于专利的申请、商标事务费、著名驰名商标的申请，申请授权专利有效性的维持、人员的培训、专利信息的收集以及对发明和设计人员的奖励等方面。近年来知识产权经费投入累计已占到研发总投入的 6% 以上，有效地保证了公司知识产权工作的开展，截至 2012 年 12 月 31 日，公司已申请专利 48 项，其中发明专利 39 项、外观设计专利 5 项；已授权专利共计 23 项，其中发明专利 18 项、外观设计专利 5 项。公司注册商标"美大康"已裁决为"国家驰名商标"。这些成果的取得为企业赢取了一定的声誉，扩大了企业无形资产；在医药产品的招投标等商业活动中，能为产品的销售及定价起到一定的助推和帮扶作用，即享有招标优先和价格高于一般市场价的优势进入市场，为企业带来了直接的经济效益。同时为公司评为高新技术企业创造了必备的条件。

第四，加强人员的培训和知识产权的宣传普及工作。公司注重知识产权方面的培训工作，每年都投入一定的资金对相关人员进行培训，安排专兼职人员参加各级专利管理部门组织的培训讲座，并引导和鼓励专利工作人员自主学习相关的业务知识和技能，并利用每年公司集中培训时间，通过专场讲座和观看视频等形式组织管理人员和技术人员学习知识产权知识及法规，平时利用宣传橱窗对广大员工进行知识产权知识的普及教育，目前对管理者和工程技术人员的培训率达到 90% 以上，全员知识产权宣传普及率达到 90% 以上。

二、积累的经验

作为以研发为基础的高科技、成长型医药企业，美大康正在逐步建立并完善本企业的知识产权战略。近年来，公司持续快速发展，在规模、效益等方面都取得了长足的进步，这主要得益于企业的创新战略和保护战略的实施，企业实施知识产权战略主要有以下两种方式：

1. 深化知识产权战略

（1）基本专利战略：结合公司的主要研发领域及研发优势，将核心技术或基础研究作为基本方向的专利战略。如对公司主要研发领域为中药新剂型，对该剂型的品种及剂型的平台共性技术进行保护。例如，公司对中药二类新药品种的配方及生产该产品的多种工艺都进行研究，在该技术领域中由点到面地攻破多项技术难关后，陆续申请了该产品专利共七件，用一个专利群对该新产品进行严密保护。因此，该产品除新药保护外，还形成了一定的"专利屏障"，从而最大限度地保护自己的核心技术。

（2）外围专利战略：在自己的基本专利周围编织专利网，采取层层围堵的办法防止侵权。在此方面，主要采取了针对一个品种的核心专利从几个方面进行保护的战略，如公司针对一种治疗心血管的药物，在组方、剂型（包括片、胶囊）等方面申请了四个专利。

（3）专利与商标结合战略：提高本企业产品的市场辩识度和保护力度。如公司自主研发上市的当飞利肝宁胶囊采用外观专利、制剂专利、注册商标三者结合的方式推向市场。

2. 细化知识产权管理

公司目前已经建立了专门的机构，拥有完善的制度、高效的流程体系、有效的薪酬激励体制，同时注重知识产权培训、知识产权资产管理等。具体做法包括：

在专利申请方面，对已有科技成果及时申请专利，同时对其进一步挖掘，有意识地对自己的核心技术或产品构筑专利保护网，强化专利保护的力度；对其正在开发的项目也积极主动及时申请相关专利，在未公开期间进一步完善其相关内容，利用优先权使其得到切实的保护。

在专利技术开发方面，公司将进一步加强"前期调查"，做好"中期规避"，开发具有自主产权的新产品。即在产品开发立项前，进行技术水平和专利侵权的专利文献检索，通过检索确定产品技术上的开发价值和避免侵犯他人的专利权；在专利信息分析的基础上，规避在先技术，防范侵权风险，寻找合适的突破口，开发具有自主知识产权的新产品，抢占市场。

在知识产权管理和保护方面，公司拟从专利战略规划上着手。结合公司以研发为主的高科技企业特点，专利战略以进攻战略为主，即积极、主动、及时地申请专利并取得专利权，以使企业在激烈的市场竞争中取得主动权，为企业争得更大的经济利益。

在知识产权培训方面，知识产权部门员工先后参加外部相关知识产权培训10余次，内部培训多次，不仅使部门的专业知识和实务能力得到了提高，而且使公司全体员工的知识产权意识得到进一步提升。

在专利信息方面，公司在充分利用免费资源的基础上，还加大投入，购买了相关的分析软件，极大地提高了专利信息检索及分析的能力，在软件培训机构大力协助及员工自身的努力学习下，部门人员的专利检索分析能力得到了很大的提升，为公司研发、生产、销售等经营决策提供了更有价值的专利数据。

在专利的奖励方面，公司充分落实激励创新的具体措施。例如，在知识产权奖励办法中明确制定了对有关职务发明创造的发明人或者设计人给予奖励、发明创造专利实施后对发明人或者设计人给予报酬等一系列积极的奖励条文，形成了有效的激励机制，极大地带动了公司员工发明创造的积极性，使得公司的知识产权工作在奖励制度、申请量等方面都有了突破性的进展。

三、面临的问题

美大康在近四年的知识产权成长过程中，初步形成了从知识产权的创造、申请、维护到运营和转化的全过程、系统化管理机制。但在实施转化和利用方面思路还太窄，同行业中也没有可学习和借鉴的方法和经验，如何形成一些具有行业特色的并可以实际操作的方式方法，尚须自己探索，这也将是我们下一步工作努力的方向。

浅谈知识产权创造之专利申请技术方案挖掘

刘克勤　王统国　袁　梅　王兴雯[1]

一、引言

专利制度是知识产权制度的重要组成部分，其作用主要体现在维护专利权人的合法权益、鼓励发明创造、推动发明创造的应用、提高创新能力、促进科学技术的进步及经济社会发展，因此，专利制度的宗旨明确了专利权的保护客体是发明创造。

我国专利法意义上的发明创造囊括了发明、实用新型和外观设计三种不同的专利类型，除了外观设计专利保护的是用于产生视觉感受方面的产品外观设计方案之外，发明专利和实用新型专利均保护的是用于产生功能作用的技术方案。那么，怎么来确定可以申请发明专利或实用新型专利的技术方案呢？这就需要在工业生产中挖掘、提炼专利申请的技术方案。

专利申请技术方案的挖掘，就是要在技术研发或产品开发的过程中对所取得的技术成果从技术和法律层面进行剖析、整理、拆分和筛选，从而确定出用以申请专利的、具有保护价值的技术创新点和技术方案。

下文将介绍笔者在专利代理工作中涉及的专利申请技术方案的挖掘思路。

二、案例说明

甲公司就其研发的一种回收玻璃瓶脱标设备找到笔者代理国内专利申请。

该回收玻璃瓶脱标设备的研发背景是：投放市场的消费品盛装容器——玻

---

❶ 作者简介：刘克勤，成都蓉信三星专利事务所（普通合伙）所长，资深专利代理人；王统国，成都蓉信三星专利事务所（普通合伙）副所长，专利代理人、诉讼代理人；袁梅，成都蓉信三星专利事务所（普通合伙）办公室主任，商标代理人；王兴雯，成都蓉信三星专利事务所（普通合伙）资深专利代理人。

璃瓶带有识别产品来源和信息的标识，即标贴（或瓶贴），为了实现环保节能及降低生产成本，这些玻璃瓶在所盛装的消费品被消费、使用后需进行回收、再利用，但是，回收、再利用的玻璃瓶带有对应批次信息的旧标贴，这些旧标贴肯定是无法真实、有效地反映再利用后的产品信息的，这就需要回收玻璃瓶在再利用之前必须完成废旧标贴的脱除、瓶子清洗及消毒等工艺处理；在该回收玻璃瓶脱标设备研发出来之前，回收玻璃瓶上的废旧标贴脱除主要是以传统的单人作业方式实现的，即工人拿到回收玻璃瓶后，先用刀片在回收玻璃瓶的废旧标贴上划出撕口，再放下刀片而手撕废旧标贴，使回收玻璃瓶上的废旧标贴在撕口处被撕开、剥离，直至脱除，存在作业效率低下、生产成本高的技术问题，显然是不利于企业对生产成本的有效控制的，也不利于企业生产环境的整洁、有序管理。

鉴于此，甲公司研发了一种以输送机 A 为基体，在输送机 A 上设置对应的划标机构 B 和脱标机构 C 的回收玻璃瓶脱标设备。在该回收玻璃瓶脱标设备中，输送机 A 对诸多的回收玻璃瓶进行持续的流水线式输送，划标机构 B 在回收玻璃瓶的输送行进过程中对废旧标贴进行由前而后的切口，脱标机构 C 在回收玻璃瓶的输送行进过程中对已切口的废旧标贴进行摩擦脱除（如图 1 所示）。该技术相较传统的单人作业方式而言，主要具有以下几个方面的技术优势：第一，能够有利于可靠、有效地实现有序、连续且顺畅的给料，作业方便、高效；第二，在流水线输送过程中，对每一回收玻璃瓶能够有利于实现精准、无遗漏的划标和脱标作业，有效性好，误差率低；第三，有利于对作用在回收玻璃瓶表面的划标力和脱标力实现合理、精准、有效的控制，有效地避免对回收玻璃瓶表面造成损伤，甚至杜绝破碎等爆瓶问题，可靠性好；第四，它既能够对圆形的回收瓶有效、可靠地实现划标和脱标处理，亦能对其他非圆形的回收瓶有效、可靠地实现划标和脱标处理，通用性好；第五，脱除的废旧标贴回收及时、容易，有利于企业生产环境的整洁、有序管理，环保性好。综合而言，该回收玻璃瓶脱标设备具有优异的高效性、有效性、可靠性、通用性和环境友好性等特点，经济效益显著，应用前景好。

笔者在接到甲公司的委托后，对该回收玻璃瓶脱标设备进行了仔细的分析和检索处理，确定了整机的主体部分进行产品专利申请和具有保护价值的技术方案，亦与之对应地确定了此种流水线式的回收玻璃瓶再利用的脱标工艺进行方法专利申请和具有保护价值的技术方案。

若单就该回收玻璃瓶脱标设备的整机主体部分和脱标工艺进行专利申请，其涉及的技术创新点太多，导致保护范围过窄，很多技术创新点就成了"免费午餐"，不能让甲公司的科研成果得到应有地充分保护，也不能有效地体现该公

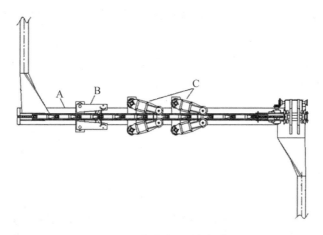

图1 回收玻璃瓶脱标设备

司的科研创新能力。

对此，笔者将该回收玻璃瓶脱标设备可能涉及的其他各个技术点进行了深层次的剖析、整理、拆分和筛选，除了回收玻璃瓶脱标设备的整机主体部分和脱标工艺之外，确定出了如下几项另外的技术创新点：从划标和脱标处理会对输送机上的、处于行进过程中的玻璃瓶产生行进阻力的角度出发，提炼出了具有专利申请和保护价值的技术方案——输送机针对玻璃瓶在输送行进过程中逆向遇阻时的输送技术方案；从玻璃瓶在输送机上以狭小的浅槽输送而适应划标和脱标作业的角度出发，提炼出了具有专利申请和保护价值的技术方案——防止输送机上的玻璃瓶在输送行进过程中翻沿跌落的输送技术方案；从玻璃瓶在输送机上的立式输送和卧式划标及脱标的角度出发，提炼出了具有专利申请和保护价值的技术方案——玻璃瓶在输送机上的行进姿态转换技术方案；从防止输送机上的玻璃瓶在输送行进过程中被划伤或爆瓶、避免影响重复再利用的角度出发，提炼出了具有专利申请和保护价值的技术方案——玻璃瓶在输送机上的行进过程中进行划标的技术方案；从输送机上的行进中玻璃瓶被安全、高效、精准、可靠地摩擦脱标的角度出发，提炼出了具有专利申请和保护价值的技术方案——玻璃瓶在输送机上的行进过程中进行摩擦脱标的技术方案。

这些另外挖掘出的专利申请技术方案获得了甲公司的认可，甲公司亦委托笔者申请专利。

甲公司的这些专利申请现均已处于国家知识产权局按照法律程序的公开状态，其中大部分已分别获得了专利授权，个别发明专利申请在公开后进入了实质审查程序，授权前景也比较乐观。

当然，除此之外，笔者还就该回收玻璃瓶脱标设备进行了其他近十项可专利申请、有一定保护价值的技术创新点挖掘，基于这些技术创新点目前未公开而出于保密在此不予介绍。

三、结语

通过上述案例说明可以看出：专利申请技术方案的挖掘就是要以所要解决的技术问题作为挖掘支点，从而对科研创新成果从技术和法律层面进行剖析、整理、拆分和筛选，抓取对应的、利用了自然规律的技术手段，这些技术手段通常是由技术特征来体现的。例如，产品方面的技术特征可以是零件、部件、材料、器具、设备、装置的形状、结构、成分等，方法方面的技术可以是工艺、步骤、过程以及所采用的原料、设备、工具等，各个技术特征之间的相互关系亦是技术特征。通过对抓取的技术手段进行对应的梳理而汇集为对所要解决的技术问题所采取的技术方案，该技术方案的梳理过程也就是专利申请文件的权利要求撰写的组合、设计过程，其既可以尽可能大地要求专利保护范围，又可以提高专利权利要求的法律稳定性，提升专利申请的综合质量。

参考文献

[1] 尹新天．中国专利法详解 [M]，北京：知识产权出版社，2011.

浅析企业中的专利布局

蒋仕平[❶]

一、国内专利状态

伴随着众多专利侵权纠纷的事件发酵、展开，国内企业在进入国际市场因专利侵权纠纷而遭受的围追堵截，以及近年来各级政府对知识产权领域的高度重视；以专利实施许可获利，以专利为自身的产品保驾护航，使得专利布局显得格外重要。

随着国家知识产权战略的深入实施，同时国内企业也逐步地提升了知识产权保护意识，中国近年来的专利申请量已经跃居全球第一，成为专利大国；但由于对于专利的申请目的很多都仅仅停留在获得专利权的阶段，并且专利申请缺乏有效的布局，故中国成为专利强国的路还任重而道远。

二、专利申请的目标

1. 初级目标

获得专利权。就是要通过申请审查，获得专利权，这是各级目标的基础，也是最容易实现的目标，只要技术方案具备特定的特征，再通过撰写的申请文件加以润色，实现初级目标并非难事。针对因满足某些需求而言的企业，一般是只需要获得专利权，并不具备市场的竞争力；而其中不少的制造企业的预定目标即是这初级目标，特别是中小型制造企业，足见国内部分企业对专利申请的最初目的并非为了保护，仅仅是为了满足行政审批或宣传企业等，背离了专利申请的实质，更谈不上专利的布局。

2. 中级目标

获得稳定的专利权。就是要经得起专利无效程序的检验，具有专利稳定性，

---

❶ 作者简介：蒋仕平，专利代理人，就职于成都九鼎天元知识产权代理有限公司。

获得稳定的专利权。

3. 高级目标

获得有效而稳定的专利权。就是要在侵权诉讼中胜诉，进而行使专利权，能够获得侵权赔偿，或实施许可获得许可费用。如果专利权仅仅稳定，竞争对手能够规避绕过企业专利而不产生侵权行为，那么自身的研究成果相当于无偿贡献给社会，对企业的发展极为不利。

4. 最终目标

控制市场获得利润。就是要通过手中的专利权控制市场，站在食物链的最顶端，以实现独占市场获益。这就需要进行有效的专利布局来获得强大的专利保护网（或具备开创性的基础性专利，以及围绕其的专利保护网）。通过自身实施来独占市场，或通过实施许可来获取不菲的许可费用，犹如高速路口的收费站，想要搭上高速便车，那么请自觉缴费。

三、专利布局的概念

1. 专利布局的定义

专利布局有广义和狭义之分。

广义的专利布局，是指对企业全部专利申请的数量、申请的领域、申请覆盖的区域和申请覆盖的年限等进行的总体布局的行为。

狭义的专利布局，是指对企业某一技术主题的专利申请进行系统筹划，以形成有效排列组合的精细布局行为。狭义的专利布局考虑的是就某一技术主题如何布置专利申请。本文所探讨的专利布局指狭义上的专利布局。

2. 专利布局的意义

合理的专利布局可以提高企业专利的整体价值，提升企业的市场竞争力，最大限度地发挥专利武器在企业竞争中的作用。

具体而言，合理的专利布局至少具有以下作用：

（1）有利于正确引导研发方向，促进理性研发，提高研发成效。就是要有的放矢，根据企业的根本需求指明企业未来的发展方向，围绕着核心技术进行专利布局。

（2）有利于理性进行专利申请，节省申请成本。就是要狠抓重点，理性地对关系企业未来命运的核心技术重点进行专利布局，形成保护核心技术的专利池。众所周知，从专利的申请至专利的终止，为了获得和维持专利权，必将产生一定的费用，而当专利的数量累积到一定值时，特别是在专利保护期限的后期，此时的费用不可小觑，故进行理性的专利申请能够节约企业在专利申请与维护方面的开支。

（3）有利于构建合理的专利保护网，避免零散与杂乱无章的专利申请情形的出现。零散与杂乱无章地申请专利，竞争者容易规避绕过企业的专利，达不到预想的效果。

（4）有利于在保护自身的同时，削弱竞争者的优势，抑制竞争者的发展或者转移竞争者的视线。就是要为自己的发展铺平道路，同时围追堵截竞争对手的发展。

四、专利布局的模式

1. 路障式布局

路障式布局是指将实现某一技术目标之必需的一种或几种技术解决方案申请专利，形成路障式专利的布局模式。

路障式布局的优点是申请与维护成本较低，但缺点是给竞争者绕过己方所设置的障碍留下了一定的空间，竞争者有机会通过回避设计突破障碍，而且在己方专利的启发下，竞争者研发成本较低。因此，只有当技术解决方案是实现某一技术主题目标所必需的，竞争者很难绕开它，回避设计必须投入大量的人力、财力时，才适宜用这种模式。

采用这种模式进行布局的企业必须对某特定技术领域的创新状况有比较全面、准确地把握，特别是对竞争者的创新能力有较多的了解和认识。该模式较为适合技术领先型企业在阻击申请策略中采用。

例如，某公司布局了基础专利 A，使得无论是 A1、A2、…、An，都无法绕开其基础专利 A 这一路障型专利。

2. 城墙式布局

城墙式布局是指将实现某一技术目标之所有规避设计方案全部申请专利，形成城墙式系列专利的布局模式。

城墙式布局可以抵御竞争者侵入自己的技术领地，不给竞争者进行规避设计和寻找替代方案的任何空间。

当围绕某一个技术主题有多种不同的技术解决方案，每种方案都能够达到类似的功能和效果时，就可以使用这种布局模式形成一道围墙，以防止竞争者有任何的缝隙可以用来回避。

例如，若用 B 方法能制造某产品，就必须考虑制造同一产品的 B1、B2、…、Bn 等方法。

3. 地毯式布局

地毯式布局是指将实现某一技术目标之所有技术解决方案全部申请专利，形成地毯式专利网的布局模式。

这是一种"宁可错置一千，不可漏过一件"的布局模式。采用这种布局，通过进行充分的专利挖掘，往往可以获得大量的专利，围绕某一技术主题形成牢固的专利网，因而能够有效地保护自己的技术，阻止竞争者进入。一旦竞争者进入，还可以通过专利诉讼等方式将其赶出自己的保护区。但是，这种布局模式的缺点是需要大量资金以及研发人力的配合，投入成本高，并且在缺乏系统的布局策略时容易演变成为因专利而专利，容易出现专利泛滥却无法发挥预期效果的情形。

这种专利布局模式比较适合在某一技术领域内拥有较强的研发实力，各种研发方向都有研发成果产生，且期望快速与技术领先企业相抗衡的企业在专利网策略中使用，也适用于专利产出较多的电子或半导体行业，但不太适用于医药、生物或化工类行业。

例如，IBM 的专利布局模式就是地毯式布局的典型代表，IBM 在任何 ICT 技术类目中，专利申请的数量和质量都名列前茅，每年靠大量专利即可取得丰厚的许可转让收益，而无须巧取豪夺、兴师动诉。

4. 糖衣式专利布局

就像糖衣一样与基础专利如影随形，就像大树周围的丛林环绕在基础专利的四周，进不来也出不去。此种布局可以分成两种情况：一是基础性专利掌握在竞争对手的手中，那么就可以针对该专利技术申请大量的外围专利，用多个外围专利来包围竞争对手的基础专利，就像大树周围的灌木丛一样。这样就可以有效地阻遏竞争对手的基础专利向四周拓展，从而极大地削弱对手基础专利的价值。必要的时候，还可以通过与竞争对手的专利交叉许可来换取对手的基础专利的授权。二是当基础专利掌握在我们手中的时候，就不要忘了在自己的基础专利周围抢先布局糖衣式专利，把自己的基础专利严密地保护起来，不给对手实施这种专利布局的机会。

5. 迷宫式专利布局

迷宫式专利布局是指实现某一技术目标之所有技术解决方案全部申请专利，但在外围留有一种极为烦琐而复杂的技术解决方案的开口。如果竞争对手采取该种技术方案，繁重的成本负担将拖慢其发展节奏，甚至将其拖垮；如果想通过申请专利来避免上述情况的发生，那么将无休止地徘徊于迷宫之内。

专利布局其实并无太固定的格式与规则，基本原则是根据整个市场的专利状况、自身的专利状况包括财力、人力以及相关因素的综合考虑进行合理的规划。

五、专利布局的应用

1. 密封核心专利

就是要围绕核心专利（基础专利）形成密不透风的包围网，比如某一产品A，围绕该产品 A 申请了 51 件专利 A1 ~ A51，其中 A1 才是实施的核心专利，而其余 50 件专利形成包围核心专利 A1 的保护网。

2. 同时布局产品与方法

关于产品方法的专利是较为虚幻的，证据也难以保全，侵权时举证不易，相对应的为举证而付出的人力物力财力较高；而关于产品的专利是实在存在的，侵权举证相对容易，相对应的为举证而付出的人力、物力、财力较低，故需要同时布局到产品与方法。比如某一产品 B 以及制造产品 B 的方法，需要对产品B 进行专利布局；同时需要对制造产品 B 的方法进行专利布局。

3. 同时从小组件布局到大系统

对于大系统的专利而言，由于过于庞大，侵权时举证困难，相对应的为举证而付出的人力、物力、财力较高；而对于小组件的专利而言，由于较为具体，侵权举证相对容易，相对应的为举证而付出的人力、物力、财力较低，故同时从小组件布局到大系统。比如某一大系统产品 C（或/和其制造方法），大系统产品 C 由多种设备 C1 – Cn1 组成，各种设备又由多种部件 C01 – Cn01……组成，各种部件又由多种小组件 C001 – Cn001……组成；这就需要从小组件、部件、设备、大系统产品进行有层次的专利布局，从最小的单元直至整体产品进行专利的保护。

4. 同时从核心组件布局到应用产品

对于应用产品的专利而言，侵权时举证困难，相对应的为举证而付出的人力、物力、财力较高；而对于核心组件的专利而言，侵权举证相对容易，相对应的为举证而付出的人力、物力、财力较低，故同时从核心组件布局到应用产品。比如某一核心组件 D（或/和其制造方法），以及由核心组件 D 制作的中间产品 D1 – Dn，以及由中间产品 D1 – Dn 制作的应用产品 D01 – Dn01……都进行专利的布局。比如中国专利绝缘组合物、应用其的绝缘材料、伞套和绝缘子及制法（授权公告号 CN102942767B，申请号 201210520889.7），其中各独立权利要求如下所述：

独立权利要求 1. 一种绝缘材料组合物，其特征在于，以重量份计，该组合物由如下组分组成：

100 重量份 A 组分，A 组分由如下组分组成：环己烷二甲酸二缩水甘油酯和柔性环氧树脂，所述环己烷二甲酸二缩水甘油酯和柔性环氧树脂的重量比为(70～90)：(30～10)。

80～120 重量份 B 组分，B 组分由如下组分组成：固化剂和促进剂，其中固化剂与促进剂的重量比为 100：(1～5)。

以及 200～400 重量份 C 组分，C 组分由如下组分组成：填料，以及，以 C 组分总重量百分比计，0.1%～1.0% 紫外光吸收剂、0.1%～1.0% 稳定剂、0.1%～1% 阻燃剂或 0.1%～1% 偶联剂中的一种或多种。

独立权利要求 16. 如权利要求 1～15 任一项所述的绝缘材料组合物在绝缘子伞套中的应用。

独立权利要求 17. 一种绝缘材料，采用权利要求 1～15 任一项所述的绝缘材料组合物固化而成。

独立权利要求 18. 一种绝缘子伞套，采用权利要求 1～15 任一项所述的绝缘材料组合物固化而成。

独立权利要求 19. 一种复合绝缘子，其特征在于，该复合绝缘子包括芯棒、金具，以及外表面上带有多个伞裙的伞套；其中，芯棒两端分别插入于金具的中心孔与两端金具紧密结合；其中，所述伞套由权利要求 1～15 任一项所述的绝缘材料组合物固化形成于芯棒的外表面且延伸至金具表面形成密封。

独立权利要求 20. 一种带有伞套的复合绝缘子的制备方法，该方法包括：

(1) 将芯棒插入金具的中心孔中，然后压紧得到芯棒－金具复合体；

(2) 将步骤 (1) 所得复合体放入模具中相应的位置；

(3) 将权利要求 1～15 任一项所述的绝缘材料组合物的 A 组分、B 组分以及 C 组分混合，搅拌，然后抽真空，真空度为 (-0.06)～0.15MPa，得到混合胶；

(4) 将步骤 (3) 所得混合胶注射入模具中，并进行第一次固化，固化温度为 130～170℃；

(5) 脱模然后进行第二次固化，固化温度为 110～130℃，得到带有伞套的复合绝缘子，其中，伞套外表面上带有多个伞裙，且伞套覆盖芯棒的外表面且延伸至金具表面形成密封。

独立权利要求 24. 一种带有伞套的复合绝缘子，采用权利要求 20 的制备方法制成。

由上述实例可以看出，权利要求同时从核心组件布局到应用产品都进行了专利布局，我们这里不评价其专利布局是否完善有效，但从其权利要求可以看出，同时从核心组件布局到应用产品都进行了专利布局。

在专利布局的应用中，上述 4 种方式根据实际需求可以单独存在，也可以组合存在，相互结合相互支撑相互交叉以形成牢不可破的专利保护网。

六、浅谈制造企业中的专利布局

国内的制造企业特别是中小型企业，尤其是仅进行加工制造的企业，专利申请的最初目的仅仅是获得专利权，而更深层的目标由于自身发展的局限性，以及大量的专利布局高昂的费用开支，不能在短时间内从专利权中获取相应的收益，以及对专利申请与布局的意义领会不深刻，往往积极性并不是很高。但是一旦竞争对手通过申请专利将其围堵在原有的制造模式下，随着科技的日益发展，落后的产品及其制作方法，终将被淘汰。

由于中小型制造企业的专利布局意识不够，在知识产权方面保护的意识也不够强烈，负责知识产权的人员也不够专业，或者根本没有设置相应的人员，企业员工的知识产权意识也极为薄弱，在实际过程中，企业将难免遭受损失。例如，某一中小型制造企业准备对其新制造改进的大型产品申请一系列的专利，进行专利布局才发现：委托方与其签订协议时明确表明与该产品相关的知识产权包括：基于该产品改进的产品、制造方法，基于该产品改进的产品的制造方法等一切知识产权都归委托方所有。这就是由于其知识产权保护方面的意识不足，或者说是签订协议时的人员对知识产权没有相关的意识，致使以后在该产品基础上改进的新的技术方案、自己富有创造性的劳动成果只能拱手让人或悄然退出，堵死了该企业预想在该产品上发展的道路，而只能作为委托方的代工厂，严重受制于人；并且在新技术开发道路上所付出的人力、物力、财力只能自己承担。如果该企业具备相关的意识，那么在协议签订过程中进行有效的斡旋，为企业争取最大化的利益，也不至于堵死了该企业预想在该产品上发展的道路。

故对于制造企业而言，要想长远立足必须进行专利布局，从不受制于人到反制于人。专利布局的先决条件是培养或引进知识产权专员，培养员工的知识产权保护意识，并配合采取适当的激励措施。

近年来，专利布局作为招投标的筹码，在制造企业中的地位逐渐地显示出来。如果委托方欲订购一台具有某功能的产品，在招投标过程中，企业若具有该产品相应的专利布局，将在评标阶段获得不少的加分。因为，委托方为了避免产品委托于他人加工后引起的专利纠纷导致产品迟迟难以交付，其天平将倾向具有该产品专利布局的企业。退一步来说，即使所谓的专利布局存在漏洞能够被规避绕过，但是在招投标极短的时间内，评标委员会也难以得出较专业的评价结论，委托方也难以有效地评价出专利布局的有效性，同时这也需要消耗委托方的人力、物力、财力，故对于评价的质量来讲是难以得到理想中的效果的；再退一步来说，即使竞争对手指出能够绕过专利布局，对于委托方而言也不敢轻信其得出的结论。这就是"有"和"没有"的明显区别，专利布局就是要防患于未然，作为企业自身的筹码，有利于提高企业的竞争力。

七、专利布局的步骤

综上所述，作为企业中的专利布局，可以按以下步骤进行：

步骤1，分析调研。重点结合自身的特点进行调研分析，包括自身的知识产权战略、产品技术特点、企业的实际需求；对行业发展趋势以及竞争对手进行分析。

步骤2，总纲规划。基于调研分析做出专利布局的总纲规划，特别是针对企业赖以生存的核心技术方案。

步骤3，组织挖掘。基于总纲规划实施技术方案的挖掘。

步骤4，专利检索。对挖掘的技术方案进行专利检索，初步判断技术方案的专利性，如果核心技术已被竞争对手获得专利权，那么分析制订如何规避绕过竞争对手专利的方案；如果核心技术尚未被竞争对手获得专利权，那么确定核心专利（基础专利）及构筑包围该核心专利的保护网，做好专利布局的规划。

步骤5，尽快落实。基于上述各步骤，尽快确定最终的专利布局规划，实施专利布局。

八、结束语

专利布局是一项专业而复杂的工作，对企业未来的发展起着极其重要的作用，有效的专利布局是企业在市场竞争中有力的筹码，能够使企业屹立于市场经济之下，并推动其创新创造能力的提升，最终实现控制市场的目的。

参考文献

[1] 谢顺星，高荣英，等. 专利布局浅析 [J]. 中国发明与专利，2012 (8)：24 – 29.

[2] 车慧中. 专利挖掘与布局 [EB/OL]. https：//wenku. baidu. com/view/ac35c5b168884868 762d64a. html.

[3] 李慧，朱云华. 浅谈企业如何做好专利布局规划 [J]. 中国发明与专利，2017 (8)： 66 – 69.

制造型企业中的专利价值

古　波 ●

知识产权促进生产进步，而在知识产权中，专利在实体经济中占据很大的一部分，要了解专利应用于企业生产中的价值，就必须了解专利的本质。专利的本质在于其属于垄断的权利，但这种垄断权利的取得却是以其充分的公开为代价的，这一点使其与商业秘密区别开来。

专利的价值应该说主要体现在三个方面：一是自己使用，也就是对自己所申请的专利，生产专利产品或者使用方法专利；二是许可使用，就是把专利的使用权在一定的期限内、一定的区域内以独占、排他或者一般许可的方式转让给被许可人，专利权人收取许可费用，也就是专利的使用费；三是禁止使用，指对没有支付专利使用费的侵权使用者要求其停止实施专利，并要求其赔偿损失。

一、认识专利在企业市场占有的价值

根据目前的发展，专利属于独占排他的权利，是法律赋予专利权人所拥有的一项特权，使企业在自己的市场中具有独占优势，针对自己产品采用专利包装还能排他使用，使自己在本领域的市场独占鳌头。在保证市场份额的情况下，企业的发展也能够得到实质性的保障，既保证自己的口碑又保证自身发展需要的资金来源。

目前国内许多行业的顶尖制造企业都充分利用了自身拥有的专利价值，尤其是在领域较小的行业中，市场本就不大，但是为了保证企业自身的利益需要占据更大份额的消费市场，而能够一枝独秀的企业通常利用自己专享的技术来保证自己的领导地位，成为行业的引领者，甚至成为行业的标准制定者。

● 作者简介：古波，1989 年生，工学学士，专利代理人，就职于成都九鼎天元知识产权代理有限公司德阳办事处。

二、专利自身价值

专利许可中，根据专利实质性价值（例如，转化效益以及专利产品市场价值）进行专利许可收费，由于具有独占权，一项高价值专利的许可费用能够为企业提供一笔非常可观的经济效益。

专利权买卖，一份高价值专利在实际市场中的交易是现在各个行业中领头企业常用的方式，利用专利权的独占进行专利权交易，提供高价值的经济效益。即使在行业对手已经研发出核心产品，并且具有专利权保护的情况下，为了保证自身的利益，企业可对对手的专利布局、专利权稳定性进行评估，甚至针对该产品的外围零配件进行专利布局，形成外围专利网，该方式不仅会打乱对手的研发进度，同时也为自己争取有效时间。在一定的情况下，专利权买卖更是能够谋求一种合作或者专利权交易的方式。

在熟悉的通信工具行业中，随着苹果、华为等智能手机的普及，在市场上曾经占据大部分市场份额的诺基亚手机逐步淡出人们的视线。当然，诺基亚研究出第一代智能机时是如日中天，谁也不曾想到如今会沦落到这个地步。不过，诺基亚手机虽然偏向过时，但它的技术却并不过时，许多技术都是基于它们的技术进一步研发的。它们曾经的专利储备在目前以许可或者专利权转移的方式也能够获得比较可观的经济效益。对于诺基亚，专利就是一份资产。有时专利也是一种产品，不仅能够创造经济效益，甚至能够带来直接的经济价值。

三、专利融资、入股

技术储备充足以及已在行业立足的制造型企业的市场策略不仅应放在销售市场上，同时也应放在技术战略上。企业在新产品的开发上费时费力，谁也不愿意将自己的技术共享，在许多小型制造企业中，很多时候会因为研发资金不到位出现产品研发中断，甚至出现企业经济困难的情况。因此，企业可以提前做好专利储备，做好专利布局，而专利作为企业的一部分资产，在寻求资金的过程中，可以考虑向银行融资，也可以与同行合作以专利入股。

融资，将专利权价值进行评估，并根据评估报告向银行申请专利贷款，或者吸引投资者进行投资，借助专利自身带来的市场效应以解决项目/产品研发所需的资金，实现项目/产品的成果转化。专利储备到一定基数时，对企业来说既是保障，也是吸引投资者的砝码。

专利入股，专利可以以财产的方式用于与其他团队合作，并以专利价值入股，由对方团队提供资金实现产品研发，并投入市场。小型制造企业在成立之初很多是投资者与专利权人以资金和技术入股，由于专利权的独占性，该项专利技术能够为企业带来独有的市场效应，并为企业的起步发展奠定基础。甚至在大型企业中，为了一项特有技术会舍弃更多的资金来换取一项专利技术。

四、专利的价值巩固企业的基础

制造企业在发展历程中需要一步一步夯实自己的基础，实体企业在实质上不仅需要有高效的生产力，同时也需要自己的独创性，具备优良的创新思维，能够设计适应市场和消费者的新型产品，以创新和独具一格的风格来争取市场。许多企业会自称只是代加工的一个小企业，而根据市场淘汰的情况来看，那些能够突破代加工并形成自己风格的企业都能够得到较好的发展。在研发阶段企业是艰难的，而在回报时企业会快速提升形象以及资金回流。例如，曾经在江浙一带的皮革代加工工厂，在市场环境的选择下，目前多了许多优良的皮革品牌，而大部分品牌也源自代加工。

产品在投入新的市场时，不仅仅需要一层保护，同时也需要一份避免侵权他方的评估报告。在我国目前通信行业发展快速并且处于领先地位的华为，在起初进入国外市场时，尤其是进入美国市场时面临着巨大的困难，要面对各方对手的袭击，也损耗了大量的资金。根据这样的市场环境，华为并不是选择退回国内市场，而是选择逆流而上。

企业应利用专利的价值稳固自己在行业的地位，并且充分保证自己产品的优势，稳固自己的基础，让企业从被动变成主动，有效保证自身利益，同时促进市场的良性竞争，有效打击仿冒产品，保证产品质量与行业经济循环。

五、专利在产品研发中的保障

企业在研发一款新型产品或者是设备改造时，一般是先具备设计理念以及相关图纸的设计构思。在设计产品的过程中，不排除相关设计图纸会随着员工的流失或者工作的漏洞被泄露出去，甚至可能被对手企业利用，对企业造成无法挽回的巨大损失。而提前布局专利，充分利用拥有专利权的价值以防患于未然是必要的，根据专利申请规定谁先申请则专利权归谁的原则能够有效保障自身的利益，确保自己的产品在专利授权后的独占性，保障自己新开发产品正常投入市场。

六、结语

结合专利价值的分析，专利价值不仅体现在专利产品自身的市场价值，更有效帮助产品宣传、企业形象树立，以及使企业成为行业中技术领头者，以一种无形有价的资产存在于企业中，为企业带来实际的经济效益。企业需要将专利与企业营运管理紧密联系在一起，低端企业玩市场手段，高端企业玩技术战略。专利不在于仅为自己产品服务，甚至还能够阻断对手的方向，迷惑对手，更是自己武装攻击和防备的"武器"。从直接优势和间接优势举例，直接优势就是通过使用独占性的专利技术在市场上获得优势，赢得超额利润。间接优势比较有意思，可能拥有一项技术不能直接给权利人带来收益，但给竞争对手造成障碍也能间接使权利人从对手的削弱中获得带来此消彼长的利益。

高效益运用篇

德阳市知识产权运营机制的探索与研究

谢冈东　　张雪梅[①]

知识产权运用的市场化使得知识产权演变成具有商品属性的权利，可收储与布局、许可和交易、转让与流通、资本化和商业化，知识产权运营由此而生，成为新时代实现技术创新价值和效益的一种途径和方式。国内发达城市以市场化的商业运作方式开展知识产权运营，一定程度上增强了关键技术的实际控制力。德阳作为新兴工业城市，有必要加大知识产权运营方面的研究和实践力度，借鉴发达城市经验，采取有效措施全面聚焦"世界智造之都、国际文化名城、成都北部新城、生态田园典范"，形成市场化的知识产权运营德阳模式和机制。

一、形势分析：知识产权运营是催生核心竞争力的有效途径

知识产权运营指企业为获得与保持市场竞争优势，运营知识产权制度提供的知识产权保护手段及知识产权信息，获取最佳经济效益的总体性谋划。知识产权作为产品或服务可以实现创新成果的价值，不同的创新主体可以自身对其加以利用，进而盈利。知识产权的市场化催生了知识产权运营，也催生了专门投资知识产权运营的组织。随着创新要素配置全球化和知识产权竞争国际化的深入，发达国家和新兴经济体不断加强知识产权运用，加强战略新兴产业的知识产权运营。国内外跨国公司一方面加强研发，不断创造和积累知识产权，保持技术优势，长期占据全球中高端产业链；另一方面加强知识产权的战略布局和运营，在当地政府的支持下，入股知识产权运营公司，收集关键技术领域的知识产权，以此赢得技术变革和产业发展先机，以及市场竞争优势地位。

❶　作者简介：谢冈东，男，1964 年生，高级工程师，德阳市知识产权研究会秘书长，从事知识产权工作 20 余年；张雪梅，女，1990 年生，德阳市知识产权研究会副秘书长。

2008 年国务院颁布实施的《国家知识产权战略纲要》明确提出要按照激励创造、有效运用、依法保护、科学管理的方针，大幅度提升我国知识产权创造、运用、保护和管理能力，为建设创新型国家和全面建设小康社会提供强有力支撑。2015 年，国务院办公厅、四川省政府相继出台了《关于新形势下加快知识产权强国建设的若干意见》和《四川省人民政府关于深入实施知识产权战略加快建设西部知识产权强省的意见》，更加明确了知识产权创造和运用对于产业发展的重要意义，强调积极创造知识产权是抢占新一轮经济和科技发展制高点、化解战略性新兴产业发展风险的基础；有效运用知识产权是培育战略性新兴产业创新链和产业链、推动创新成果产业化和市场化的重要途径；并明确提出支持战略性新兴产业企业开展知识产权运营。

近年来，德阳市把深化知识产权创新改革作为全创的一项重要任务，加强部门协同配合，专利申请量质齐升，知识产权金融成效初显，知识产权综合管理体制改革破冰前行，有效形成了知识产权全面发展的大好局面。但德阳市知识产权运营处于起步阶段，知识产权资源转变为知识产权资本缺乏政策环境，基础薄弱，高价值核心专利少，运营模式单一，渠道不畅、价值实现难，严重影响到产业创新发展的生态链，亟须加快推进市场化的知识产权运营德阳模式和机制建设。

二、他山之石：国内外及发达城市积累了丰富的运营经验

1. 美国：以市场化为核心的模式带来丰厚的投资收益

美国的知识产权运营主要采取市场化运作方式，知识产权运营公司发起并设立基金，政府部门负责提供政策指导、战略指引和便捷高效的服务，知识产权运营公司通过授权或战略合作与相关市场主体形成协同运行机制。通常基金的设立由相关领域拥有知识产权控制力的领军企业入股或成为会员企业，知识产权运营公司运行采取市场化运作，既做知识产权运营业务，又做知识产权诉讼业务，业务范围主要聚焦在入股企业或会员企业拥有知识产权控制力的领域。一是将资金投向该公司自行实施的发明创造活动；二是将资金投向公司设立的知识产权收购基金，用于购买和储备重点产业的知识产权，管理知识产权投资组合，发现有市场前景的知识产权后采用购买方式获得，为投资者带来稳定的投资收益。

2. 韩国：以知识产权官民合作模式提升了国家综合竞争力

韩国知识产权运营是由政府部门主导设立的基金开展的。基金采取公开募集方式，主要来源于政府、有知识产权控制力的大企业及投资人。韩国知识产

权运营的主要机制包括：（1）政策支持机制。政府建章立制，完善国家知识产权转让制度，支持国内知识产权运营机构运营知识产权。（2）政府服务和经费保障机制。韩国政府建设知识产权转让平台支持知识产权运营，提高技术转让和商业化预算在国家研发预算比例中的占比。（3）官民合作投资机制。韩国知识产权运营的初始资金由政府投入一部分，相关知识产权密集型企业投入大部分，还有小部分个人投资。（4）市场化运营机制。韩国知识产权运营业务坚持市场化导向，服务本土企业参与国际竞争。

3. 成都：以政府投资模式培育了强有力的产业体系

成都知识产权运营投资是按照"整体设计、聚焦产业、政府让利、滚动发展"的总体思路，其具体措施为：一是建立专利导航产业发展机制，围绕全市重点产业全面梳理和分析产业关键领域的全球专利布局情况，建立专利导航产业项目并给予30万元补贴。二是建设高价值专利培育中心，支持行业骨干龙头企业、新型产业技术研究院、高校院所打造高价值专利培育中心，给予100万元奖励。三是培育高价值专利池或专利组合，支持知识产权运营机构会同高校院所、企业围绕产业链核心技术和产品构建集中许可授权的高价值专利池或专利组合，给予50万元资助。四是设立成都知识产权运营基金，利用中央财政支持和市级财政配套资金共3亿元，设立不低于20亿元的知识产权运营基金。五是培育知识产权运营服务机构，对知识产权运营机构最高给予50万元奖励，给予新认定的成都市专利孵化器20万元奖励，对新设立的专利代理或运营机构给予30万元奖励，对托管服务小微企业的服务机构最高给予30万元奖励。六是培育公共服务机构、试点示范市场和品牌服务机构，对新获批国家级知识产权保护中心、快速维权中心等国家级公共服务机构给予100万元资助，被国家知识产权局认定的国家级知识产权试点示范园区最高给予50万元资助。七是培育知识产权试点示范企业，对被国家知识产权局认定的国家知识产权优势示范企业最高给予30万元资助，对被市知识产权局牵头评定的知识产权试点示范企业最高给予10万元资助，对通过知识产权贯标认证的企业给予8万元资助。八是鼓励知识产权创造和技术标准研制，对涉外职务发明的发明专利申请最高给予1万元/件的资助，取得授权的最高给予3万元/件的资助，对制定或修订国际、国家和行业技术标准的最高给予60万元资助。九是完善维权援助服务机制，对主动维权的成都企事业单位每家最高资助30万元/年，对帮助主动维权的第三方服务机构每家最高资助50万元/年等。十是构建知识产权侵权查处、纠纷调解体系，采取委托执法方式，设立知识产权纠纷调解委员会，创新有效预防和化解专利纠纷机制。

成都市通过知识产权运营服务体系的有效建立，充分发挥财政资金的引导和放大作用，以产业规模大、行业影响力强、知识产权需求迫切的支柱产业、优势产业和未来产业为重点，通过股权投资、并购等多种方式，开展专利收储、转让，培育运营高价值专利，有效提高了成都市知识产权运营效益和产业支撑能力。

三、现状：德阳知识产权营运具备了条件和基础

1. 德阳产业特色明显

德阳具有非常鲜明的产业特色，是中国重大装备制造业基地、全国三大动力设备制造基地之一、国家首批新型工业化产业示范基地和国家知识产权示范城市、国家级出口质量安全示范区。拥有中国二重、东方电机、东方汽轮机、宏华石油等一批国内一流、世界知名的重装制造企业，拥有完全自主知识产权的国产大型客机 C919 的成功首飞，"德阳造"承担了关键部件的研制研发，中国二重历时十年成功打造出世界领先的"大国重器" 8 万吨模锻压机。同时，德阳致力于新能源装备制造战略性新兴产业培育，大力发展以核电、风力发电、太阳能、潮汐发电、生物能、燃料电池等为重点的新能源装备制造业。

2. 德阳知识产权工作成就为知识产权运营奠定了基础

一直以来，德阳市高度重视知识产权工作，各方面工作均走在西部城市前列。德阳市拥有全省地级城市中最健全的知识产权管理机构，人员稳定、专业经验丰富、业务能力超强。目前，德阳拥有国家知识产权强县工程试点示范县（区）3 个，国家级高新区 2 个，省级高新区 2 个，建成省级知识产权示范园区 1 个，省级知识产权试点园区 3 个。

为响应创新驱动发展的号召，德阳市积极开展知识产权运营工作。目前，已征集专利运营基金项目 30 个；设立初始规模 6000 万元的德阳市阳光天使投资基金；搭建德阳科创通、德阳技术交易信息服务平台、德阳市知识产权交易平台等创新服务平台；启动国家工商行政管理总局商标局德阳商标受理窗口；成立"中国（德阳）知识产权维权援助中心"和"12330"举报投诉和维权援助热线，深入开展维权援助。建立专利、商标、版权"三合一"综合执法机制和跨区域、跨部门的知识产权保护协作机制和知识产权民事、行政和刑事司法审判"三审合一"机制，推进知识产权行政执法与刑事司法保护"两法衔接"；建成石油天然气装备制造产业专利技术联盟、燃气轮机和德阳新能源汽车产业技术创新联盟；开展知识产权管理规范贯标工作。

3. 德阳市知识产权运营成效初现

2016 年，德阳市获批国家专利质押融资试点城市、专利保险试点城市、四川省唯一的商标质押登记受理试点城市。为探索知识产权金融工作，德阳市加

强部门协同配合，知识产权工作取得了良好成效。目前，"银行贷款＋保险保证＋政府补偿"为特色的专利质押融资"德阳模式"在全国推广；为专利权人保驾护航的专利保险工作全面启动并初见成效；破解企业融资难瓶颈的知识产权运营子基金建立方案多方达成一致意见，有效形成了知识产权金融全面发展的大好局面。

一是创新专利权质押模式，让"知本"变成"资本"成为现实。2016 年 8 月，德阳市获批国家专利质押融资试点工作城市。德阳市按照国家知识产权局要求，专门成立了市知识产权金融服务推进组，积极促进知识产权与金融的深度结合。先后出台了《关于支持开展（科技型）中小微企业专利权质押贷款及其保证保险工作的指导意见》《德阳市专利权质押贷款管理办法（试行）》《德阳市专利权质押贷款风险补偿规程》等政策文件，首期设立了 500 万元的风险补偿资金和 100 万元专项补助资金。目前，已确定开展专利质押服务的主办银行 10 家、保险机构 1 家、无形资产评估机构 4 家、重点工作区域 4 个，印制《专利权质押贷款指南》20 余万份，开展银行—评估—保险—企业对接活动 50 余次，开展专利质押融资专题培训 10 余期，发放宣传手册超过 10 万份，在各媒体开展专利质押专题宣传超过 40 次，宣传、对接、推介企业总数超过 300 家。通过努力，全市完成专利质押融资 2.56 亿元，涉及企业 40 余家，质押专利 100 余件。针对 4 家省级知识产权试点示范园区进行了 9.8 亿元的专利质押融资授信，涉及专利 3963 件，为知识产权金融有机结合提供了新思路，成为全省唯一在全国可复制、可推广的改革成果，实现了全创改革工作新突破。

二是创新专利保险机制，为提升专利价值穿上了"保护衣"。2016 年，德阳市获批国家专利保险试点城市。为推进此项工作的开展，德阳市积极加强对接，先后组织相关人员赴佛山禅城区、宝鸡等地学习取经，出台了《开展德阳市专利保险试点工作的指导意见》和《德阳市专利保险补贴管理办法》，建立联合工作机制，与当地人民财产保险公司和平安保险分别签订专利保险试点战略合作协议，推出了多个符合德阳实际的专利保险险种。2017 年 11 月 16 日，德阳市召开了专利保险试点工作启动仪式暨对接推介会，编制了《专利保险宣传手册》。

三是加快知识产权营运基金建立，为企业专利制作"钱袋子"。2015 年年底，为破解德阳科技型企业融资难瓶颈，德阳市出资 2000 万元参与四川省知识产权运营基金建立。该基金主要投向知识产权优势企业的知识产权运营、高价值专利池的培育和运营、产业专利导航等。同时，德阳市打算利用母基金设立德阳知识产权运营子基金，该做法得到了省知识产权局的大力支持。目前，德阳市科知局、四川众信资产投资有限公司和德阳世纪发展投资有限公司已就

《德阳市知识产权运营基金（有限合伙）实施方案》达成一致意见，同意设立总规模 4 亿元的知识产权运营子基金。德阳市知识产权运营基金的建立和运行将有效打通企业融资新通道。

四、对策：着力打造德阳特色的知识产权营运模式

建立以政府为主导、顺应市场需要的高效知识产权营运体系：

一是以政府为主导，构建德阳知识产权特色金融服务体系，调动民间资本和技术优势，发挥专利运营基金、阳光天使投资基金、专利质押贷款风险补偿资金、专利保证保险资金的引导撬动作用，大力支持技术成果转移转化，实施专利质押融资、商标质押融资、专利保险、专利许可转让知识产权运营新模式，拓宽知识产权投融资渠道，构建良好的知识产权投融资生态体系。

二是建立以市场为导向、以企业为主体的知识产权营运服务体系，引导科技型企业将专利资本向生产要素转化，促进科技创新资本流良性循环，促进知识产权商品化、资本化、股权化、市场化。

（1）提升知识产权运营公共服务能力

一是打造以园区为载体的知识产权托管服务平台，搭建知识产权交易运营服务平台，设立集聚专业化、规模化、品牌化、标准化于一体的知识产权服务机构，为企业知识产权转移转化提供条件和空间。

二是引进和培育知识产权运营机构和高端人才，推动企业以许可、转让、质押、入股等多种形式加强知识产权运用，有效运营知识产权资产。

（2）打造知识产权强保护环境

一是引导和支持重装、食品、新材料等支柱产业建立产业技术联盟，提升产业联盟的知识产权创造、运用和保护能力；建立执法维权援助的工作体系和快速反应机制，强化行政执法与司法保护协作机制，增强全社会知识产权保护意识。

二是构建知识产权大保护工作格局，大力开展综合管理改革工作，三合一高效执法，建设特色产业知识产权保护中心，开展知识产权领域社会信用体系建设工作，鼓励建设知识产权联盟。

（3）实施高价值专利培育工程，打造拥有核心专利的优势企业

一是以"质量取胜、数量布局"为导向，将发明专利申请量占比、发明专利授权率、PCT 专利申请量、专利维持率等指标纳入政府工作评价、考核指标体系，稳增长、调结构、促转型，实现德阳市知识产权的高水平创造和高质量申请。

　　二是建立以高价值专利为主的知识产权评价体系，推动重点产业和关键领域带头实施高价值专利培育计划，配套相关政策，鼓励企业运用高价值知识产权组合策略，完善运营链条，促进知识产权高效运用和服务业态发展。

参考文献

［1］董碧娟.知识产权运营服务体系建设持续开展　推动知识产权运营与实体产业融合［N］.经济日报，2018－6－1（3）.

［2］王海吉.运用知识产权运营基金实现社会融资创新［J］.现代经济信息，2016（16）：334－336.

［3］王一鸣.大力推动我国经济高质量发展［EB/OL］.www.rmlt.com.cn/2018/0313/513622.shtm.

从战略高度规划知识产权工作
全面提升企业知识产权能力

2007 年以来，中国二重在开展全国第一、第二批专利试点及知识产权示范创建工作的基础上，紧紧围绕集团公司以"一个中心；两个基地"为核心的"十一五"发展规划，按照国务院颁布的《国家知识产权战略纲要》的总体部署，从战略高度规划企业知识产权工作，为全面提升企业知识产权创造、运用、管理和保护能力，大胆探索，开展了一系列切实有效的尝试。

一、制定知识产权战略规划

1. 战略背景

（1）国家装备制造业形势

装备制造业是体现国家竞争力和产业竞争力的基础性战略产业。经过近五十年艰苦卓绝的持续努力，我国装备制造业的制造能力不断提高，装备制造能力与国外先进国家的差距不断缩小。但是，在技术发展和市场竞争日益全球化的背景下，存在着制造能力和创新能力不对称的现象，严重制约着我国装备制造产业竞争力的提升。为此，《国家中长期科学和技术发展规划纲要（2006—2020 年)》提出：要着力提高装备设计、制造和集成能力，把获取装备制造业核心技术的自主知识产权作为我国产业竞争的突破口。

（2）国家知识产权形势

进入 21 世纪，随着知识经济和经济全球化的深入发展，知识产权日益成为国家和企业发展的战略性资源。实施知识产权战略，提高知识产权创造、运用、管理和保护能力，已成为维护国家利益和经济安全的战略性武器，成为促进企

---

[1] 作者简介：王明炜，1981 年生，就职于中国第二重型机械集团公司，从事企业知识产权管理工作；任冰鉴，1991 年生，就职于中国第二重型机械集团公司，从事科技管理工作。

业自主创新，转变经济增长方式，获取与保持市场竞争优势，提高核心竞争力的重要支撑和掌握发展主动权的关键。

2013 年，习近平总书记在"两会"中指出：实施创新驱动发展战略，是立足全局、面向未来的重大战略，是加快转变经济发展方式、破解经济发展深层次矛盾和问题、增强经济发展内生动力和活力的根本措施。在日趋激烈的全球综合国力竞争中，我们必须正视现实、承认差距、密切跟踪、迎头赶上，走自主创新道路，采取更加积极有效的应对措施，在涉及未来的重点科技领域超前部署、大胆探索，加快从要素驱动发展为主向创新驱动发展转变，发挥科技创新的支撑引领作用。

（3）企业知识产权内外环境

20 世纪以来，中国二重的自主创新面临着来自国际国内的双重知识产权压力。

从国际来看，为了保持竞争优势，发达国家跨国公司凭借其长期积累起来的技术优势、品牌优势和规模优势，在巩固其技术先进性和工程总包能力的同时，对中国本土的装备制造企业形成知识产权合围之势。2007 年对装备行业集中的 IPC 国际专利分类中 B 大类中国发明专利申请统计结果表明，中国企业（包括国外跨国公司在华子公司和研究机构）的申请量约占总量的 42.8%，日本、美国、德国、英国、韩国等国企业的发明专利申请约占 57.2%。同时，发达国家跨国公司高度防范技术转移和产品交易中的技术溢出，对其掌握的核心专利和关键技术秘密予以严密控制。

从国内来看，为了应对国外跨国公司强大的知识产权压力，也为了企业自身可持续发展的需要，国内主要的重型装备制造企业纷纷走上以创新谋发展的道路，重视技术学习和创新能力的提升，强化知识产权的有效积累和运营，以期提高竞争优势。

2. 战略提出

中国二重作为涉及国家安全和国民经济命脉的重型装备制造业的龙头企业，肩负着加快装备制造产业创新和提升产业竞争力的历史重任。为此，企业在"十一五"发展战略规划纲要中明确提出：要以增强自主创新能力作为公司发展的战略基点，实施"走出去"战略，建立"世界知名成套装备基地"和"世界知名铸锻钢基地"，打造受人尊敬的国际知名大公司。

"十一五"发展战略规划确立了企业自主创新发展之路，标志着中国二重整体发展模式正从投资拉动型向创新驱动型转变。中国二重要改变经济增长方式、加快产业结构调整、实现企业发展战略目标，就必须加速技术创新步伐，取得核心技术和关键技术的突破，培育自主知识产权优势，在未来国际竞争中赢得优势地位。这就需要依靠知识产权制度的引领，依托知识产权战略的实施提供支撑。

知识产权是企业创新的核心资源，企业创新的目的就是通过创新成果的产权化和商业化，谋求持续竞争优势。为此，建立一套加速企业自主创新和人的潜能充分发挥，增强企业核心竞争力的知识产权战略就成为中国二重"十一五"发展战略目标实现的有力支撑和必然选择。

3. 战略组织

2007年年初，围绕企业发展目标，中国二重将知识产权管理纳入企业经营战略框架，从战略高度规划知识产权工作，启动了企业知识产权战略规划的制定工作。

为此，集团公司在年度行政工作做了部署安排。成立了由技术中心、知识产权办、综合技术部、规划发展部等单位组成的项目组，引进省内著名高校知识产权专家学者参加研究工作。

4. 战略调研

项目组对国内外著名企业知识产权战略制定与实施情况进行了广泛的学习和研究，以公司二级单位的创新活动为考察和研究对象，结合不同技术领域的产业发展阶段，研究探索产业创新与知识产权战略的内在联系。并对本企业发展战略转型的阶段及背景，企业的外部环境和内部竞争资源，创新能力储备，竞争优势、知识产权工作面临的问题、难点及策略，企业的战略定位与实现路径，不同知识产权工具对提高本企业绩效的功能和价值等情况进行了梳理和系统分析研究。

5. 战略论证

通过以上考察调研工作，我们认识到：

①中国二重现阶段的自主创新模式是以自主创新为主，结合引进消化吸收再创新、产学研创新等方式，在铸造、锻造、模锻和大型成台套设备等领域提升原始创新和集成创新能力。因此，"十一五"期间，生产线工艺技术创新和设计改进是自主创新的重点，积极跟进和有效移植是技术发展的主导策略。

②中国二重在具备自主创新战略转型产业准备的同时，还存在诸多不足与挑战。如何抓住机遇、发挥自身优势，化解和消除自主知识产权发展中存在的不利因素，是本战略规划的重点工作和措施。

③企业知识产权目标体系应当体现为一种控制力，即对技术和市场及产业可持续发展的控制。

在充分学习研究知识产权相关法律法规的基础上，项目组全面研究和评估了本单位知识产权综合竞争力状况，在二级单位的配合下重点开展了主导产品和核心技术的专利战略、品牌战略及知识产权立体保护等战略研究，历经反复分析论证，确定了中国二重知识产权战略的指导思想、目标及定位。根据企业的自身发展需要以及企业所处的行业特点，编制了《中国第二重型机械集团公司 2007～2015 年知识产权战略规划》。

6. 战略原则

（1）竞争性原则

开展企业知识产权战略研究的目的，就是通过探索知识产权制度对提升企业核心竞争力的过程影响，组合运用专利、技术秘密、商标、版权等多种知识产权工具，综合运用司法、行政、海关等多种知识产权保护途径，建立高效的知识产权创造、利用、管理和保护机制，不断积累和高效利用知识产权，提升中国二重的学习能力和创新能力，形成良好的学习、创新文化氛围，增强中国二重的核心竞争力，使中国二重在动态的技术和市场竞争中形成和保持持续竞争优势。

（2）匹配性原则

企业知识产权战略是企业经营发展战略的一部分。企业实施怎样的知识产权战略，在很大程度上取决于企业经营管理战略以及企业希望知识产权战略在其中发挥的作用。知识产权工作能否为中国二重核心竞争力的增强提供有力的支撑，有赖于知识产权战略与企业的技术能力、制造能力和市场拓展能力相匹配，特别是与中国二重的整体发展战略相匹配。为此，必须围绕中国二重增强自主创新能力，实施"走出去"战略，建设"两个基地"的战略部署，提出适当的知识产权战略目标，以及实现知识产权战略目标的主要措施。

（3）多元性原则

知识产权战略是一个系统工程，其制定和实施涉及企业的方方面面。为此，有必要坚持战略的"多元性"原则，即主体多元，是指中国二重的知识产权工作需要高层管理者、知识产权管理机构、研发机构、制造部门、市场部门等多主体参与，并与相关政府、司法、中介、联盟者等保持良好的公共关系，为中国二重知识产权战略的实施创造良好的环境；方法多变，是指需要根据不同的技术或产品特性，组合运用专利、技术秘密、商标、版权等多种知识产权保护手段；过程多端，是指加强知识产权创造、利用、管理和保护等不同阶段的过程控制。

7. 战略重点及措施

《知识产权战略规划》作为中国二重总体发展战略的一个重要组成部分，以"强化职能""促进利用""加强保护""增强意识"为 4 大工作重点，通过十项知识产权工程措施的实施，构建起集团公司高效的知识产权创造、利用、管理和保护机制。《知识产权战略规划》与企业的整体发展战略体系相互匹配，相互补充、相互促进，共同服务于企业的经济发展全局，为中国二重持续提升自主创新能力，建设"两个世界级基地"和打造受人尊敬的国际知名大公司的战略目标提供了有力支撑。

二、实施知识产权战略，为科技创新提供支撑

1. 启动知识产权战略管理信息平台工程

为了给集团公司的创新活动提供有力支撑，2007 年年初，集团公司启动了"企业知识产权战略管理信息平台工程"。该工程是针对重装企业提升技术与管理创新能力，实施知识产权战略管理需要而开展的一项系统工程。工程主要包括两部分内容：构建一个具有专利战略分析研究功能的局域网版的中外专利数据库；构架一个由知识产权工作流程管理平台、培训平台和信息发布平台等组成的企业知识产权工作服务平台。在四川省知识产权局及企业各级领导的高度重视和指挥下，2007 年 11 月，一项局域网版中外专利数据库在中国二重正式安装调试完成。为推广普及专利数据库的使用，集团公司利用多媒体教学，针对各级技术、经营、管理、情报、知识产权等领域的领导、专家、学术带头人、骨干等举办了三期共 120 余人次的专利信息有效利用与战略分析培训班。目前，集团公司建设的中外专利数据库及正在创建的知识产权流程管理平台被纳入中国二重"十一五"信息化门户系统平台。

2. 普及专利信息的有效利用，实现研究开发高起点，降低研发和市场风险

中国二重局域网版中外专利数据库的建成，为公司员工进行专利信息检索提供了方便快捷的条件。知识产权办公室每年持续面向全公司开展多层次、多形式、多渠道的专利数据库检索与分析技能的普及培训，为创新活动充分利用专利信息资源奠定了坚实的基础。

集团公司明确要求：无论是科研立项、技术攻关，还是新产品开发、技术贸易、产品销售等技术创新活动各环节，首先进行专利等知识产权信息与科技信息的检索分析，事前检索定向，事后检索定位，以期有效规避技术壁垒，实现研究开发的高起点，降低研发和市场风险，促进核心技术与自主知识产权的形成。这是创新活动的一个组成部分。

3. 实施知识产权战略，加强创新活动全过程的知识产权服务

根据《知识产权战略规划》的部署要求，集团公司的专利工作以创造为核心，应用为关键，管理与保护为基础，并贯穿于集团公司的科研开发、生产经营等各个方面，在深层次推进企业自主知识产权的创造、利用、管理和保护，

提高企业核心竞争力等方面开展工作。

（1）把专利工作引向研发活动前端，有效利用专利信息

根据核电大锻件研制需求，公司知产办配合项目组提供国际专利检索服务。其中一个项目检索到相关技术在美国、法国、德国、英国等国家的同族专利及升级换代情况。对于属于当代国际先进技术研制的项目，也尽可能地组织国际专利及科技文献检索，为研制工作借鉴别人的先进技术，提供信息支撑。又如，公司自主研制全球最大的 8 万吨热模锻压力机，知产办在研发的不同阶段，先后组织开展了国际专利检索分析及相关科技文献的查新工作，在对我们的研发技术进行梳理的基础上，制订出专利策略，以期创造和保持我们的研发空间，降低研发和市场风险。

（2）有效实施专利战略，为产品研发提供支撑

为摆脱我国大型铸锻件受制于人，严重制约我国能源、石化、钢铁等国民经济重要领域发展的局面，中国二重根据国家发改委、能源局等部委的部署安排，以自主创新为主，结合产学研进行攻关，取得了关键技术瓶颈的突破。针对公司在第三代核电大锻件主管道、蒸发器等关键制造技术上的研发成果，知产办组织课题组、专利法律专家等召开专题会，研究知识产权保护策略，进行专利维权的有效性与风险评估等知识产权分析。公司实施了加快专利申请的策略，及时向国家递交了 6 项专利申请，目前已有 4 项获得了国家授权。又如，"十字轴万向联轴器用十字包"是中国二重为适应国际冶金装备产业升级对主传动设备提出更高要求而对行业标准 JB/T 3241—2015《SWP 剖分轴承座十字轴式万向联轴器》核心部分的优化升级。为抢占技术制高点和国内市场先机，公司采取了抢先申请、快速获权的专利申请策略，于 2008 年获得实用新型专利权。目前，该专利技术已在国内 10 大钢铁企业各类型轧钢设备主传动系统上获得成功应用，技术性能和主要参数达到了国外同类产品先进水平，在冶金行业有取代其他型式万向接轴的趋势，已创造整线工业产值 23 亿元，对中国二重在重型装备及传动件市场占有 60% 以上份额的优势地位的巩固、加强和提升做出了贡献。

（3）加强知识产权立体保护，构筑自主知识产权优势

集团公司贯彻实施知识产权战略，注重最大限度地合理保护企业的创新成果，采取知识产权的组合来为各类创新成果提供综合保护，以克服利用单一知识产权工具存在的局限性。近两年来，公司围绕大型成台套冶金设备、大型铸锻件、模锻件、核电、风电、水电、火电、重容等重点产品，以及热、冷制造技术、设计、工艺软件等先进技术，根据不同产品的技术特性，结合不同知识产权工具的保护重点和力度，形成差异化的知识产权立体保护形式。使一大批

研发成果以适当的知识产权形式获得了合理保护。这些专利技术与企业持续积累的强大的专有技术及其他知识产权共同构筑起中国二重的自主知识产权优势。

三、知识产权工作向全面规范化迈进

近年来，在国家、省、市知识产权局的高度重视和指导帮助下，中国二重的知识产权工作伴随着企业快速发展的步伐，取得了长足进步。企业从战略高度规划知识产权工作，以机制促创新，以运用促发展，以保护谋优势，通过技术秘密保护工程、驰名商标工程、专利信息化工程、技术标准工程等十大知识产权工程的实施，通过组合运用专利、技术秘密、商标、版权等多种知识产权工具，全面实施知识产权战略，在核电、风电、水电等领域构筑了一系列自主知识产权优势，使知识产权成为中国二重产品结构调整和技术升级，自主创新能力和核心竞争力提升的重要支撑。知识产权工作融入企业管理全过程，并向全面规范化迈进。

1. 技术创新与产品研发收到实效

2007 年至今，中国二重承担了 11 项国家级科研课题、48 项省级科研课题，成功研发了国内第一件百万千瓦级核电机组管板锻件和百万千瓦级超超临界机组发电机转子锻件，成功锻制了首支国产 5 米支承辊，成功研制了国产第一台 PTA 工程主装置精制反应器和两台加钒钢大型加氢反应器，成功研制了国内最大规格的专利设备热卷箱，并实现了机电液成套自主设计，正在研制全球最大的 8 万吨模锻压机设备。在风电、火电、水电、核电、压力容器、大型铸锻件、模锻件、模锻压机等领域，中国二重成功完成了新产品的自主研制，实现了制造技术瓶颈的重大突破。2009 年 5 月，中国二重成功地锻造出我国第一支 EPR1000 的百万千瓦级核电半速转子，实现了中国百万千瓦级核电转子自主化、国产化零的突破。

2. 专利申请及授权量进入高速增长期

（1）专利申请量进入高速增长期

仅 2007 ~ 2013 年七年，中国二重申请专利 194 项，是公司前 20 年（1987 ~ 2007 年）专利申请总量的 1.5 倍。2013 年公司申请专利 42 项，其中发明专利 19 项、实用新型专利 23 项。专利申请正逐步由"离散专利"向"组合专利"、由"外围专利"向"核心专利"转变。

（2）专利授权量进入高速收获期

2010 年中国二重新获权专利 33 项（以授权公告日为统计基础为 33 项，以企业收到授权通知为统计基础为 46 项）。不仅专利获权量进入高速收获期，而且发明授权量占获权专利总数的比例屡创新高。知识产权战略的有效实施使集团公司迎来了培育自主知识产权的高增长期，科技创新转变为知识产权的能力正在逐步增强。

3. 专利实施及产业化取得实效

公司专利申请实施率为96%。"钢卷无芯移送式热卷箱""核电反应堆主管道热段弯管及其制造方法"等5项专利先后荣获第八、第十、第十一、第十二届中国专利优秀奖。专利等无形资产在企业的生产经营中发挥着越来越重要的作用。

4. "二重"商标获中国驰名商标

2010年1月15日，国家工商行政管理总局商标局公布最新一批认定的驰名商标名单，中国二重的"二重"商标名列其中，成为我国重装行业首家获得"中国驰名商标"的企业。

5. 被国家知识产权局授予首批"全国企事业知识产权示范单位"

2009年12月10日，在全国企事业知识产权工作会议暨全国专利运用与产业化会议上，中国二重被国家知识产权局授予首批57家全国企事业知识产权示范单位。

小议知识产权贯标对科技型中小企业创新发展的重要性

曾保林[●]

一、当前科技型中小企业面临的问题

最近，国家领导连续发表讲话，强调中小企业是推动我国经济发展的重要动力，要大力助推中小企业的发展。而科技型中小企业在推动我国科技进步、经济发展与创造就业中更是发挥着重要和独特的作用，但是这类企业由于具有规模小、抗风险能力差、固定资产比例低等先天缺陷，普遍面临着融资难等问题，企业的进一步发展也因此受到制约。但科技型中小企业需要在产品、流程和服务等方面进行更多创新、部署和经济利用，这一切都要求科技型中小企业把创新与市场更好地结合，如何把科技成果转化为经济价值是科技型中小企业管理者重点思考的问题。

笔者作为中小企业的服务工作人员，经常与不同行业的科技型中小企业接触，发现当前科技型中小企业在发展中往往都面临这样的一些问题：

①研发创新没有做前期行业调研，企业往往凭管理者的经验与眼界做创新规划，导致创新成果可能并不"新"，无法产生预期的市场价值。笔者在与很多科技型中小企业管理者沟通中发现，95%以上的企业管理者都不知道可以通过专利检索的方式了解行业技术发展的情况，更不要说通过专利导航去分析企业未来研发方向的规划等，明明有好的方法去打开一扇门，然而他们却在自己的黑暗世界中摸索，耗费了大量的时间与金钱，难免令人唏嘘。

②研发创新没有及时进行有效的知识产权保护，产品推向市场后却导致"为他人作嫁衣裳"，笔者曾经就遇到真实的情况，企业 A 研发出了新产品，却不懂得先申请知识产权进行保护，产品上市后才意识到可能会被竞争对手模仿，

● 作者简介：曾保林，德阳市罗江区经济商务和科技局工作人员。

才考虑申请知识产权，而这个时候已经丧失了新颖性，为今后的知识产权维权埋下了祸根。归根结底，还是企业管理者对知识产权的相关法律法规不了解，完全不懂得如何灵活运用知识产权制度为企业创造价值。

③由于企业全员对知识产权方面的专业知识了解甚少，导致申请的知识产权无法保护企业的技术及产品，甚至以为知识产权仅仅是企业的荣誉资质或者是报项目的硬性条件，而并未发挥出知识产权本身的价值和作用。原本国家有资金甚至政策来支持企业申请知识产权，是为了激发企业对知识产权的重视，然而由于企业没有充分认识到知识产权的作用，完全浪费了知识产权本身应该发挥的价值，完全是现实版的买椟还珠。

④由于企业在获取知识产权的过程中没有做好规划，导致在企业的经营活动过程中既不能拿起法律武器维护自己的权益，更有可能发生知识产权纠纷，给企业的经营带来风险。近年来，随着沿海企业越来越熟知知识产权法律法规，我们看到侵权案件也在不断增加，2017 年年初四川省已经成立了知识产权法庭，如果企业还不主动推行知识产权管理，那么企业会面临潜在的经营风险。

综上，笔者深刻地感受到四川的企业对知识产权管理方面有着非常迫切的需求，作为服务部门，我们也经常组织知识产权方面的培训，但是来参加培训的往往都是部门管理人员，参加学习之后回到企业却无法有效推动知识产权工作的开展，因此收效甚微。

这两年知识产权贯标在四川省内大力推行起来，赢得了很多企业的好评，让我看到了一套行之有效地提升科技型中小企业创新发展的正确方法。

二、什么是知识产权贯标

知识产权贯标是指企业贯彻《企业知识产权管理规范》国家标准。企业知识产权管理规范的国家标准由国家知识产权局制定，经由国家质量监督检验检疫总局、国家标准化管理委员会批准颁布，于 2013 年 3 月起实施。近年来，全国已经有 2 万余家企业实施了知识产权贯标，其中经济发达地区如广东省已经有 5000 余家企业取得了知识产权贯标认证证书，而四川省仅有 500 余家企业取得了知识产权贯标证书，我们也能从中看到差距。

通过知识产权贯标认证的企业在知识产权意识、创新意识和创新能力等方面均得到了大幅度提高，通过这么多企业实施知识产权管理体系总结出，企业实施知识产权贯标会起到以下作用：

1. 规范企业知识产权管理的基础条件

企业通过建立知识产权管理体系，会明确自己的知识产权管理方针和管理目标。并要求企业的知识产权管理"领导落实、机构落实、制度落实、人员落实、经费落实"。同时，企业建立起了规范的知识产权管理制度、职责等，这为获取高质量的知识产权提供了必要的制度保障。

2. 规范知识产权的资源管理

围绕企业的人力资源管理、财务资源管理、信息资源管理，对知识产权生命周期管理活动提供资源保障。

3. 规范企业生产经营各个环节的知识产权管理

明确规定企业在研究与开发活动过程中，进行有效规划、实时检索，让研究创新活动创造出更大的价值，真正提升企业的核心竞争力。

企业在原辅材料采购、生产、销售、对外贸易等重要环节的知识产权管理规范要求，以确保企业生产经营各主要环节的知识产权管理活动处于受控状态，避免自主知识产权权利流失或侵犯他人知识产权。

4. 规范企业知识产权的运行控制

围绕企业的知识产权创造、管理、运用和保护四个重点环节。明确规定了企业在知识产权权利的创造和取得、权利管理、权利运用和权利保护四个方面的规范性要求。

5. 规范企业生产经营活动中的文件管理和合同管理

企业在生产经营活动中涉及的有关知识产权的各类活动，应当有相应的记录并形成档案。特别是对企业对内、对外的合同管理作出明确要求。

6. 明确规定企业应建立知识产权动态管理机制

企业应当对自身知识产权管理工作进行定期检查、分析，并对照管理目标对管理工作中存在的问题，采取相应的改进措施，以确保管理目标的实现。

三、知识产权贯标如何助推科技型中小企业的创新发展

通过以上两部分的介绍，我们能够清晰地看出两者的对应关系。面对日益激烈的市场竞争，知识产权贯标相当于为科技型中小企业的核心竞争力穿上了"防弹衣"，又同时放大了科技型中小企业的研发创新成果所创造的经济价值，有助于推动科技型中小企业的全方位发展。

一方面，知识产权贯标有助于提升科技型中小企业全员的知识产权意识，调动员工发明创造的积极性，通过提升企业技术创新能力，支撑企业持续良性发展，保持企业的活力与动力，真正有效提升企业的核心竞争力。研发创新是科技型中小企业最明显的竞争优势，而如何让这样的优势继续保持甚至放大，知识产权贯标有一整套系统的管理方法进行支撑。

另一方面，正如我们前文中所提到的，科技型中小企业由于规模小、固定资产比例低，往往会出现融资难的问题。而科技型中小企业在知识产权贯标后，通过科学、系统、规范的管理，将会逐步提升企业获取高价值的知识产权，有助于企业提升自己的无形资产价值。无论是通过许可、转让的方式为企业赚取利润，还是在企业融资上市、投资并购等资产运作上都会为企业获取更大的收益。而现实中当笔者与很多管理者沟通时，他们都完全没有听说过无形资产可以融资，甚至置疑是否有这样的机制。这与我们西部地区绝大多数企业本身就没有高价值的知识产权，因而也无法进行无形资产融资息息相关，大家看不到榜样的力量，自然也无法相信还有这样的融资渠道。

因此，只有通过知识产权贯标这一科学、规范、系统的管理制度保障，才能让科技型中小企业的创新发展工作落到实处，并为企业创造收益，形成良性循环。

四、结语

四川省推行知识产权贯标工作取得了一定的成果，但是我们也能够感受到，正是由于大部分企业管理者对知识产权的不了解，因此对知识产权贯标工作的接受度也比较有限。而知识产权工作的有效推动是需要抓手的，知识产权贯标就是一个很好的抓手，这个抓手不仅能够帮助企业建立一套科学、规范的知识产权管理体系，更重要的是能帮助企业获取真正有价值的知识产权，这才能够让企业相信知识产权是有用的！

2018年国家把知识产权战略作为一项兴国利民之举，国家领导多次强调将对侵犯知识产权的行为进行严惩，甚至引入了惩罚性赔偿制度，显著提高违法成本，这些都有力地推动了知识产权保护制度的实施。相信会有越来越多的企业能够通过知识产权贯标理解到：知识产权保护制度在发达国家已实施几百年，已经证明了这项制度的先进性和可实施性，它能够帮助企业真正提升核心竞争力，助力企业稳健、良性发展！

参考文献

[1] 中华人民共和国国家质量监督检验检疫总局 中国国家标准化管理委员会.企业知识产权管理规范：GB/T 29490—2013［S］.北京：中国标准出版社，2013.

商标维权的理论与实践

——浅析企业专利运营

张苗苗[1]

一、前言

"六个核桃"是河北养元智汇饮品股份有限公司（以下简称"养元公司"）推出的一款植物蛋白饮料，凭借其优良的配方、精准的市场定位、独特的品牌策划而一炮走红，从 2009—2013 年，短短五年的时间，销售额就从 3 亿元飙升到 110 亿元，增长了 35 倍。然而随着全国市场的打开，不少生产商看到了植物蛋白饮料的可观前景，但又碍于推出自身产品不可预测的风险，于是争相选择了保守的赚钱方式——选择与"六个核桃"商标和外观包装相似的同类产品进行生产并销售。这才有了近几年新闻不断爆出的"大个核桃""大仁核桃""六大核桃""七个核桃""八个核桃"等诸如此类的仿冒产品。这些仿冒产品味道千奇百怪，但是因为价格低廉，其包装、商标又与"六个核桃"或相同，或相似，因此很多经销商和零售商选择了购进仿冒产品，一些消费者也贪图低价购买仿冒产品。这样一来，养元公司的销售额和市场份额明显降低，"六个核桃"的声誉也受到极大影响。

为了打击仿冒产品，肃清市场，养元公司从 2014 年着手维权。笔者在"中国裁判文书网"搜索栏输入"河北养元智汇饮品股份有限公司"，显示 218 条检索结果，增加关键词"商标"，显示结果 158 条（数据截至 2016 年 6 月 10 日 15：48），部分判决赔偿额高达百万元。

四川力久律师事务所于 2015 年开始接受养元公司委托，负责"六个核桃"西南片区的知识产权维权事宜。本文将结合养元公司"六个核桃"的维权案例对商标维权的理论与实践进行分析，以期能起到一些借鉴作用。

---

[1] 作者简介：张苗苗，专利代理人，就职于四川力久律师事务所。

二、辨识商标侵权行为

1. 商标的作用及商标法的立法目的

商标，简单来说就是一种商业标记，从产生一开始就是作为一种区别于其他产品的特殊标记而用在自己的产品上。商标此项区别功能的意义在于使商标标识的产品与其他同类产品在以下方面区别开：产品质量、产地、特殊工艺或配方等，使商标与产品形成特定的关系。商标的主要特点在于显著性，主要功能在于识别性，对商标进行保护的主要目的就是防止消费者将不同生产者的产品混淆，其本质就是对商标背后的商誉的保护。

但是仅仅靠商标是无法完成自身的使命的。因为既然商品或者服务都相同或者相似，那么竞争者也可以把商标"变成"相同或者相似，这也就形成了长期存在的侵犯他人商标权的行为。所以有必要在立法层面对侵犯商标权的行为进行规制。

作为保护商标的专门性法律，商标法既具有行政法的特征，又具有民法的特征。从商标法的立法目的可以看到，商标法的直接目的是加强商标的行政管理，间接目的是保证质量、维护商标信誉，保障消费者和生产者、经营者的利益。所以商标法的立法目的简单概括一下就是"注重秩序，兼顾个体利益"。

2. 侵犯商标权的行为种类

（1）同种商品＋相同商标

这种侵犯商标权的行为是最直接、最原始的类型，直接将他人的商标用在与己相同的商品上。不过随着我国知识产权的普及和打击侵犯他人知识产权行为的力度的加大，不法者已经逐渐放弃这种传统的侵权方式，转而采取几种较难直接予以认定的行为。

（2）（同种商品＋近似商标）或（类似商品＋相同/类似商标）＋容易导致混淆

①如何认定商品或者服务类似？

认定商品和服务类似，应当考虑商品的功能、用途、生产部门、销售渠道、消费群体等是否相同或者具有较大的关联性；服务的目的、内容、方式、对象等是否相同或者具有较大的关联性；商品和服务之间是否具有较大的关联性，是否容易使相关公众认为商品或者服务是同一主体提供的，或者其提供者之间存在特定联系。《商标注册用商品和服务国际分类表》《类似商品和服务区分表》可以作为判断类似商品或者服务的参考。《类似商品和服务区分表》每隔一段时间会有一些变动，权利人、利害关系人和相关从业者一定要随时掌握更新动态，否则一旦原来并不类似而修改后成为类似商品或服务了，那么就有侵犯他人商标权的可能。

"六个核桃"商标核定使用在第 32 类植物饮料上，侵权商标大多也是用在同一类别的植物饮料上，并且其自身的宣传也明确了这一点，所以比较容易认定。

②如何认定商标相同或类似？

相同：视觉上基本无差别。

类似：文字的字形、读音、含义或者图形的构图及颜色，或者其各要素组合后的整体结构相似，或者其立体形状、颜色组合近似，易使相关公众对商品的来源产生误认或者认为其来源与原告注册商标的商品有特定的联系。

从"六个核桃"的案件来看，大多仿冒的商标都是构成了音、形、义任一方面的近似，有些同时构成了音、形、义三方面的近似；同时，再加上文字背景的近似，以进一步造成消费者混淆。图 1 所示为"六个核桃"产品及仿冒产品。

图 1　"六个核桃"产品及仿冒产品
注：左起第三罐为"六个核桃"产品，其他均为仿冒产品

从文字来看，"六个"二字是主要模仿的对象，比如用"大"代替"六"，其他方式换掉"六"和"个"的方式比比皆是，在读音、含义、形态上构成近似。从整体上看，仿冒商标与引证商标基本一致；从一般消费者角度看，完全构成近似，再加上外包装、装潢又极其相似，很容易使消费者认为是同一款产品，或者是同款产品的升级版或改良版。司法解释规定要以相关公众的一般注意力为标准，这里的"相关公众"，不能是本领域内的专家，而且"一般注意力"也不能是仔细观察，而应该是俗语中"一晃眼儿"的方式，不经过仔细甄别就无从判断。

仿冒产品不只是在商标的文字和背景上进行模仿，在外观包装的颜色、图案、结构上均进行模仿，就连著名主持人鲁豫的头像也是运用软件将将其他人的脸部换上去的。这样只要整体上是相似的，就算商标上有些小差异，当消费者被告知是升级产品或者其他原因时就容易接受了。

③混淆的影响和参考因素

混淆原则是近似商标和类似商品共同的判断原则，因为商标的识别来源功能是其基本功能，而混淆商品的来源使相关公众形成误认，实质损害了商标的识别性。所以，混淆是商标的基本功能被扭曲的结果，根据学界理论，这将产生三个方面的效果：

a）商标持有人角度——赢得的市场份额被混淆者强行瓜分，已有的市场份额可能由于混淆产品的低质量、低信誉而逐步减少，导致的结果是商标声誉逐渐在市场上消失，然而如果动用大量的资源去干预和制止，那么用于生产和保证质量方面的这些资源将减少，毕竟资源总量是固定的。

b）消费者角度——通过混淆手段将消费者"引诱"至与商标没有特定联系的产品上，实质上是一种欺骗行为，侵犯了消费者的选择权和知情权。混淆产品的使用实际上还是一种潜在的安全威胁，或者遭受财产、健康乃至生命的损害。

c）市场经济秩序角度——通过商标混淆获取利润或者挤占市场，违反了诚实信用原则，是一种不公平竞争行为，一个国家如果对商标混淆采取姑息纵容的态度，不仅本国不会产生具有市场竞争力的商标，而且国外商标也不敢贸然进入，其投资环境和营商环境将大受影响。

商标混淆的负面作用虽然如此之大，但绝不意味着对商标混淆的认定就应该放低标准。正因为混淆具有如此多的弊端，世界各国都在加强对混淆行为的规制，但落实到具体行动上，首先还需要认定什么样的行为是混淆行为，是否符合混淆的特点。混淆的目的是使消费者产生误认，从而购买错误的商品，结合国外认定商标混淆的案件可以看出，认定商标混淆应考虑以下几个因素：

商标的强度、商标之间的相似程度、类似商品的判定、商标在先所有人跨越产品之间距离的可能性、"侵权人"的善意程度、消费者的注意程度。由于篇幅的问题同时为避免偏题，在此不对混淆的考虑因素做过多的叙述。

（3）销售侵权商品

作为一种快消品，"六个核桃"需要大量的零售终端，这就给了仿冒产品以可乘之机。侵权生产者制造出仿冒产品后，特地选择一些偏远地区的经销商，将产品销往规模较小、较为边缘化的村镇。当地居民由于文化程度低、信息闭塞，再加上基本没有任何知识产权意识，就更倾向于包装和商标"差不多"而价格却便宜得多的仿冒产品。

零售终端作为中间人，只要消费者有需求他们就有销售仿冒产品的勇气。笔者在调查中发现，90%的零售商都明知自己购进的是侵权产品，却仍然进行销售，甚至明确向消费者进行介绍："真正的六个核桃要贵些，这个假的更便宜，但是味道都差不多的。"

然而，《商标法》制定之初并没有明确将销售侵权商品的行为纳入商标侵权。

1988 年修订细则：经销侵犯他人注册商标专用权商品。

1993 年修法：销售明知是假冒注册商标的商品。

1993 年修订细则：经销明知或者应知是侵犯他人注册商标专用权商品。

2001 年修法：销售侵犯注册商标专用权的商品。

可见，现行《商标法》取消了此行为中"明知"这一构成要件，亦即无论销售者是否知道所销售的商品是侵犯他人注册商标专用权的商品，自身均构成侵权行为。不过，商标法对销售不知道是侵权商品，而又能证明该商品是合法取得并说明提供者的，规定不承担赔偿责任，转而只承担停止销售的责任。

（4）伪造／擅自制造他人商标，或销售前述商标

这是仿冒商标的源头行为，单独实施这种侵权行为的一般是专门从事包装的厂商，他们拥有制造侵权商标的设备，专营各种知名产品的包装和商标。

根据刑法和司法解释的规定，当伪造、擅自制造他人注册商标标识或者销售伪造、擅自制造的注册商标标识，情节严重，就构成犯罪。这里的"情节严重"指商标标识数量在二万件以上，或者非法经营数额在五万元以上，或者违法所得额在三万元以上的，这三种数据任意一种达标就可以判处三年以下有期徒刑、拘役或者管制，并处或者单处罚金。如果三种数据都没有达到刑事案件标准，就只是一般的商标侵权行为，按照《商标法》的规定处理即可。

当然，仿冒者可以只仿冒商标，也可以同时生产相同或类似的产品，与仿冒商标一起向外推销，如果侵权者既伪造商标，又生产仿冒产品予以销售的，就同时实施两种侵权行为了，性质更为严重。

（5）更换他人商标又投入市场

这就是学界通常说的"反向假冒"行为。但值得注意的是，反向假冒要求投放市场；如果更换他人商品上的标识，并作为样品展出，未投入市场的，不构成商标侵权行为，但是如果以此进行宣传，使消费者对商品质量产生误解的，则构成虚假宣传的不正当竞争行为。

（6）故意提供便利条件，帮助侵犯他人商标权

《商标法实施条例》具体规定为侵犯他人商标专用权，提供仓储、运输、

邮寄、印制、隐匿、经营场所、网络商品交易平台。

这一规定将商标侵权行为扩大到其上下游环节，有些借鉴了刑法中"共犯"的理论，单独作为一种侵权行为这一立法模式，可见国家对侵犯商标权的打击力度。

三、商标维权方式（我国对商标权的保护）

《商标法》第 60 条对解决侵犯注册商标专用权引起的纠纷进行了规定，当事人可以协商解决；协商不成或者不愿协商的，可以起诉，也可以请工商部门处理。

1. 行政方式

工商部门首先对是否构成侵权行为进行认定，认定成立的，责令立即停止侵权行为，没收、销毁侵权商品和主要用于制造侵权商品、伪造注册商标标识的工具，违法经营额五万元以上的处违法经营额五倍以下的罚款，没有违法经营额或者违法经营额不足五万元的处二十五万元以下的罚款。对五年内实施两次以上商标侵权行为或者有其他严重情节的，应当从重处罚。销售不知道是侵犯注册商标专用权的商品，能证明该商品是自己合法取得并说明提供者的，由工商部门责令停止销售。

对侵犯商标专用权的赔偿数额的争议，当事人可以请求进行处理的工商部门调解，也可以依照《民事诉讼法》向人民法院起诉。经工商部门调解，当事人未达成协议或者调解书生效后不履行的，当事人可以依照《民事诉讼法》向人民法院起诉。

2. 民事诉讼

向人民法院起诉，民事诉讼能获得较大的赔偿，但是民事诉讼的周期长，而且程序较为严格，能够短期结案的一般都是以调解的方式结案。又因为调解原则是我国民事诉讼的基本原则之一，所以民事诉讼都会在不止一个阶段进行调解，当事人双方要利用好调解环节，使自己获得最大的利益或者将损失降到最小。

关于赔偿数额，恐怕是所有人都最关心的问题。《商标法》规定赔偿数额的确定首先按照实际损失确定，实际损失难以确定时按照侵权获得的利益确定，获得的利益难以确定的参照该商标许可使用费的倍数合理确定。赔偿数额包括合理开支。

其中，侵权所获得的利益可以根据侵权商品销售量与该商品单位利润乘积计算，该商品单位利润无法查明的，按照注册商标商品的单位利润计算。因被侵权所受到的损失可以根据权利人因侵权所造成商品销售减少量或者侵权商品销售量与该注册商标商品的单位利润乘积计算。合理开支指包括对侵权行为进行调查、取证的合理费用。法院还可以将律师费计算在赔偿费用内。

3. 刑事处罚

关于商标方面的罪名，刑法规定了假冒注册商标罪，销售假冒注册商标的商品罪，非法制造、销售非法制造的假冒注册商标标识罪。然而刑事处罚毕竟是最严厉的处罚，因而刑法只将"未经注册商标所有人许可，在同一种商品上使用与其注册商标相同的商标，情节严重的"，对这一种最传统、最直接的侵害他人商标权的相关行为才处以刑罚。

综合上述几种维权方式，笔者认为应当分目的、分情况采取措施：如果权利人只是希望整顿市场赶走仿冒产品，则可以直接使用行政方式快速进行打击；如果权利人同时还希望得到一些赔偿金，则最好选择诉讼的方式，尤其是针对生产规模较大、盈利较多的侵权者，规模较小的则可以协商解决，或者找寻中立的第三方协助调解解决。

四、其他问题

1. 商标与企业名称——《商标法》与《反不正当竞争法》的结合

生活中我们也会遇到这样的情况，某商标成为著名商标后，一些企业为了"搭便车"，便直接将该著名商标注册成企业名称，故意造成消费者误认。但是如果没有将该字号突出使用造成混淆可能性，就难以认定侵犯了商标权，不过如果该行为构成了不正当竞争，可以按照《反不正当竞争法》处理。

商标与企业名称纠纷一般是以保护在先权利为原则，但是排除恶意注册和抢注他人在先使用有一定知名度但没有注册的情形。为了避免出现纠纷，企业在注册名称时要最大限度地尽到注意义务，避免与他人知名的商标或者企业名称"撞车"，防止埋下隐患。

2. 驰名商标特殊保护

在调查过程中，笔者在另一种类的产品上也发现了与六个核桃商标相同的商标，如图 2 所示。

该商标与养元公司的商标相同，只是用在了不同的商品类别上，根据我国法律对驰名商标的跨类保护，商标法规定的给他人注册商标专用权造成其他损害的行为包括：复制、模仿、翻译他人注册的驰名商标或其主要部分在不相同或者不相类似商品上作为商标使用，误导公众，致使该驰名商标注册人的利益可能受到损害的。所以这样的行为也是构成侵害商标权的。

图 2   与"六个核桃"商标相同的商标

养元公司在申请注册商标成功后，积极打造自身品牌，扩大该商标的影响力，并成功成为了驰名商标，扩大了对商标的保护范围。

五、结语

在知识产权越发重要的今天，生产者、经营者尤其要注意树立自身的知识产权意识，主动保护自身的权益，但也要避免损害他人权益。同时也要注意，不排除部分人滥用自己的权利，意图获取不正当利益。所以如何抵制滥用商标权的行为也值得学习。比如，通用名称、图形、型号，或者表明质量、主要原料、功能等，商标权人就无权禁止他人使用；他人在先注册的并且已经有一定影响的，无权禁止使用，但是可以要求其附加适当区别标识。

此外，商标已经不再是单纯的商标了，而是一个品牌的外在表现，如今的企业想要做大做强，必须建立起完整的商标战略体系，注重商标、提升品牌，再配合其他方面的战略构建起一套成熟而稳健的知识产权战略体系，进可攻、退可守，实现企业的不断发展。

市场营销拓展　知识产权先行

詹永斌❶

中国加入世贸组织以来，经济全球化的趋势日益突出并不断延伸，市场竞争日趋激烈。虽然市场壁垒逐步打破，但发达国家从自身的利益出发，利用国际贸易的"游戏规则"，设置了更多的非市场壁垒，如"绿色壁垒""技术壁垒"，而"技术壁垒"尤为突出。

企业的生存与发展取决于以知识产权为主要内容的核心竞争力，企业的快速发展一定程度上也依赖于市场营销的不断扩张，不断拓展市场份额，不断谋求效益增长点。

然而作为市场后入企业，在市场营销拓展中，不可避免地会遭遇先期入市的国外企业的竞争阻力，这些国外企业采取阻止行为的主要措施之一就是利用知识产权制度提高后入企业的入市成本。

笔者在工作实践中，接触到数家国内企业在通过其人才、成本优势进入国内、国外市场的过程中，都遇到了国外企业先期专利布局所造成的入市障碍。

通过向这些国内企业提供知识产权解决方案，帮助它们有效拓展市场的工作，笔者建议市场后入企业拓展市场特别是国外市场时一定要注意知识产权先行。

一、从战略高度正视知识产权的重要性

一直以来，企业都将市场战略视为企业经营战略的重要组成部分，但在知识经济时代，知识产权战略更应该被纳入企业经营战略当中，并与市场战略有机组合、相辅相成。

国外跨国公司的经验表明，知识产权作为企业的资源，有助于企业竞争力的形成，但是，竞争优势的形成仍然取决于公司管理层对于包括知识产权在内

---

❶　作者简介：詹永斌，专利代理人，就职于成都九鼎天元知识产权代理有限公司。

的公司资源的合理配置。因此，知识产权战略必须与企业经营战略相结合才能形成企业的竞争优势。这就是企业知识产权资源及其战略在跨国公司整体经营战略中的地位。也就是说，跨国公司知识产权战略是服从服务于公司整体经营目标的一个功能性子战略。跨国公司的知识产权战略如果不能和其他经营战略有机结合就不能起到应有的作用，甚至完全丧失其对于公司经营核心目标的作用。知识产权战略如果不与合理的经营战略结合，那么，知识产权本身并不必然给经营者带来竞争优势。

既然国外企业已经将其知识产权战略作为经营战略的有机部分，并作为其谋求市场竞争优势的手段，作为后入市的企业来说，如果不能从战略上给予知识产权必要的地位，则不能从资源配置方面给予知识产权必要的支持，那么在与国外企业进行市场竞争的过程中，必然会被资源配置到位的国外企业所掣制。

二、从战术层面寻求全面解决方案

由于国外企业已经进行了专利布局，后入企业为了避免因可能的侵权带来的入市阻力，甚至诉累，可以在战术层面上采取主动与被动相结合的全面解决方案。

下面笔者就结合两个案例对战术层面上可以操作的全面解决方案进行说明。

1. 案例一

上海电气通过其知识产权的战术操作实现了价值 300 多亿元的市场规模。这个令人炫目的数字表明：国内企业的知识产权意识近年来大大增强，要申请专利已是共识，但知识产权意识绝不等于"申请专利的意识"，只有上升为"知识产权战略"才能最大限度地支撑企业创新发展。

上海电气集团旗下一家企业与 A 国签订了一份总价值达 300 多亿元的高端设备出口意向书。成功的关键在于上海电气依靠专利研究突破了某跨国企业的出口限制。

"300 亿故事"的周折最初源于上海电气早年与那家跨国企业的一份技术合作协议。根据这份协议，只要此类设备中含有该企业的技术，那么其市场就被严格限制。换句话说，出口 A 国的大门是紧闭的。而 A 国恰恰是目前全球此类设备最大的市场之一，是"巨头级"供应商的角斗场。

上海电气近年来在自主知识产权的创造上有大笔投入，最近 3 年每年专利申请都超过 500 项，其中发明专利约占一半。

不过申请专利是一回事，是否能绕开跨国公司的技术壁垒是另一回事。要抢占国际市场，上海电气不但要在该设备的技术研发中拿出高质量的专利，同时必须证明此类技术已完全国产化，与"巨头"的技术完全隔离，而且要有能力在海外经受法律考验。

2007 年，上海电气与知识产权专家合作设立课题，详尽研究对方在 A 国申请的专利，在自主研发中有针对性地加以规避。2008 年，他们邀请有关方面介入，经过国家知识产权局的专利检索分析，出具了创新点的司法鉴定意见。最终，通过海外多家律师事务所的工作，"巨头"同意就原先的技术限制条款再次协商，"出口枷锁"被打破。

延续近两年的"知识产权战役"尘埃落定不久，上海电气出口 A 国首批价值 60 亿元的供货合同就落了笔，之后又完成了 300 亿元意向的签约。加上今后的潜在合同，可以说上海电气在这一具体案例中的战术操作价值还不止 300 亿元。

2. 案例二

省内某企业（称为 S 公司）欲出口大型设备到 M 国，但其主要竞争对手 D 公司已经在 M 国布置了众多的专利，形成了严密的专利保护网，设备一旦运达 M 国海关，则可能存在涉嫌侵权的重大风险，此时该企业邀请我公司组织团队为其提出解决方案。

包括笔者在内的本公司知识产权团队进行了如下的战术操作：

（1）专利信息检索

基于本公司专利代理人对该企业设备所涉及技术的了解，本公司全面检索了 D 公司在 M 国公开的专利申请或专利，并检索了相关技术其他申请人所提出的专利申请或专利，合计检索外文专利信息达三四百条。

其后，专利代理人与 S 公司技术人员一起对检索的专利信息进行分类筛选，剔除关联度不高的专利信息。

（2）专利信息法律状态确认

我公司专利代理人根据分类筛选的专利信息清单，逐一落实其法律状态，排除已经失效或尚未授权的专利，遴选出现行有效的授权专利。

（3）专利文献翻译

我公司专利代理人检索出上述有效授权专利的全文并翻译成中文。专利文献因为其法律语言的特殊性，一般的翻译人员或技术人员多数不能掌握其要义，翻译的文本不能全面、正确地反映专利文件的法律特性，因此，专利代理人的翻译文本更适于理解其保护的范围。

（4）专利保护范围分析

专利代理人根据翻译的文本对涉及的有效专利保护范围进行分析，并与该企业的设备进行逐一对比，确定侵权风险的可能性。

（5）根据侵权风险的分析结果，提出规避解决方案

我公司根据侵权风险的分析结果，应 S 公司要求，就可能的规避措施提出了解决方案，从而使该企业的设备得以顺利出口到 M 国。

从上述两个案例中可以看出，企业在市场营销拓展中，特别是开发国外市场时，对于可能的知识产权风险应该有足够的防范意识和应对措施。

上述案例中，省内 S 公司与上海电气一样都围绕自己的产品研发进行了有意识的专利申请，但在这些专利申请还不足以对国外竞争对手的专利形成有效的包围时，特别是因专利的地域性特点而不能对目标市场的国外专利造成足够影响时，则需要通过检索、分析等战术手段，将国外竞争对手所筑成的专利保护圈范围逐步缩小，甚至完全撕破，以打破"出口枷锁"。

三、结语

知识经济和后 WTO 时代，世界市场逐渐统一，国内企业依赖人才、成本等优势，在国际市场上日渐崭露头角，成为发达国家先进的跨国企业的有力竞争对手。这种情况下，国外企业会不断利用种种规则遏制国内企业进入市场，国内企业必须善于运用现行规则保护自己，突破国外企业的封锁。市场营销拓展中，知识产权先行，依赖知识产权专家的帮助，通过专利申请形成包围策略，检索、分析甚至启动无效程序形成釜底抽薪策略，解决知识产权的风险，扫清市场进入障碍，不断拓展，持续保持核心竞争力。

浅谈中国知识产权发展商业模式

周自维　吕　坤[●]

一、引言

中国国内知识产权行业一直处于高速发展期，近五年专利申请量平均增长率约为14%，发明专利申请件数连续 7 年居世界第一。伴随着数量的提升，质量也在稳步上升。2017 年较 2016 年受理 PCT 国际专利申请增长 12.5%，其中受理的国内案件为 4.8 万件，受理的国外案件为 0.3 万件。连续的增长表明国内的知识产权行业正处于快速发展期，在未来的几年时间仍会持续保持一个较高的增长速度，并逐渐从量的增长往质的提升过渡。

随着行业规模的扩大，行业细分不可避免。行业细分带来产品的多样化，功能定位的差异化，行业中各种服务的专业性显著提高。知识产权行业与现有行业结合演变出更多的商业模式，与互联网、数据库、金融、保险等传统行业相结合，演变出了一系列的专业性的公司。

二、知识产权行业的商业模式细分

目前，专利行业已经有以下几个明显的发展方向：专业化、国际化、高端化、全案化。具体的表现形式有：互联网模式代理公司、网络交易平台公司、专利数据库公司、专利分析公司、专利流程管理软件公司、专利媒体公司、专利诉讼公司、专利培育及运营公司、专利撰写软件公司、专利投融资公司、专利技术翻译公司、海外专利申请公司等。

1. 互联网模式代理公司

专利代理服务与工业产品不同，不能重复制造并销往全国各地。传统代理

● 作者简介：周自维，男，四川内江人，成都睿道专利代理事务所（普通合伙）专利分析部总监；吕坤，男，四川绵阳人，成都睿道专利代理事务所（普通合伙）专利分析师。

服务机构具有明显的地域性，一般地方代理服务机构与地方企业对接，可以方便地去企业交流技术，更好地把握企业的需求。但随着"互联网＋"概念的兴起，代理服务机构也与互联网结合起来。互联网模式代理公司中有中细软、知呱呱、知果果、猪八戒等，该类型公司业务覆盖范围广，基本上都包括了商标、专利以及版权等传统代理机构所包含的业务，还涉及专利交易以及高新认证等业务。其模式的优点在于客户在选择服务的时候更加直观便利，体验类似于超市购物。

知识产权服务的特点在于个案性，每个客户的技术千差万别，并且每个客户发展阶段不一样，所需要的知识产权服务内容也不一样，所以线下交流是非常有必要的。然而互联网模式代理公司相对于传统模式的缺点也是显著存在的，由于大多是线上的沟通交流，难以建立起深厚的信任关系，不利于客户的长期维持；并且由于线下交流较为困难，对于对知识产权服务要求较全面、较深入的客户来说，难以满足其需求。线下沟通交流少也容易造成对客户需求了解不清晰、技术案情把握不准确，势必也会对专利撰写质量带来一定的影响。

2. 网络交易平台公司

知识产权是技术的载体，技术可作为商品进行交易。传统的技术情报获取往往通过行业内部人士之间消息传播并达成交易，这种方式在创新创造较少的环境下是可以满足需求的。但是，在当今大众创业万众创新的环境以及知识产权保护意识提升的背景下，各种新技术以专利等知识产权的形式出现的时候，只靠口口相传远不能达到获取技术信息的目的。所以，大众从网上交易平台搜寻自己需要的技术、商标等成为一个非常方便的途径。因此，各种网络交易平台不断兴起，网络交易平台公司有高航网、七号网、汇桔交易中心等。其中以高航网为例，其交易主要包括专利、商标。专利按 IPC 分类号分成八大部，各部下面分有大类。商标也根据国家商标分类进行区分，方便客户寻找需要的商标或者专利。高航网也不仅只是为知识产权交易的买卖方提供平台，同时其也有自营专利买卖服务。网络交易平台公司相较于传统的线下只是产权买卖，其具有信息更全面、筛选更快捷等优势。

3. 专利数据库公司

以专利为例，全球现有上亿件的专利数据信息，并且每一年的量都在持续增长。如此庞大的申请文献库，以个人的力量去寻找某一件专利无异于大海捞针，于是专利数据库公司应运而生。目前，国外专利数据库公司有德温特、WIPS、innograhy 等，国内专利数据库公司有合享（incopat）、patentics、soopat 等。这类专利数据库公司对专利数据进行进一步的深加工，提供专利质押、转让、无效、诉讼等信息，再结合分公司、子公司等公司之间权属关系对申请人归类统一。部分专利数据库公司对专利的价值度进行研究，提供专利价值的参考，指导使用者识别高价值专利。

专利数据库公司还对专利检索进行持续改进和探索，从传统的检索方法逐渐向智能语意检索方向发展，这更便于使用者根据不同需求进行快速、全面、准确的检索。专利数据库公司还在检索结果的基础上提供分析的工具，如申请趋势、地域分布、技术聚集度、专利引用关系的分析，并自动生成形象的图表。部分专利数据库公司还可以自动生成简单的分析报告。

专利数据库的发展为专利信息的获取、分析提供了便捷的工具。

4. 专利分析公司

如上所述，专利数据库公司为专利的检索分析提供了方便的工具，但是对于高度复杂的专利技术，只靠机器的简单分析是远远不够的。并且随着大众知识产权意识的提升，企业越来越重视查新检索、专利布局、专利稳定性、产权侵权风险、专利价值评估等与专利相关的分析服务，于是大批专利分析公司开始出现。目前国内专利分析公司有北京国知专利预警咨询有限公司、广州奥凯信息咨询有限公司等，部分大的代理服务机构也提供专利分析服务。专利分析公司一般以专业且经验丰富的分析人才为基石，再依托强大的数据检索工具，对专利数据进行更深层次的分析。如结合经济信息、国家政策、企业自身的规划与愿景、竞争对手的专利情况等进行专利导航、专利挖掘、专利布局、专利分析评议、专利价值评估等。从而帮助企业进行技术研发、保护产品、防御竞争对手、技术引进、投融资等相关的企业活动。

5. 专利媒体公司

知识产权被大众熟知并运用，专利媒体公司在专利信息传播及知识产权意识普及方面起着至关重要的作用。国内的专利媒体公司有 IPRdaily、知识产权出版社、中国知识产权杂志、中国知识产权报等。众多专利媒体公司不仅包括传统的纸媒，其重心更是在互联网媒体上。如 IPRdaily 拥有自己的公众号，定期推送行业前沿消息，并且也支持从业人员投稿，方便从业人员实现信息互换。此外，知识产权行业的专家学者也会有自己的公众号以发布一些知识产权方面的学术研究、咨询类信息分享等。

6. 其他模式公司

知识产权行业的不断发展促进了行业的细化以及服务的专业化，于是产生了众多类型的服务公司，这其中还包括专利流程管理软件公司、专利诉讼公司、知识产权鉴定公司、专利投融资公司、专利技术翻译公司、全案服务公司等。专利流程管理软件公司有深圳市唯德科创信息有限公司、长城软件、果子网等，其作用在于帮助代理所实现案件的流程管理，如专利撰写、提交、审核、通知书答复、年费续缴等。专利诉讼公司有北京高沃律师事务所、恒都律师事务所、华孙专利律师事务所等，主要服务是帮助权利人维权以及帮助企业或个人进行专利无效、诉讼等。知识产权鉴定公司有上海汉光知识产权数据科技有限公司司法鉴定所、北京中金浩资产评估有限责任公司等，主要服务是帮助企业进行专利技术价值鉴定等。专利投融资公司有北京智慧财富集团、国家知识产权运营公共服务平台等，此外，交通银行、建设银行也提供相关的服务，旨在帮助专利权人将有价值的专利技术付诸现实，将其工业化、产品化。专利技术翻译公司有天使翻译、中译语通、统一数位翻译等，旨在帮助企业或个人将其专利技术申请文件更准确、更规范地翻译成其他国家的语言，为专利的国际申请提供优质服务。

此外，知识产权与企业的技术研发、产品生产、上市销售、投融资以及获取政府项目支持等环节息息相关。知识产权服务也应该是针对企业自身情况的全方位咨询分析服务。全案服务公司有四川睿道集团、超凡等，旨在帮助客户寻权、确权、维权、用权实现知识产权全案服务。

三、结论与展望

随着知识产权行业的发展以及行业的不断细化，在未来，各种围绕知识产权而生的服务公司将不断出现，并且各有其所长。不同的形式的公司将为客户提供不同的专业化知识产权服务。同时在各种形式的知识产权服务公司的共同努力下，中国的知识产权将达到强化自身、走出国门的目标。

通过贯彻《企业知识产权管理规范》
实现知识产权价值

张　杰**❶**

2013 年 2 月 7 日，《企业知识产权管理规范》国家标准发布，2013 年 3 月 1 日正式实施，标准依据《中华人民共和国专利法》《中华人民共和国商标法》《中华人民共和国著作权法》和 GB/T 1.1—2000《标准化工作导则》，借鉴香港特别行政区《IP8001：2004 知识产权管理标准》、中国台湾"智慧财产管理规范"、湖南省《企业知识产权管理规范》、广东省《创新知识企业知识产权管理通用规范》和江苏省《企业知识产权管理规范》，综合 ISO 9001 质量标准体系的过程管理模式与 OHSMS 职业健康安全管理体系关注风险控制的特点，以 ISO9001 认证体系为基础框架，在广泛征求相关方意见的基础上，对知识产权管理体系、管理职责、资源管理、知识产权基础管理、实施和运行、审核和改进 6 个方面 28 项内容进行了规范，指导企业策划、实施、检查、改进知识产权管理体系。

标准发布后，不同行业、不同规模的企业启动了贯彻《企业知识产权管理规范》（以下简称贯标）的工作，逐渐将以前仅限于知识产权部门、研发部门或行政部门的知识产权事务拓展到企业各个经营管理环节，提高了各个部门对知识产权的认识，获得了一定的管理绩效，最终通过了知识产权管理体系第三方认证机构的认证，获得了认证证书，得到了政府部门的认可甚至获得了相应的资金或政策支持。但随着贯标的深入发展以及企业面临的知识产权市场竞争形势，企业有必要全面思考和拓展贯标的真正价值，通过提高员工的知识产权意识，规范内部管理流程、控制经营各环节的知识产权风险，最终让企业知识产权资产为企业产生更多的价值，本文将从这四个层级进行阐述，以期抛砖引玉，为企业开展知识产权管理并最终通过知识产权运营实现知识产权资产价值最大化。

---

❶　作者简介：孙杰，1985 年生，本科学历，成都九鼎天元知识产权代理有限公司副总经理。

一、体系构建

规范的知识产权管理体系的建立是实现知识产权价值的基础工作，但这最基础的工作却面临着巨大的风险。一方面来自企业自身，如对贯标的定位局限于获得证书与资助，未真正认识到贯标的价值，更未认识到知识产权对企业的真正意义；另一方面来自于辅导人员，来自不同行业的辅导人员不断涌入贯标辅导行业，参差不齐的专业水平导致贯标辅导质量出现缺陷。如欲实现知识产权价值最大化，需要企业在构建体系时规避上述风险。

首先，应认识到贯标不是万能的，开展了贯标并不意味着企业曾面临的知识产权风险就一定能够得到解决，贯标只是提供一个管理工具，做好知识产权管理的关键点在于企业重视并匹配足够的资源。经济基础决定上层建筑，资源和意识的匮乏必然导致知识产权管理停留在基础层面，无法全面解决面临的知识产权风险，无法防患于未然，更无法主动出击。过度强调贯标的作用将失去贯标的本源，因此我们有必要理清知识产权贯标的真正价值，不夸大、不轻视。同时，知识产权贯标不是一蹴而就的，更不是一两天、一两个月就能带来显著效果的，需要经年累月的持续提升，不能因为短时间见不到效益而视其为鸡肋。

其次，匹配了解企业知识产权现状与发展需要，具备一定知识产权知识的贯标带头人，或开展《企业知识产权管理规范》所要求的培训，确保相关人员掌握知识产权专业知识与技能，如专利信息检索分析的能力，如此才能通过竞争对手专利信息分析为投标提供利剑或盾牌；通过对采购产品涉及的知识产权进行分析筛选出风险产品；通过对各类合同的合同标的及合同执行过程中涉及的知识产权信息进行分析，拟定适宜的能够切实维护自身利益的合同知识产权和保密条款；通过行业领域及竞争对手的知识产权信息监控、筛选、分析，为侵权风险控制、专利无效、研发启示等信息利用提供支撑；通过知识产权尽职调查，为技术/产品引进、许可转让、投融资等活动提供准确的决策意见；通过保密措施的不断完善支撑商业秘密的管理，以确保创新成果采取适当的保护方式等。

再次，遴选具备相应专业能力的辅导机构指导贯标工作。在遴选服务机构时应考察服务机构对贯标的认识，只有服务机构真正认可知识产权贯标的价值，并为企业提供3D打印式（个性化的量身定做）的贯标辅导，而不是工厂化式的贯标辅导，才具备建立能够为知识产权价值实现提供支撑的知识产权管理体系的必要条件。

进而还需要在知识产权贯标过程中拉着董事长（或最高管理层）一起撸起

袖子加油干，这也是《企业知识产权管理规范》引起领导重视的途径，寻求董事长的重视需要巧劲，比如有一次编者发现服务的某公司的一个重大项目在运作过程中没有考虑知识产权风险，便与企业知识产权部门负责人一同向董事长进行了汇报，通过头脑风暴的形式共同分析了其中存在的知识产权风险与机遇，自此董事长便开始重视知识产权贯标，将其纳入了各部门月度考核。因此可以在适当的时机（如诊断后、内审后）及时地与最高管理层沟通，汇报企业管理中存在的风险与机遇，争取获得领导层的重视，借助管理层的力量将事半功倍。

最后，企业应成为贯标的核心主体，而不是仅仅按辅导机构的要求被动地开展贯标工作，掌握贯标节奏，及时了解各部门需求与存在的疑问并及时解决，确保沟通顺畅，因为沟通是知识产权管理体系实施运行过程中影响管理成效最核心的要素。

二、增强意识

现阶段大多数企业的现状是：员工在大学期间很少接触到知识产权知识，绝大多数知识产权工作者是大学毕业后进入知识产权服务机构或进入企业从事知识产权管理才开始接触知识产权，通过自学或企业自身或其他主体提供的培训了解知识产权相关知识与技能。企业其他部门的人员对知识产权的认识更是不容乐观，因此除了构建体系之外另一个最基础也最核心的工作便是提高员工知识产权意识。

《企业知识产权管理规范》第 6.1.2 条教育和培训规定了企业在教育和培训方面需要达到的要求。之前没有开展知识产权培训或者只是应急式的培训（如遇到专利纠纷而紧急召开的培训，为申报相关项目满足项目对培训的要求而开展的培训），则需要系统地制订培训计划，至少将知识产权培训提高到与企业质量体系培训同等的重视程度，并按《企业知识产权管理规范》的要求开展分级培训，包括针对全体员工按业务领域和岗位要求进行培训，针对中高层管理人员进行培训，针对研究开发等与知识产权关系密切的人员开展培训[1]，具体的培训内容简介如下：

1）针对全体员工按业务领域和岗位要求进行培训，比如针对采购人员，需要根据开展采购产品涉及的知识产权信息及其证明文件的收集的职责，通过培训确保采购人员了解知识产权的种类、知识产权证书有效性的识别以及开展这些工作的意义等知识；针对销售人员需通过培训确保其了解公司产品涉及的知识产权状况，了解产品上市的知识产权风险，了解宣传、销售活动、参展过程中的知识产权风险与应对技巧，了解如何识别公司产品是否被侵权等；针对人事专员需要确保其了解知识产权背景调查、入职离职知识产权与保密事项提醒、知识产权与保密培训的意义以及如何开展上述工作。

2）针对中高层管理人员进行培训，比如公司知识产权管理现状与需要、知识产权战略规划、各部门工作如何通过知识产权规范管理得到进一步的规范和提升、管理评审的真正价值、知识产权风险控制等。

3）针对研究开发、生产环节技术改进等与知识产权关系密切的人员开展培训，比如针对技术人员开展专利挖掘、专利检索分析、专利申请文件撰写等方面的培训，针对知识产权风险管理人员进行知识产权法律实务、专利无效等方面的培训。

4）针对所有员工需要根据企业现状开展通识培训，通过知识产权基础知识培训让相应的岗位了解必要的知识产权基础知识；通过保密培训让每一个岗位的员工了解公司的保密制度、保密措施、本岗位需保密的事项以及保密义务。一方面避免员工因无意之举泄露公司商业秘密；另一方面提高员工的泄密阈值，增加泄密成本，控制泄密风险。

为确保培训效果，企业可根据培训内容建立讲师库，企业自身有条件开展的培训，讲师由企业员工担任，无条件的则邀请知识产权服务机构或其他专业机构的专家授课，同时收集、汇总并整理编制符合企业自身管理现状与需要的培训课件，有条件的还可编制考题加入新员工考试或晋升考核中。

三、规范管理

企业知识产权管理的落脚点还是人，是人就有七情六欲，因此需要用制度来规范员工的活动，用培训将制度贯彻到实际操作中去，建立制度不是目的，让员工规范地参与企业发展，使员工个人价值得以体现与提升才是目的，这是企业长远发展的动力。

贯标之前，企业的知识产权工作往往是这样开展的：（1）申请知识产权的时机是根据项目申报的时间节点来定的，只关注数量不关注质量，甚至完全委托服务机构代写；（2）遴选服务机构是根据最低价成交以及对方销售人员的态度或其他非专业因素；（3）投标或上市过程中使用公司知识产权资质时不经过核实；（4）收到知识产权侵权律师函件一律置之不理；（5）研发项目全过程均不开展检索，项目结束后到年底了才突击申请专利；（6）产品品牌名称未注册商标或明知无法注册商标仍然直接使用；（7）专利、商标等知识产权未建立管理档案，甚至无人知晓公司知识产权情况；（8）专利、商标等知识产权申请过程无人监控，完全委托代理机构处理。

像上述这样，在企业经营管理各个环节中存在的不规范现象还有很多，都存在着不同程度的风险，需要按照《企业知识产权管理规范》相应条款的要求建立相应的管理流程，并通过文件化的制度的形式确定下来，最终形成体系化的知识产权管理体系文件。

四、控制风险

通过建立体系化的知识产权管理体系文件与提供相应的培训，确保知识产权管理体系的有效实施与运行，进而控制企业经营管理各环节的知识产权风险。

1. 人力资源方面

首先在构建知识产权管理体系时便需要明确各部门管理职责与要求，并得到相应人员的认可，避免事后推诿。但即便做到了此条要求，实施过程中也有打折扣的情况，需要及时进行监督检查并督促改进，对因资源配备不足或分工不合理等原因导致的问题需及时制订解决方案。

其次是确保人员意识与能力满足岗位需求，通过对不同业务领域的人员、中高层管理人员以及与研究开发等知识产权关系密切的人员的分级培训，全面提高工作人员预防、应对与处理知识产权事务的能力。

在人员招聘、入职管理环节，通过知识产权背景调查避免知识产权纠纷和用人风险，通过人事合同、保密协议、知识产权声明文件与竞业限制协议等的签订做好保密事项提醒与保密措施。在离职管理环节，通过离职知识产权事项提醒明确告知离职后的保密义务，同时针对不同岗位级别的员工评估是否签订离职知识产权协议或执行竞业限制协议。

2. 信息资源方面

首先识别公司信息需求（包括但不限于所述领域与竞争对手的信息、市场侵权信息、客户需求信息），明确哪些企业是竞争对手，明确开展竞争对手监控的频率。

其次建立信息收集渠道，汇总进行专利检索、商标查询等其他信息收集的网站，并共享给有检索职责和需要的部门或人员，有条件的企业可以建立或购买知识产权信息数据库，确保及时、准确、有效地获取相关知识产权信息。

再次对信息进行分析利用，可以开展信息分析利用的方向如：（1）掌握与本企业有关的国内和国外申请专利的动向；（2）分析公司产品是否存在侵权风险；（3）在研项目是否存在重复研发风险，相关信息是否可以为研发提供启示；（4）相关信息是否意味着竞争对手在布局新产品、新技术，为公司新产品新技术研发提供参考，为制订经营策略提供依据；（5）为专利申请时专利保护范围的确定提供支撑，提高专利撰写质量；（6）对有损于本公司权益且不符合授予专利权条件的他人专利，可提出撤销专利权请求或提出无效宣告请求，排除不应授权的专利。

最后，在对外信息发布过程中规避侵权与泄密风险，涉及对外信息发布的情形包括公司官网新闻、产品宣传画册、论文书籍、微信公众号、投标文件等。在编辑此类信息过程中就需要注意避免使用涉嫌侵权的素材，同时在最终发布前进行审批确认，除对是否侵权进行审查外还需要避免商业秘密泄露，避免还未开展专利申请的信息因为信息发布而影响专利申请的新颖性。

3. 财务资源方面

"巧妇难为无米之炊"，企业应匹配足够的经费保障知识产权工作的有效开展，避免因经费不足导致培训、专利申请、专利申请质量等工作无法及时有效地开展。确保财务部门优先支持知识产权紧急事务的费用支出，特别是有专利申请时效要求的事务，避免因费用支付延迟导致未能及时提交专利申请或导致专利视撤、专利失效等事件发生。

4. 保密管理方面

《中华人民共和国民法总则》第123条第2款第（5）项，已将商业秘密纳入知识产权客体予以保护，商业秘密作为知识产权（属于财产权）将获得更为有效的保护。

在《反不正当竞争法》中，商业秘密的定义是"不为公众所知悉、能为权利人带来经济利益、具有实用性并经权利人采取保密措施的技术信息和经营信息"，通过贯标将系统性地确保保密措施的开展：（1）《企业知识产权管理规范》6.1.4条在入职承诺中明确告知其保密义务；（2）6.1.3条劳动合同约定保密条款，合同签订时提醒其保密义务；（3）6.1.2条入职培训以及后续开展的保密培训进一步提醒其保密义务；（4）7.6条制定了保密相关制度，明确了其保密等级和权限，明确了其接触到的信息与设备的保密管理要求，明确了公司各个区域的保密管理要求；（5）实际工作中留下参与处理了相关涉密信息的文件和事务的记录，如研发、生产、采购、销售等记录，有相应的职责权限、有影像资料、有签名等；（6）6.1.5条对离职人员进行了离职提醒，明确了其离职后的保密义务，有签名、有协议。

开展保密管理最核心的工作是通过培训和制度宣贯让各岗位员工了解其岗位的涉密等级和权限、该岗位涉及哪些涉密信息以及处理这些涉密信息时应遵守哪些要求。

对于很多涉及国家秘密的企业，很多保密管理人员认为公司有了保密认证就肯定满足《企业知识产权管理规范》对于商业秘密管理的要求了，想当然地以为国家秘密必然更严格，殊不知很多企业在开展保密认证时并未理清商业秘密与国家秘密的关系，部分企业甚至未将商业秘密纳入管理，需引起重视。

5. 合同管理方面

加强合同中的知识产权管理是企业控制知识产权风险最易上手的环节，在签订合同前应根据合同性质和标的评估合同履行过程中的知识产权风险，约定相应的知识产权保护条款，如知识产权权属、许可使用范围、侵权责任承担、后续改进的权属和使用、保密等条款。但切记避免模板化，草拟的合同条款应进行演练，确保相关事项发生时相关条款能够真正维护公司的权益。如某公司签订的软件服务采购合同约定供应商应对公司标有"保密"字样的资料予以保密，经过编者询问，在实际工作中，供应商接触到的该公司的所有资料均不会标记"保密"字样，当发生泄密事件时，供应商便可以此推脱自己的保密责任。

6. 知识产权生命周期的管理（知识产权获取、维护、运用与保护）

知识产权获取是对研发成果的保护手段，全方位无漏洞的知识产权保护方案才能够为知识产权的运用与维权提供足够的支撑，对一个研发成果的保护应针对技术方案、材料、外观等不同角度对不同的创新点制订知识产权保护方案，通过检索分析制订具体的专利申请、商标注册的方案。

知识产权的维护主要涉及知识产权档案的管理、知识产权的评估与放弃，档案的遗失将给知识产权的运用和保护带来难以预估的风险，知识产权的评估合理才能实现知识产权的价值。

知识产权的运用是知识产权运营的核心，主要指知识产权的实施许可转让、投融资、企业重组、知识产权标准化与知识产权联盟等，目的是通过运用实现知识产权的价值获得收益，风险在于对知识产权的权利归属、稳定性与价值的评估，公司除自行从事相关活动外可委托专利运营机构实现知识产权的价值。

知识产权的保护包括侵权、被侵权以及涉外贸易。需要在设计开发以及办公设备与软件的管理上防止侵犯他人知识产权；及时发现和监控被侵权的情况，可委托专业从事知识产权类案件的律师事务所进行监控；有涉外贸易活动的需要调查目的地的知识产权法律、政策及其执行情况，了解行业相关诉讼，万不可仅凭对国内相关事务的处理习惯去应对涉外事务，同时可采取相应的边境保护措施（可向我国海关总署申请知识产权海关备案，可备案的知识产权包括著作权、商标、专利权，当第三方的进出口活动被海关或我方发现有侵犯公司知识产权的货物时可按照知识产权海关保护条例采取保护措施）。

7. 生产经营全过程的管理（立项研发、采购、生产、销售和售后）

在立项研发环节，通过对研发项目的知识产权信息的检索，掌握研发项目领域最新的技术，进行风险分析，制订知识产权规划，为企业制订研发方案提供依据与启示，同时避免侵犯现有技术；对于新产品研发，如果该产品类别未包含在公司现有商标注册类别中，应制订商标注册方案；之后在研发过程中需要进行跟踪检索，避免新公开公告的专利导致研发项目出现侵权研发的风险；在整个研发过程中，需要督促研发人员及时报告研究开发成果，并进行评估确认，明确保护方式，达到申请知识产权的条件和时机的应及时启动专利申请程序；不容忽视的还有研发记录的形成与保存，参与研发项目的人员需及时签名并有效存档研发记录，避免研发记录遗失，确保出现知识产权权属纠纷或泄密事件时有据可查。

采购过程中除了采购合同与采购信息的保密管理外，对采购产品涉及的知识产权信息需要予以识别，防止采购侵权产品，比较有效的识别方式是通过检索调查供应商的专利、商标等知识产权情况，并进行分析、验证和评估，同时了解该公司是否涉及过专利侵权、专利无效等案件，当然涉及相关案件并不意味着该供应商侵权而不能纳入合格供应商的范围，还需进一步了解案件具体情况。

生产过程中除了对外协作合同，对生产中涉及产品本身、生产设备、工艺的技术改进与创新应进行确认，明确保护方式，必要时申请知识产权予以保护，但一般情况下企业会将针对生产工艺及设备的改进以商业秘密的形式予以保护，针对产品的改进纳入研发管理。

销售环节中，首先应避免产品上市时未完成知识产权申请，防止因产品上市或参展等导致申请专利丧失新颖性，因此需建立销售部门、研发部门、知识产权部门三方的有效沟通机制，确保产品销售前进行了全面的知识产权审查与分析并制订知识产权保护和风险规避方案。其次在产品宣传、销售活动、会展等商业活动前应制订知识产权保护和风险规避方案，避免知识产权侵权和商业秘密泄露，确保销售会展等活动对公司产品知识产权信息使用的准确性。

五、知识产权价值实现

通过员工知识产权管理意识的提高、规范的管理以及经营管理各环节的风险控制，为知识产权价值实现提供了保障，知识产权价值的实现有以下几个方向可以开展：（1）知识产权证书、知识产权管理体系认证证书可以作为申报政府项目的资质；（2）技术秘密、专利、商标品牌等知识产权通过许可交易、投融资、质押融资等方式获得直接收益和资产价值；（3）在销售环节，在投标中使用知识产权证书、知识产权管理体系认证证书，针对企业具有专利优势的项目在投标中使用专利分析报告，对竞标方的专利劣势（如可能侵犯己方专利）予以分析；（4）知识产权管理过程中的记录（专利检索分析报告、知识产权评估报告、风险评估报告、竞争对手监控报告、尽职调查报告、培训记录等）可以作为申报相关科技项目的佐证材料，或为开展知识产权投融资等运营业务提供依据。

参考文献

［1］中华人民共和国国家质量监督检验检疫总局．企业知识产权管理规范 GB/T 29490—2013［S］．北京：中国标准出版社，2013.

从专利侵权视角探究大型工程项目的专利运营策略

郑建华[1]

一、大型工程项目的专利运营难点探析

本文所定义的"大型工程项目",是指由若干个具有技术逻辑性的项目子单元组成且各个项目子单元之间具有专利相对独立性的工程项目。举例而言,在高压电力输电系统中涉及的换流站,其中涉及各种高电压设备、低电压设备,还必然涉及用于安装这些高电压设备、低电压设备的各种构架。因此,对于换流站总体而言,其属于"大型工程项目",其中的高电压设备、低电压设备、各种构架,都属于具有技术逻辑性的项目子单元。这些项目子单元如果分别对应着一定的可专利性的技术改进方案,则分别针对项目子单元而形成的专利即具有相对独立性。再比如,在制冷系统中,如冰箱、空调等家用电器,其中涉及压缩机、制冷管路等,那么,该冰箱或者空调也属于"大型工程项目",其中的压缩机、制冷管路等则属于具有技术逻辑性的项目子单元。

对于大型工程项目,其中涉及的项目子单元越多,针对项目子单元进行技术创新的空间就越大,由此形成的可专利技术方案也越错综复杂。创新主体如果要依赖于这些可专利技术方案来实现"独专其利"就需要针对这些可专利技术方案进行专利运营。考虑到涉及大型工程项目的专利运营主要是针对发明、实用新型,因此,本文对于专利运营的相关讨论也定位于发明和实用新型。

何谓"专利运营"?在学术理论层面,通常来讲,专利运营是指企业为获得与保持市场竞争优势,运营专利制度提供的专利保护手段及专利信息,谋求获取最佳经济效益的总体性谋划。[1]

在市场操作层面,专利运营也指通过对专利或专利申请进行管理,促进专

● 作者简介:郑建华,专利代理人,就职于四川知石律师事务所。

利技术的应用和转化，实现专利技术价值或者效能的活动。[2]

由此可见，无论是在学术理论层面，还是在市场操作层面，专利运营的前提是运营主体必须拥有为专利制度所保护的有效专利。这其实包含两层意思：其一是运营主体需要获取有效的专利权，其二是该有效的专利权具有合理的保护范围。因此，笔者认为对于上述的大型工程项目进行专利运营时，其难点就主要体现以下两个方面：

第一，基于大型工程项目中的各技术方案错综复杂，技术创新点不唯一且分散度高，在进行专利保护策略设计时，对于可专利性技术方案容易顾此失彼，鱼和熊掌难于取舍，甚至于造成次要技术保护点取代主要技术保护点的"喧宾夺主"。

第二，由于具有相对独立性的可专利性技术方案之间联系紧密、逻辑性强，由此容易造成可专利性技术方案之间的相对独立性界限模糊，同一技术方案的保护层次难于廓清。

二、专利侵权视角下的大型工程项目专利布局分析

如前所述，对于大型工程项目进行专利运营，首要的、关键的是运营主体拥有有效的专利权，此即大型工程项目的专利确权。在实务操作过程中，对于专利确权，通常的争议焦点在于《专利法》第22条；而对于专利侵权，通常的关注焦点在于《专利法》第59条。从逻辑上看，通常是先符合《专利法》第22条以获取专利授权，然后，依照《专利法》第59条来界定专利权的保护范围，进而在此基础上判定是否落入专利权的保护范围。

上述逻辑对于单一技术方案的专利运营，由于其权利要求的保护重点突出，权利要求之间的保护梯度容易设计，因此，其确权、侵权的认定相对比较容易。但是，对于大型工程项目，由于其涵盖的技术方案比较庞杂，技术创新点的分散度比较高，在确权过程中撰写权利要求时需要考虑的问题非常复杂、琐碎，即使撰写经验丰富、责任心强烈，要一次性地全面思考各个方面的问题，也难免存在思虑不周之处，甚至是顾此失彼。笔者认为：如果不是严格按照上述逻辑进行专利运营，而是反其道而行之，从专利侵权视角来切入大型工程项目的专利运营，更加容易使专利申请人获得可预期的专利价值，实现专利保护初衷，同时，也更能培养专利代理人的专利运营立体思维，以更好地维护专利申请人的利益。

《专利法》第60条规定："未经专利权人许可，实施其专利，即侵犯其专利权，引起纠纷的，由当事人协商解决；不愿协商或者协商不成的，专利权人

或者利害关系人可以向人民法院起诉，也可以请求管理专利工作的部门处理。"其中，"即侵犯其专利权"中的"即"字，可以理解为解释之义，在此意义上，第 60 条实际上从立法层面上给出了专利侵权的定义。至于何为"实施其专利"，可以从《专利法》第 11 条规定中找到答案。

《专利法》第 11 条规定，"发明和实用新型专利权被授予后，除本法另有规定的以外，任何单位或者个人未经专利权人许可，都不得实施其专利，即不得为生产经营目的制造、使用、许诺销售、销售、进口其专利产品，或者使用其专利方法以及使用、许诺销售、销售、进口依照该专利方法直接获得的产品。"可以看出，该第 11 条规定中的"即"字，也可以理解为解释之义，也就是"不得实施其专利"，对于发明和实用新型专利权是指"不得为生产经营目的制造、使用、许诺销售、销售、进口其专利产品，或者使用其专利方法以及使用、许诺销售、销售、进口依照该专利方法直接获得的产品。"只不过这种对于"不得实施其专利"的立法层面上的定义是从反面来释明何为"实施其专利"，正好与上述的《专利法》第 60 条遥相呼应。

根据上述分析，专利侵权体现在两个方面：其一，为生产经营目的制造、使用、许诺销售、销售、进口专利产品；其二，为生产经营目的使用专利方法以及使用、许诺销售、销售、进口依照该专利方法直接获得的产品。由于产品是直接面对公众出售，其扩散范围更为广泛，相比较于方法，对于产品的取证更为容易，侵权诉讼发生时，诉讼地点的选择面更宽。据此，在专利确权过程中，应当重点考虑以产品权利要求的方式进行专利布局。

在重点考虑产品权利要求的基础上，对于产品权利要求进一步地解析如下：任何一项产品权利要求，其专利保护意义上的表达不外乎体现在主题名称和产品的结构、构造等技术特征上。具体地讲：

1）在确定权利要求的保护范围时，应当考虑权利要求记载的主题名称；该主题名称对权利要求保护范围的实际限定作用取决于其对权利要求所要保护的主题本身产生何种影响。

2）人民法院应当根据权利要求的记载，结合本领域普通技术人员阅读说明书及附图后对权利要求的理解，确定《专利法》第 59 条第 1 款规定的权利要求的内容。[4] 在这里，只是明确规定了"应当根据权利要求的记载"，而并没有指明"权利要求书中明确记载的必要技术特征"，也没有指明"与该必要技术特征相等同的技术特征"，更没有对二者加以区分，因此，该处的"应当根据权利要求的记载"应当理解为是指权利要求中所记载的全部技术特征。这也是专利侵权判定中"全部技术特征规则"的立法体现。

在大型工程项目的专利运营过程中，根据上述分析，很适合采用如下方法进行权利要求的布局设计：

首先，将大型工程项目化整为零，即将大型工程项目拆解成工程总体和若干个工程分体。在具体拆解时，应当坚持以工程总体为主干，以其中的具有相对独立性的技术方案为工程分体进行细分，根据细分出来的工程分体所能解决的技术问题或者所能实现的功能初步确定出相应的主题名称。由于大型工程项目中的各技术方案错综复杂，为了便于拆解，可以画出树状图进行辅助廓清。

其次，以工程总体和独立的工程分体为研究对象，分析其中是否存在技术创新点，根据技术创新点来构建独立权利要求，再根据独立权利要求来进行从属权利要求的布局设计。

对于工程总体，将其中的各个相对独立的工程分体视为功能性限定的技术特征，且只要其中某一个独立的工程分体存在技术创新点，则该工程总体就存在技术创新点。围绕该技术创新点可以构建出工程总体的独立权利要求。确定出工程总体的独立权利要求之后再进行其对应的从属权利要求的布局。其中，将体现出相对独立的工程分体的技术方案作为第一层次从属权利要求，在第一层次从属权利要求之下，根据具体的技术改进点进行第二层次从属权利要求的布局设计。

对于各独立的工程分体，将其与工程总体暂时割裂开来进行独立分析，如果在某一独立的工程分体中存在技术创新点，则保留该工程分体；如果不存在技术创新点，则删除该工程分体。对于保留下的工程分体，针对每一具体的工程分体，结合其中的技术创新点，确定出该工程分体相应的主题名称，并明确该技术创新点所涵盖的核心技术特征，由该核心技术特征构建其所属工程分体的独立权利要求。

在上述分析过程中，可以结合初步检索结果加以判断，也可以与发明人充分沟通，以确认是否存在技术创新点。在进行工程分体的从属权利要求的布局时，尤其是要注意其所属独立权利要求所对应的工程分体本身，并以该工程分体所能体现的技术特征（主要是与技术创新点存在牵连关系的技术特征）进行适度扩展，避免引入其他工程分体中的技术特征。

最后，分析技术创新点，如果某一技术创新点同时涉及工程总体和某一独立的工程分体，则针对该技术创新点，可以结合创新主体的市场定位进行双重独立权利要求的布局设计。

举例而言，某一技术创新点涉及冰箱中所使用的压缩机的活塞结构设计，该技术创新点是由某一冰箱生产商提出。在此情况下，虽然该活塞结构设计直接涉及压缩机，但该压缩机也属于冰箱的一个组件，因此，该活塞结构设计间接涉及冰箱。如果仅以"一种冰箱"为主题名称来构建相应的独立权利要求，则该独立权利要求应为"一种冰箱，其特征在于：（压缩机上的活塞结构设计）。"这样布局的该独立权利要求的保护范围仅限于冰箱领域。如果该压缩机被用于空调上，则该独立权利要求的保护作用完全丧失，冰箱生产商将无法追究空调生产商的专利侵权责任。但是，如果以"一种压缩机"为主题名称来构建相应的独立权利要求，则该独立权利要求应为"一种压缩机，其特征在于：（压缩机上的活塞结构设计）。"这样布局的该独立权利要求的保护范围将不再仅限于冰箱领域，即使该压缩机被用于空调上，冰箱生产商也可以追究空调生产商的专利侵权责任。

但是，上述的权利要求布局设计在保护力度上也不是天衣无缝，其也存在合法规避专利侵权的风险。因为，对于专利权人即冰箱生产商而言，其提起专利侵权诉讼的目的通常是其直接竞争对手，即其他的冰箱生产商。但是，其他的冰箱生产商所使用的压缩机通常并非是自己生产，而主要是从压缩机专业生产厂家进行市场招标采购的。根据《专利法》第70条规定，"为生产经营目的的使用、许诺销售或者销售不知道是未经专利权人许可而制造并售出的专利侵权产品，能证明该产品合法来源的，不承担赔偿责任。"由此可见，如果其他的冰箱生产商提供充分的证据来证明其使用的压缩机具有合法来源，例如通过合法的进货渠道而获得，其将不承担赔偿责任，从而使专利权人启动专利侵权诉讼的目的在事实上被架空了。为了避免出现此类尴尬情况，在进行专利布局时有必要进行全方位、多角度考虑，从防范竞争对手合法规避专利侵权赔偿责任的角度进行专利布局。因此，上述独立权利要求的布局可以重新设计如下：

独立权利要求1，一种压缩机，其特征在于：（压缩机上的活塞结构设计）。

独立权利要求2，一种冰箱，其特征在于：采用如独立权利要求1所述的压缩机。

通过上述重新布局的独立权利要求，无论该压缩机被用于冰箱上，还是被用于空调上，冰箱生产商都能在专利侵权纠纷中游刃有余，从而最大限度地发挥专利权的市场价值。

三、从专利侵权角度切入大型工程项目专利运营的现实必要性

在专利确权阶段，为了获取相应的专利授权，无论是申请初期阶段的专利申请文件的撰写，还是申请中间阶段的专利申请文件的修改，通常重点考虑的是如何满足《专利法》第22条（主要是创造性）的要求，这本无可厚非，尤其是技术方案比较单一的专利申请。

但是，对于大型工程项目的专利确权，如前所述，由于大型工程项目涉及

的技术方案错综复杂、技术创新点不唯一且分散度高，重要的是其中的具有相对独立性的可专利性技术方案之间联系紧密、逻辑性强，因此，在考虑如何满足《专利法》第 22 条（主要是创造性）要求的时候，难以统筹兼顾地驾驭和把握各个相对独立的可专利性技术方案。在此情形下，如果从专利侵权角度来切入并审视大型工程项目，相应地假想设定一个创新主体（专利申请人）的竞争对手，以该竞争对手可能进行专利侵权、可能合法规避专利侵权风险的角度进行专利布局，则具有很强的指导性和现实必要性。

第一，由于专利权（专利技术方案）体现了一定的市场垄断性，专利权的这种趋利逐利本性时刻在刺激着竞争对手，使竞争对手围绕着专利权千方百计地思虑如何合法规避专利侵权风险，甚至不惜铤而走险。创新主体（专利申请人）为了防范竞争对手的专利侵权，必然要从各个角度对专利技术方案进行全方位的专利布局，以期堵住竞争对手的侵权欲望。在这种对抗战中，创新主体（专利申请人）首要考虑的是如何设计专利保护防线，以对核心技术方案进行层层保护，在这种防范专利侵权的思维导向下，将大型工程项目加以拆解、细分，形成工程总体和若干工程分体，在此过程中要确保每一细分出来的工程分体能够形成相对独立的专利技术方案；再以细分出来的各个相对独立的专利技术方案来进行专利布局，自然就形成了具有一定保护梯度的专利保护防线。

第二，在构筑好上述的专利保护防线后，再考虑每一道专利保护防线是否具备一定的对抗专利侵权的能力。要对抗专利侵权，首先得使自身专利权具有一定的稳定性，能够经受住竞争对手所提起的专利权无效宣告程序的检验，这就要求每一道专利保护防线的保护主题鲜明、具有一定的创造性高度。为此，根据上述的专利侵权判定的"全部技术特征规则"，可以围绕每一道专利保护防线设定鲜明的保护主题，在此保护主题的基础上再行圈定该保护主题的全部技术特征。由于每一道专利保护防线是相对独立的专利技术方案，其相对于大型工程项目本身所涵盖的技术特征比较少，技术特征之间的技术关联逻辑性也容易廓清。因此，针对每一道专利保护防线来圈定其涵盖的全部技术特征显得比较容易。

第三，在圈定每一道专利保护防线的全部技术特征之后，再分析在该全部技术特征之中哪些技术特征是相对于现有技术做出贡献的技术特征，也就是常说的"技术创新点"。如果存在"技术创新点"，可以保留其所属的专利保护防线；如果不存在"技术创新点"，则可以删除其所属的专利保护防线。

第四，对于保留下来的专利保护防线，以独立的专利保护防线作为分析基础，重点分析其中的"技术创新点"，并围绕"技术创新点"进行权利要求的布局设计。在具体进行布局设计时，重点考虑《专利法实施细则》第 20 条第 2

款规定。因为独立权利要求记载了解决技术问题的必要技术特征，从专利侵权角度来审视《专利法实施细则》第 20 条第 2 款规定，虽然在专利侵权判定中无须区分必要技术特征与非必要技术特征，但毫无疑问，仅记载了必要技术特征的独立权利要求的保护范围是最大的，这很容易导致竞争对手的产品落入独立权利要求的保护范围之中。另外，从独立权利要求的权利稳定性角度考虑，根据《专利法实施细则》第 65 条第 2 款规定，该《专利法实施细则》第 20 条第 2 款是规定的专利权无效宣告理由之一。如果竞争对手以《专利法实施细则》第 20 条第 2 款规定为由提起专利权无效宣告请求，则很可能导致该独立权利要求被宣告无效，"皮之不存毛将焉附"，从而导致该独立权利要求丧失其应有的保护作用。

第五，在保留下来的专利保护防线的权利要求布局设计全部完成之后，就自然地形成了这样一个局面：

1) 对于工程总体而言，其包含了各个工程分体，而各个工程分体中的技术特征（尤其是其中的"技术创新点"）自然同时也是工程总体的技术特征或者"技术创新点"，其中的工程分体可以视为是工程总体的功能性限定的"技术特征"。

2) 对于各工程分体而言，每一工程分体形成了具有相对独立性的可专利性技术方案，其中的"技术创新点"可使其所属工程分体自身的权利要求经受住《专利法》第 22 条的严苛审核，同时也使各工程分体之间形成鲜明的保护梯度。

由此，在对大型工程项目进行专利运营时，如果从专利侵权视角切入，就如同观山一样，"横看成岭侧成峰"，专利申请人由此获得可预期的专利保护价值，专利代理人由此培养专利运营立体思维，两方面相得益彰，最终实现"公开换保护"的专利制度设计初衷。

第六，对工程总体单独提出专利申请，对具有相对独立性的工程分体也单独提出专利申请，并保证工程总体的专利申请日与各工程分体的专利申请日是同一天，这样既可以有效避免《专利法》第 22 条第 2 款抵触申请的合理质疑，同时又可以使工程总体、各工程分体分别获得合理的专利保护范围，并形成鲜明的专利保护梯度；而且，在专利审查阶段，各具有相对独立性的工程分体所对应的权利要求，特别是工程总体所对应的权利要求，将获得充足的修改空间，专利申请人对于专利申请文件也可以获得游刃有余的修改余地，以使专利申请满足授权要求。

四、结论与建议

总结上述分析，本文认为从专利侵权视角切入大型工程项目的专利运营，通过将大型工程项目进行化整为零，使技术方案本来错综复杂的大型工程项目被细分为若干技术方案相对单一的项目子单元，然后分别针对项目子单元从防范专利侵权角度进行"各个击破"，使大型工程项目的专利保护得以"面面俱到"和"层层设防"，在基础上进行专利运营，专利申请人将获得可预期的专利保护价值，实现大型工程项目的专利保护初衷。

参考文献

［1］ 360 百科 . 专利运营 ［OL］. https：//baike. so. com/doc/8816325 – 9141135. html.

［2］ 广东省深圳市市场监督管理局 . 深圳市市场监督管理局关于发布企业专利运营指南的通知 ［Z］，2014.

［3］ 最高人民法院 . (2013) 民申字第 790 号 .

［4］ 最高人民法院 . 最高人民法院关于审理侵犯专利权纠纷案件应用法律若干问题的解释（法释〔2009〕21 号）.

基于互联网经济环境下的知识产权运营构想

韩　雪❶

2015 年 7 月国务院发布《国务院关于积极推进"互联网＋"行动的指导意见》，明确指出要通过"互联网＋"来推进互联网的创新成果与社会各领域深度融合，推动技术进步、效率提升和组织变革，提升实体经济创新力和生产力，形成更广泛的以互联网为基础设施和创新要素的经济社会发展新形态[1]。"互联网＋"的概念一经提出，在实体经济乃至社会上下、各行各业等都掀起了创新的浪潮。伴随"互联网＋"的推进，众多传统行业在逐步推进数据化、在线化、移动化、远程化，从生产、销售、管理、服务等各个层面对传统的行业模式进行颠覆性的创新。同时随着互联网、物联网技术的日新月异，"万物互联"的时代已初露端倪。计算机和手机成为"万物互联"的智能终端，可以迅速定位并联通全世界经济社会的各个方面。置身这样的新环境中，作为知识产权运营的从业者，如何运用互联网经济的思维更好地去拓展知识产权运营业务范畴、创新知识产权运营的方式，是本文试图构建的知识产权运营的未来模式。

一、知识产权运营的现状

知识产权运营是近几年才有的新提法，它是指以实现知识产权经济价值为直接目的、促进知识产权流通和利用的商业活动行为，具体模式包括知识产权的许可、转让、融资、产业化、作价入股、专利池集成运作、专利标准化等涵盖知识产权价值评估、交易经纪以及基于特定专利运用目标的专利分析服务[2]。

自 2008 年国家知识产权战略纲要实施以来，知识产权的数量大幅增长，截至 2016 年年底，我国的发明专利拥有量突破 100 万件，成为继美国和日本之后世界上第三个国内发明专利拥有量超过百万件的国家。而与之形成鲜明对比的是大部分知识产权被束之高阁，并没有充分实现其价值。基于知识产权数量和

---

❶ 作者简介：韩雪，1982 年生，本科学历，专利代理人，四川九鼎智远知识产权运营有限公司任总经理。

质量发展不协调的现状，国家知识产权局自 2013 年起陆续出台了一系列相关的政策措施，加大对知识产权运营工作的推动力度。通过几年的摸索并借鉴国内外的运营经验，从目前国内知识产权运营的现状看，采用的运营模式大致有以下几种：

1）融资，即通过知识产权质押贷款实现间接融资或通过知识产权证券化实现直接融资两种形式。

2）参与制定技术标准、建立产业联盟或专利池等，即对行业或产品的关联专利进行有效组合，形成专利聚合器，替代单个企业、单一技术专利的一种专利运营方式。

3）作价投资获得股权即出资，即以知识产权出资的形式，包括以知识产权作为资本投资设立新企业，或者作为资本对已有的企业增加注册资本。

4）战略性知识产权侵权诉讼等法律维权，即通过谈判、依法诉讼等方式获得实施许可费、侵权赔偿费。

5）转让或许可，即通过知识产权的转让或者许可获得收益。

从运营的实际效果看，目前国内的知识产权运营还存在以下问题：

1）运营模式单一，基本是采用许可、转让、投资等方式的传统模式，商业化程度不高。

2）运营专利质量不高，核心专利较少。

3）运营的价值实现偏低。

从参与知识产权运营的各个主体来看，高校及科研机构专利获取的驱动因素一般不是来自于市场需求，而是来自各种考核，故其专利运营的程度很低；个人发明人的专利一般与企业需求相脱节，沟通渠道不通畅，导致能够实现有效运营的专利很少；企业的专利运营意识不强，很多企业都没有具体的专利运营制度，甚至有些企业连专利运营的概念都不清楚，故其专利运营程度很低。而对知识产权运营的专业机构而言，专利运营成本高、专利资本运营的相关的法制的完善，也是制约知识产权运营发展的重要因素。

二、利用互联网实施知识产权运营的当前模式

为了促进知识产权与创新资源、产业发展、金融资本融合，2014 年以来，国家知识产权局致力于打造"1 + 2 + 20 + N"的知识产权运营服务体系。以互联网为基础搭建起由政府投资建设的北京全国知识产权运营公共服务平台（1），西安国家知识产权运营军民融合特色试点平台和珠海国家知识产权运营横琴金融与国际特色试点平台（2）三个平台，并通过股权投资重点扶持 20 家

知识产权运营机构（20），带动全国知识产权运营服务机构和社会资本投资的知识产权服务平台（N）的建设和发展。目前已有的社会资本投资平台包括：以麦知网和尚标知识产权为代表的专注于商标交易的平台；高航网等专注为客户提供知识产权设计开发、转让交易和授权许可的综合解决方案的业务平台；峰创智诚等企业知识产权托管或者辅助管理（如知识产权人力资源中介业务）专利池等业务的平台；IPRdaily等以媒体为主作为入口，深耕产业服务的信息平台；思博等专利撰写、贯标培养等业务平台；汇桔等知识产权电商的专利转让平台；广州高鑫科技等扎根某一领域的技术转移平台；智慧芽等检索类平台。

从知识产权运营平台的快速建设来看，知识产权运营体系建设正在快速推进，各类细分平台也促进和加速了知识产权交易价值的实现。但通过对这些知识产权运营平台的实际运营状况分析我们看到：无论是政府投资的国家级公共平台，还是社会资本投资的专业平台，共同面临的问题是使用率不高，影响范围有限，大多依靠政府投资或政策扶持以及其他业务盈利来支撑，真正靠知识产权运营业务自身获得生存发展的机构很少。具体表现在：

1）平台交易运营不够活跃、利用率低，知识产权运营模式和服务产品都有待创新；

2）现有运营平台尤其是公共平台，在内容设置上追求大而全，知识产权种类区分过于综合，不利于同产业市场主体之间交流和知识产权的快速匹配；

3）社会资本参与度低，运营资本更多依靠政府出资，知识产权交易缺少资金激活；

4）缺乏细分领域的产业知识产权联盟，联盟管理和服务缺乏有效的详细的指导；细分的产业专利池、标准必要专利较少；

5）相关法律对知识产权保护力度不够，导致交易积极性不高。

由此可见，目前的知识产权运营并没有找到符合我国实际情况的可行的商业模式或盈利模式，而互联网也仅仅被当作一个基础工具在使用，并没有涉及互联网经济的核心。对于未来的发展方向，知识产权运营仅靠政府扶持是难以持续的，如何走向真正的市场化、企业化是当前致力于知识产权运营的所有人共同面临的问题。

三、互联网与知识产权运营结合的未来模式构想

互联网经济与传统行业的结合是当前经济社会发展条件下各行各业都在研究的问题。互联网经济不仅仅是搭建起一个交互式的开放平台快速连通经济社会的各个环节，更在于对传统经济模式的颠覆。与传统经济相区别，互联网经

济具有以下几个显著特点：

1）用户体验至上。互联网消灭了信息的不对称，让生产者与消费者之间没有距离。信息变得透明，消费者作为最终买单的人，可以掌握到越来越多的信息，可以更便捷地相互交流，因此也变得越来越有话语权。

2）基于免费的商业模式。传统经济强调的"顾客即是上帝"是一种二维经济关系，即商家为付费的人提供服务。然而，在互联网经济中，不管是付费还是不付费的人，只要用你的产品或服务，那就是上帝。因此，互联网经济崇尚的信条是"用户是上帝"。在互联网上，很多东西不仅不要钱，还要把质量做得特别好，甚至还要倒贴钱来吸引人使用。

3）价值链创新。淘宝通过免费开店颠覆了 eBay，360 通过免费颠覆了收费的杀毒软件厂商，微信的通话及信息功能让电信运营商的传统业务聊胜于无，免费反而成就了这些互联网的巨头公司，为什么？归根结底，互联网免费的商业模式在本质上讲是通过免费获取巨大的用户群，然后在此基础上创造新的价值链。

在对基于互联网经济环境下的知识产权运营的未来模式进行构想时，既要针对当前运营现状存在的问题，更要结合互联网经济的特点去思考，这样才能更好地搭建起知识产权运营的未来模式的基本框架。

首先，知识产权运营的用户是谁？创新主体，即所有知识产权相关的企业、高校、科研院所及个人。

其次，知识产权运营的主体是谁？专业的知识产权运营机构。知识产权运营是一项专业性、技术性很强的工作，需要由专业的团队来进行才能实现价值的最大化。

再次，知识产权在哪里运营？互联网平台运营。

最后，知识产权怎么运营？以用户需求开发服务内容。

基于上述思路，未来的知识产权运营模式应当是由专业的知识产权运营机构打造专业运营平台来为创新主体进行服务，而国家则是从市场规范和监管的角度，运用完善各项法律法规和出台各项政策措施对知识产权运营市场进行调控。专业运营平台将分为以下几个核心板块：

第一，托管运营平台。知识产权运营机构作为中介服务机构开展知识产权运营的基础在于拥有足够多的专利资源。如何吸引各个创新主体把自有专利托管给运营机构？这就需要建立一个为所有创新主体服务的免费查询平台，提供基础的专利查询和专利价值评估。基于这项服务可以实时获取创新主体的基本信息，并通过平台与之建立联系（如查询时要求手机号验证注册），获得知识产权运营的基础数据信息。运营机构可以借助微信公众号、微博等公共信息渠道发布查询平台的推广信息。考虑到查询平台使用的便捷性，小程序较之网页版是更值得使用的渠道。对于所有创新主体而言，自有专利的查询尤其是专利价值的免费评估是促使其关注和参与到知识产权运营中的最直接的方式。只有最大限度地调动创新主体参与到知识产权运营中来，才能为知识产权运营的未来奠定坚实的基础。

第二，运营资源整合平台。这是由知识产权运营机构的专业运营人员使用的平台。当运营机构通过托管运营获得足够多的托管资源后，如何对这些资源进行分类管理，打包、拆分、重组，这都需要一个强大的内部管理平台来进行整合。目前，知识产权运营还是个新行业，运营人员大多经验不足，缺乏综合性复合型人才，知识产权运营涉及环节多，要求从业人员既懂投资，又懂知识产权，还懂技术，从现状来看目前的人员缺口还是非常大的。一套完善的资源整合系统，利用大数据对已有的托管资源进行分析整合，可以在一定程度上弥补从业人员的不足。同时，利用内部的资源整合平台开展从业人员培训和考核，加强人员管理，促进人员从业水平的提升，也是运营机构提高管理水平、降低管理成本的有效手段。

第三，运营实现平台。知识产权运营机构将整合好的专利资源公布在运营实现平台上。由于知识产权运营效果的实现是一个漫长的过程。它不是一蹴而就的经济利益的实现，更不是短期内能看到成果的事情。因此，对知识产权运营机构来说，可以通过运营实现平台对运营效果有预期的创新主体及时跟踪运营的现状，并提供各种咨询类服务以保证用户的满意度；对创新主体来说，一方面可以及时掌握自有托管专利的运营现状，另一方面可以及时跟进行业相关专利技术情况，并可根据自身需求选择适时交易。同时，运营实现平台还是一个对所有投资主体开发的平台，它提供给所有独立投资人免费的信息开放和专业的价值评估，借力互联网构建一个新的投资平台。

知识产权运营和知识产权的自身价值紧密相连。由知识产权运营机构开发运营的旨在提升知识产权运营服务、创新知识产权运营模式的这一专业运营平台，在吸取当前运营平台优势的基础上，通过托管运营平台的专利实时评估系统，促使创新主体及时了解自身知识产权价值，通过研发出好技术和好产品持续性提高企业自身知识产权质量，保障了后期知识产权运营的有效性。同时，在运营资源整合平台，通过细分产业，按产业种类将同产业同领域的知识产权权利人、研发者、知识产权转化主体、需求方及上下游市场主体的信息进行整合，再通过运营实现平台，为各方搭建沟通交流的渠道，使得知识产权各要素更容易被激活，有利于加速知识产权交换价值的实现。

与当前运营平台不同的是：在知识产权运营机构主导下，新运营模式的根本目的是通过运营实现盈利，而非为运营而运营。所以其出发点不是吸引更多的政府投资或政策，而在于要以优质的免费服务为前提，吸引知识产权运营相关的所有创新主体参与进来，再通过自身的专业运营去实现资源的优化增值。在这一过程中，运营机构将全方位掌握各创新主体的信息，建立起知识产权运营相关的数据库，通过数据分析了解市场需求，为客户提供更多的个性化、专业化、标准化的运营服务项目。

四、结语

互联网经济给予传统经济的冲击力还在持续，各行各业在互联网思维的影响下，基于共享开放互联互通的理念，都在呈现出不同程度的改变甚至是颠覆。而对于新生不久的知识产权运营这个行业，它一方面脱胎于传统的知识产权代理，具备传统中介服务行业的属性，另一方面作为一个新生事物在连接各类创新主体及投资主体上又表现出对互联网的自然依赖。在知识产权运营的过程中，互联网不应该仅仅被当作一个简单的载体或工具，它也可以发挥更大的作用。因为它是一种崭新的经济方式，借助互联网的力量去发掘更多与知识产权运营相关的主体的需求，并迅速反馈给从业者，以便不断更新和丰富知识产权运营的服务内容，这样才能真正实现知识产权商品化和知识产权运营的市场化，从而摆脱目前知识产权运营单一依靠政府投资的现状，使知识产权运营步入良性发展轨道，促进和推动我国的知识产权价值的实现和释放。

参考文献

[1] 国务院. 国务院关于积极推进"互联网＋"行动的指导意见 [J]. 全国商情，2015（26）：8－10.

[2] 国家知识产权局. 专利统计年报 [Z]. 2016.

[3] 蔡峰，宗婷婷，孟奇勋. 专利运营基金：域外实践与本土探索 [J]. 科技进步与对策刘然，2016，33（5）：56－61。

[4] 王平，IPRdaily. 我国知识产权运营体系现状及对策 [Z]，2017.

[5] 濮雪莲. 高等学校专利技术运营机制研究 [J]. 技术经济与管理研究，2014，（7）：74－77.

[6] 胡瑞. 企业专利战略与制度建设研究 [D]. 武汉：武汉理工大学，2012.

专利运营中技术价值评价的探索

房 云[❶]

一、问题背景

1. 专利运营的政策背景

2008 年 6 月 5 日，国务院发布《国家知识产权战略纲要》，在促进知识产权创造和运用一节中指出："推动企业成为知识产权创造和运用的主体。促进自主创新成果的知识产权化、商品化、产业化，引导企业采取知识产权转让、许可、质押等方式实现知识产权的市场价值。"

在此背景下，以知识产权转让、许可、质押为主要方式的知识产权运营，尤其是专利运营在相关部门的大力倡导下在全国陆续展开。2012 年 4 月 28 日，国务院办公厅转发知识产权局等部门关于加强战略性新兴产业知识产权工作若干意见的通知中明确提出了要促进战略性新兴产业集聚区知识产权运营综合服务体系建设，培育知识产权运营机构。

2. 现有评价体系

专利的价值评价需要通过成熟的评价体系来综合考量，国内现行的评价体系较多，本文选取两项有代表性的进行探讨。

（1）GB/T 22900—2009

2009 年，中国标准化研究院、中国电子科技集团公司、北京加值巨龙管理咨询有限公司联合起草并发布了《科学技术研究项目评价通则》，作为目前科技项目评价中唯一一项国家标准，该通则主要是以技术就绪水平（Technology Readiness Level；TRL）作为评价的指标。针对基础研究项目、应用研究项目和开发研究项目三种不同类型的项目，根据其技术就绪水平分别分成了九级。但实际上技术就绪水平仅仅是用以评价技术成熟程度，而决定专利价值的除了技

❶ 作者简介：房云，1984 年生，硕士学历，四川智信九鼎科学技术评估有限公司副总经理。

术就绪水平以外，还涉及技术的先进性、可替代性以及市场、经济等评价指标。因此，该评价通则并不适合在专利运营中用以评价技术价值。

（2）专利价值分析指标体系

2012 年，国家知识产权局专利管理司和中国技术交易所联合编写并发布了专利价值分析指标体系，该体系将专利价值度划分为如下三个维度：

其中，$PVD = \alpha * LVD + \beta * TVD + \gamma * EVD$；$\alpha + \beta + \gamma = 100\%$。该体系又将三个维度进行了二级指标细分，并进行了 2 - 10 分的不同分值赋值。

相对于 GB/T 22900—2009，该指标体系在指标全面性、可量化性等方面均有了大幅提升，但仍存在一定缺陷。

1）各维度中支撑指标的权重固定，对不同专利的适应性较差。例如，法律价值度中，多国申请这一支撑指标权重 15%，然而多国申请需要考虑很多因素，并非所有专利申请都会进行多国布局。例如，在中国宣布大飞机项目研发前，空客和波音两家公司在中国专利布局数量是很低的，随着消息公开，专利布局数量才大幅增长。如果按照 15% 的固定权重，那么空客和波音因在此之前未在中国布局而专利申请法律价值度就会相对较低，显然这实际上与事实不符。

2）二级指标的赋值标准可量化性不高。例如，在法律价值度的二级指标中，稳定性的分值分配为：非常稳定 10 分、比较稳定 8 分、稳定 6 分、不太稳定 4 分、很不稳定 2 分。但"非常""比较""不太""很不"这些词本身就是模糊的表示程度的词，缺乏量化的标准，在实际工作中很难根据这些指标描述进行准确量化评分。

在这样的背景下，解决现有评价体系问题的关键在于开发一套可量化程度高、操作性强、评价指标全面的评价体系。

二、我们的探索

1. 价值与价格

经济学告诉我们：价值规律是商品经济的基本规律，而价格围绕价值上下波动正是价值规律作用的表现形式。同样，在专利运营中价格和价值也遵循这一规律。因此，对于评价而言，关注价值评价相对于价格评价更有意义，所以评价指标体系评价的是技术价值本身，而并非价格。

2. 评价理论——黑箱理论

在评价过程中，由于专业的限制，评价人员不可能对于所有评价专利的所属领域均了解，在这样的前提下，如何做到客观、公正地评价就需要考虑对技术细节进行模糊化处理。因此，我们在评价理论中引入了黑箱理论（如图 1 所示）。

图 1　黑箱理论

该理论的核心在于将创新的技术系统（包括产品、方法、系统等）看成一个黑箱，对于黑箱内的技术信息评价人员不用过多关注，而是关注黑箱的输入端和输出端。也就是说，评价人员评价的依据是一些具体和量化的指标，例如原料、辅料、能源及其他；性价比、成本、寿命、易用性，而不依据系统内部包括的部件、各个部件之间的连接关系、工作状态。这就将评价对象进行了量化，避免了因不熟悉技术及其细节对评价造成的困扰。

3. 指标体系

我们将专利的价值度评价体系分为 7 个维度，每个维度进行二级指标细分（如图 2 所示），以技术价值度为例分析。

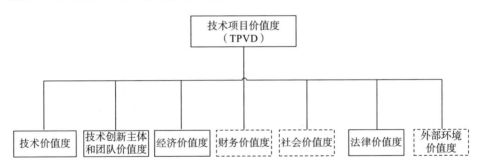

图 2　专利的价值度评价体系

技术价值度（TVD）包括：技术先进性、技术产业价值、知识产权价值度、技术成熟度。

$$TVD = P_a \times r_a + P_b \times r_b + P_c \times r_c + P_d \times r_d \quad (r_a + r_b + r_c + r_d = 100)$$

其中，TVD——技术价值度评价得分；

P_a——技术先进性评分；

P_b——技术产业价值评分；

P_c——知识产权价值度评分；

P_d——技术成熟度评分；

r_a——技术先进性权重系数；

r_b——技术产业价值权重系数；

r_c——知识产权价值度权重系数；

r_d——技术成熟度权重系数。

而对于技术先进性二级指标，又进一步细分为技术独占性、技术创新性和创新度。

1）技术独占性（三级指标）：

a）技术独占性是指，该技术是否是首次开发成功，属独家拥有技术。

b）技术独占性评分，以技术独家拥有为 100 分。如多家企业拥有，以使用企业数量与行业企业总数量的占比来确定其得分。

2）技术创新性（三级指标）：

a）技术创新性体现在产品性能或生产指标的提升上，如产能、产率、合格率、成本、能耗、环保等。其中，产品性能指标为该行业普遍认同的产品主要指标；生产指标为产业内普遍认同的产业化技术指标。

b）技术创新性评分，以被评技术（产品）的主要指标对比目前最先进的同类或相似技术（产品）的主要指标，最终得出量化结论。总分为 100 分。

c）就高不就低原则，如技术（产品）有多项性能指标，选择得分最高的指标评分。

三、案例

2013 年 5 月，四川某公司委托就其新型单驱动型液力透平机组及半贫液泵进行评价，根据上述评价体系进行如下评价：

1. 技术价值度评价

技术价值度评价主要从技术先进性（包括技术独占性、技术创新度）和技术成熟度两方面进行评价，具体包括：

（1）先进性评价

研发单驱动液力透平要解决的关键技术是：

a. 研发高效液力透平水力模型，透平效率（69% ~ 83%）达到从国外发达国家引进设备的技术水平（替代进口产品）；

b. 大功率液力透平实验平台新建与测试方法的研究；

c. 液力透平工业自动控制与智能控制；

d. 液力透平与工艺及驱动设备匹配及可靠性研究。

项目技术先进性的评估包括技术独占性和技术创新度两个指标。

①技术独占性

研制的产品则是与蚀刻机在线闭环连接，自动循环运作，将碱性蚀刻废液还原再生，在为客户带来成本节约和经济效益的同时也减少了化工材料的消耗，杜绝了重金属污染的转移。

项目技术与其他技术的比较如表 1 所示。

表 1　项目技术与其他技术的比较

生产企业	透平型号	主要参数			效率（%）	结构形式
		流量（m³/h）	水头（m）	转速（rpm）		
沈阳鼓风机集团	TTD280	276.25	206.3	2985	72	多级双支撑
SULZER PUMP LTD	ZR150	690	160	2985	69	单级悬臂
NIIGATA WORTHINGTON	8HNN－135T	874	183	2980	80	单级悬臂
NIIGATA WORTHINGTON	10HDSS－152T	997	218	2980	79	双吸双支撑
日本新潟制作	—	776.8	218	2985	71	单级悬臂
大连深蓝泵业	—	685.7	190	2985	71	单级悬臂
兰州西禹泵业	WTS750－210	725.3	193	2985	70	单级悬臂
自贡工业泵公司	200ZHT－95	732	189.6	2980	75	单级悬臂
自贡工业泵公司	200ZHT－60	1020	197	2970	79	双吸双支撑

经核查，进行液力透平产品应用研究的厂家单位和技术成果持有者合计为 145 家，其中与采用本项目方式进行生产的企业为 4 家，分别是沈阳鼓风机、大连深蓝、兰州西禹和自贡工业泵。

独占性计算得分为：$100 - 4/145 * 100 = 100 - 2.76 = 97.24$（分）

②技术创新度

a. 设备主要性能指标：透平效率。

b. 产品性能指标提升度：该项目主要性能指标为效率。根据数据查询，目前该行业效率最高为 NIIGATA WORTHINGTON，效率为 80%；本公司效率指标平均为 77%；理论效率应为 100%。

效率理论提升率：$(100\% - 80\%) / 80\% = 0.25$

产品性能提升度：$60 + 0.25 * (77\% - 80\%) * 100 = 59.25$

c. 技术先进性评价得分为技术独占性和技术先进性两部分，其权重均为50%。综合以上数据得分，可以得到技术先进性得分为：

$50\% * 97.24 + 50\% * 59.25 = 78.245$（分）

（2）技术成熟度

本项目的技术成熟度采用10级指标体系进行量化。

根据项目提供附件资料，获得了产品检测报告，目前已经实现用户试用且获得用户试用报告，故其技术成熟度评价为：第八级。成熟度得分为80分。

技术价值度评价得分为：

技术价值度 = 50% * 技术先进价值度 + 50% * 技术价值成熟度

= 50% * 78.245 + 50% * 80

= 79.1225（分）

2. 经济价值度

（1）市场应用情况

该技术即"能量回收液力透平（ZHT型）装置"的主要应用领域是：石油化工、石油加工（加氢裂化）、石油加工（渣油加氢脱硫）、煤化工（化肥、甲醇）、化肥装置、合成氨脱硫、合成氨脱碳工程、海水淡化、钢铁冶金等有大量高压液体的行业。

液力透平目前已经在以上几个领域均有应用且有成功经验，但是大部分为国外进口。

导用公式：

应用产品开发率（ARPD）= 已开发的应用产品种类数/理论上可开发的应用产品种类数 * 100 = 9/9 * 100 = 100（分）

（2）市场规模

①现有市场规模

目前国内每年从国外进口能量回收液力透平装置大约在125台套左右，每台套价格平均为500万~1000万元，市场规模预估为62500万~125000万元，平均规模可设定为9.375亿元。

根据智信九鼎评估体系指标计算：

MS = 60 +（9.375亿 - 1亿）/（10 - 1）*（80分 - 60分）= 78.56（分）

②行业产能

据统计，一台用于30万吨合成氨装置的能量回收液力透平装置，一年节电就可达982kW·h。按照目前500~600厂家需要该能量回收装置，每个厂装3套设备，每年共节电达50亿kW·h。

根据工业用电价格0.95元/kW·h计算，市场规模为47.5亿元。

根据智信九鼎《技术项目价值评估分析指标体系》，行业产能得分为：

80 + （47.5亿 − 10亿）／（100亿 − 10亿）＊（100分 − 80分）= 88.33（分）

③近五年规模变化及未来五年预测

根据美国工业市场研究公司 Freedonia 集团发布的一份报告，2013年，全球泵类需求每年增长4.4%，达到490亿美元（包括价格的增长）。

液力透平作为泵类的主要类型，根据全球泵类需求预测近五年规模变化。根据智信九鼎指标体系计算公式得到：市场增长率 = 4.4% * 100 = 4.4。

④市场规模得分为：

$$MS = （78.56 + 88.33 + 4.4）/3 = 57.10（分）$$

（3）市场竞争力

本项目主要性能指标为效率，其中被评价项目效率为77%，行业平均效率为74%，则性能指标竞争力

$$60 + （77\% − 74\%）/74\% * 100 = 64.05（分）$$

（4）政策适应性

高效能量回收液力透平（ZHT型）装置及相关政策文件在政策内容中被归纳到节能环保类，没有明确提及属于间接鼓励类，根据指标体系该政策适应性得分为60分。

（5）经济价值度得分

经济价值度（EVD）= α * 市场应用情况 + β * 市场规模 + γ * 市场竞争力 + δ * 政策适应性

= 30% * 100 + 30% * 57.10 + 30% * 64.05 + 10% * 60

= 79.72（分）

此项总分为100分，得分为79.52分。说明该项目经济价值度较高。

四、结论

经过近年来的开发研究，我们已经基本完成了一套适用于专利运营的技术价值评价体系，该体系具有全面性、可量化性和操作性强的特点，对于不同领域专利适应性强。但我们也清楚地认识到，在评价过程中还存在诸多问题，例如指标细分程度不够、权重和赋值科学性有待提高，在今后的工作中会对这些问题进行系统完善和修改。

高水平保护篇

基于"创新驱动"下的我国知识产权
司法保护发展的新思路

徐　娟❶

党的十八届三中全会制定了全面深化改革的总体方案，开启了全面深化改革的新征程。我们正在打造中国经济的"升级版"，与当前经济全球化及科技和产业革命的新趋向、国内改革开放和转型升级的新形势相适应，我国正在进行新一轮的知识产权法律修订，尤其是十八届三中全会决定提出了"加强知识产权运用和保护""探索建立知识产权法院"的明确要求，这些都标志着我国知识产权保护面临着全面升级。

一、当前形势下我国知识产权司法保护发展现状

（一）司法保护力度不断加强

近年来，我国知识产权司法保护职能不断强化，知识产权民事、行政、刑事诉讼案件持续增长。民事审判方面，据最高人民法院统计，全国地方人民法院共新收和审结知识产权民事一审案件 88583 件、88286 件，分别比 2012 年上升 1.33% 和 5.29%。其中，新收专利案件 9195 件，同比下降 5.01%；商标案件 23272 件，同比上升 17.45%；著作权案件 51351 件，同比下降 4.64%；技术合同案件 949 件，同比上升 27.21%；不正当竞争案件 1302 件（其中垄断民事一审案件 72 件），同比上升 15.94%；其他知识产权案件 2514 件，同比上升 13.91%。全年共审结涉外知识产权民事一审案件 1697 件，同比上升 18.75%；审结涉港澳台知识产权民事一审案件 483 件，同比下降 21.21%；审结垄断民事

---

❶　作者简介：徐娟，1969 年生，四川司法警官职业学院副教授。

一审案件 69 件，同比上升 40.82%。共新收和审结知识产权民事二审案件 11957 件和 11553 件，同比分别上升 24.80% 和 24.33%。共新收和审结知识产权民事再审案件 75 件和 96 件（含旧存），同比分别下降 56.40 和 56.95%。

（二）知识产权司法保护水平大幅提升

案件审判质量和效率进一步提高，诉讼调解效果显著，司法公正、透明度明显上升。例如，粗略统计我国地方各级法院收审的知识产权民事案件，审结垄断民事一审案件 69 件，同比上升 40.82%。共新收和审结知识产权民事二审案件 11957 件和 11553 件，同比分别上升 24.80% 和 24.33%。共新收和审结知识产权民事再审案件 75 件和 96 件（含旧存），同比分别下降 56.40% 和 56.95%。通过以上统计数据可以看出，我国知识产权案件的审判数量、质量和效率呈逐渐上升趋势，反映了我国法院对于知识产权的司法保护的能力、水平，司法保护的公正、透明，司法程序设置的科学合理性，得到了持续和显著的提升。

（三）知识产权司法保护领域不断拓宽

知识产权司法保护的对象领域除了以往的专利、商标、著作权三大领域以外，近些年领域不断拓宽，新事物、新概念、新内容不断出现，包括不正当竞争、技术合同等案件逐渐增加，网络电子版权、计算机软件、植物新品种、特殊标志、非物质文化遗产、传统文化知识产权等非常规知识产权诉讼的领域，特别是近年来有关网络文化、艺术、音乐影视作品著作权侵权案件增长迅速。这些领域的不断拓宽发展，对知识产权司法保护的一些传统理念、做法，对法律思维、取证途径、证据认定等诸多方面都带了新的冲击和碰撞，有很多新的课题值得探索和深入研究。

二、目前我国知识产权司法保护的不足与原因分析

实施创新驱动发展战略要求全方位、高标准的知识产权保护。知识产权的司法保护，是知识产权执法中最为关键的环节，是我国知识产权保护的根本途径，也是优化知识产权保护的迫切要求。但是，知识产权的司法保护也有着自身的缺陷。

（一）目前我国知识产权司法保护的不足

1. 诉讼周期长

知识产权案件的技术复杂性等自身特点决定了审理周期会很长，尤其是专利案件，循环诉讼、诉讼周期五年甚至七八年结不了案的情况屡见不鲜。对于知识产权这个时间性的权利而言，诉讼周期过长必然会损害权利人寻求司法保

护的积极性。

2. 诉讼成本高

知识产权案除了预缴诉讼费、承担调查取证的费用和出庭的差旅费等诉讼常规的费用外，因知识产权本身具有技术复杂、难于辨识等特点，以专利为例，如果聘请律师，一般需要持有律师证和专利代理人的双证律师，费用比一般案件要高出很多。另外，知识产权案件侵权行为具有隐蔽性，证据较难获得，如申请诉前禁令、证据保全和财产保全的一般还要提供财产担保。因此，知识产权往往被称作富人的游戏，影响了权利人通过诉讼方式维权的积极性。

3. 举证责任重

知识产权诉讼证据具有无形性、技术复杂、难于辨识等特点，权利人举证难，而在知识产权民事诉讼程序中，原告的举证责任较重，除了证明自己是知识产权的权利人，还要举证证明被控侵权行为存在事实，侵权行为的隐蔽性为知识产权维权制造了极大的困难。

4. 赔偿数额低

知识产权维权由于取证困难、周期长等原因，维权成本高，与此对应的是往往获得的经济赔偿却很低。很多知识产权案例被称为"赢了官司输了钱"。

（二）我国知识产权司法保护不足的原因分析

形成上述缺陷的原因有很多，其中，有司法保护体制设计上难以避免的制度缺陷，也有我国知识产权和人文环境方面的影响，总结起来有以下几点：

1）我国社会对知识产权的认识不到位，导致社会、大众缺乏对知识产权的尊重，对知识产权保护缺少必要的认同感。知识产权词汇对于中国社会和民众而言，其实是个彻底的"舶来品"。若干年前，人民尚不知道"知识产权"是什么，知识产权只是近几年的"新鲜事"，这与我们传统文化对知识产权的认知和保护的方式有关，与我们多年实行的是计划经济的历史有关。

2）司法机关对民事权利的中立特性。如果权利人不知道侵权、不愿意起诉，法院不会对知识产权侵权案件主动进行审理，我国民间对于到法院打官司传统上是持有抗拒和畏惧心理的，特别是知识产权的权利人往往是知识分子，对打官司尤其顾虑，因此，实践中很多原本应该进入诉讼程序的案件最终被当事人嫌麻烦而不了了之。

3）对于赔偿损失的法律规定不完善。大部分知识产权官司的权利救济方式是停止侵害、赔偿损失，但是我国对于知识产权侵权损害赔偿额计算的相关规定细则缺乏必要的细节规定，导致其损害结果和损失赔偿的执行很难落实，认定许多案件被害人得不到足额赔偿，或者即使拿到赔偿，但算算后账，因打官司而付出的时间、精力及财力远大于补偿。加上我国信用体系不健全，侵权人换个地方、换个名称重新注册公司再起炉灶，依然我行我素，权利人面对这种情况往往是疲于应付，于是有些被侵权人宁愿放弃权利，也不愿意打官司。

4）知识产权诉讼效率较低，救济成本较高。司法实践中，一个简单的知识产权侵权案件往往也需要一年以上的时间审理，甚至需要多年的反复，而知识产权是具有时效性的，结果往往是无论官司打赢也好输了也罢，等结果出来了，权利也临近终止期限了，而知识产权官司诉前禁令的申请有诸多的限制，也常常难以执行，因此权利人通常权衡利弊之后选择对知识产权侵权行为视而不见。

5）缺乏专门的知识产权司法机构和专业的知识产权法律人才。由于知识产权案件的复杂性和专业性要求，按照现行设置，一般只在中级以上人民法院设有知识产权法庭，基层法院一般不予设置知识产权法庭，知识产权专业人才也极其缺乏，这与知识产权案件数量快速增长的现状极不符合。

三、新形势下打造我国知识产权司法保护的新思路

将知识产权保护纳入法制轨道。让司法发挥保护知识产权的主导作用，有利于彰显我国知识产权法治形象，有利于我国知识产权保护为国际主流社会理解、认同，对于我国的知识产权司法保护应当从以下几个方面着手：

（一）优化诉讼程序设计

所谓优化诉讼程序设计主要包括以下几个要点：一是"简"，即简化诉讼程序，是指在符合法律规定的情况下，审理程序能简则简，包括诉讼程序的简化设计、救济程序的简化设计，在"简"的基础上才能缩短诉讼周期，提高当事人寻求司法保护的积极性；二是"下"，即知识产权案件的审理权限试点下放到基层人民法院，随着近些年知识产权案件数量激增，基层法院的审判力量也不断增强，除专利、集成电路布图设计、植物新品种之外的一般知识产权已经完全有条件放到基层法院管辖；三是"降"，是指降低诉讼费用，通过简化程序，合理调整诉讼费用，同时加大侵权赔偿力度，坚持全面赔偿原则，慎用法定赔偿等方法，大幅度降低司法诉讼的维权成本，增强人们对知识产权司法保护的积极性。

（二）加大强制措施力度，有效制止继续侵权

加大强制措施的力度，是指包括尝试采取适当的人身强制措施和争取诉前财产保全等在内的更为有力的知识产权司法强制措施，加强调查研究，以立法的形式加强知识产权的诉前保护，明确人身强制和诉前保护措施需要协助执行的情形，确立执行人的协助义务以及当有义务协助的单位和个人拒不协助执行

时要承担的法律责任。

（三）提高侵权代价，适度全面赔偿

在符合法律原则的前提下，应以加强知识产权的保护为引导方向，一是在目前法律规定范围内，在做出知识产权的诉讼判决时，采取积极保护权利人的措施：一方面要加大针对知识产权侵权人的惩罚力度，提高其侵权代价，要让侵权人真正地"害怕"，无法轻易翻身，无法换个地方、换个公司卷土重来；另一方面要对权利人坚持全面赔偿的原则，适度增加针对权利人的知识产权损害赔偿力度，尽可能地弥补知识产权人因此而遭受的损失。二是认真做好调查研究，尽快调整修正相关法律基础，针对知识产权的侵权惩罚和赔偿与侵权行为带给侵权人的利益相比，往往微乎其微，不能产生足够的震慑劝止效果，应尽快研究制订具体方案，改变目前状况。

（四）加强人才培养，提高专业素养

法院负责知识产权审判的法官与其他庭法官相比，除了需要熟悉民法、刑法、行政法等法律法规外，还要掌握涉及专利、商标、版权、集成电路布图和设计、动植物新品种等知识产权范畴和领域的法律法规，需要的专业知识程度更深、范围更广、要求更高、难度更大，甚至还要对一些工科的技术领域有一定层次的了解。因此，一是要从现任的法院法官中选择具有相应背景的法官进行专门培训，以提高其胜任知识产权审判的能力水平；二是可尝试从具有专业背景的如专利、商标代理人以及具有"双证"的知识产权从业人员中选择合适的人员充实到知识产权司法和审判战线。

总之，当前我国国力大增，又处于改革开放的新起点，在符合我国发展需求和承受能力的前提下，我国应以更大的勇气和更高的要求吸收借鉴知识产权通行规则，并积极创造世界性经验。我国新一轮的知识产权制度设计必须与促进转型升级和创新驱动发展相适应，必须与积极参与经济全球化、引进国外投资和深化经济技术交流相适应，使我国的知识产权规则更加符合国际通行标准。与此相适应，我国知识产权司法保护必须解放思想、转变观念和开拓创新，具有更加开放的姿态。

参考文献

[1] 陈晖. 论对知识产权刑法保护的宽严相济 [J]. 广东行政学院学报, 2011, 23 (4): 55 – 60.

[2] 陈慧军. 知识产权诉讼中维权成本的调查与思考 [J]. 审判研究, 2012 – 7 – 27.

[3] 钟莉, 童海超. 知识产权司法保护的主导作用研究——以湖北省司法与行政"双轨制"知识产权保护为研究对象 [J]. 湖北行政学院学报, 2012 (2): 58 – 63.

［4］邰中林. 知识产权授权确权程序的改革与完善 ［J］. 人民司法，2010（19）.

［5］国家知识产权局. 我国知识产权司法体制改革 ［EB/OL］. http：//www. iponline. cn/ thread － 3500 － 1 － 1. html.

［6］蒋志培. 中国知识产权司法救济 2008 ［M］. 北京：中国传媒大学出版社，2008.

自贸区贸易自由化与知识
产权保护的冲突探讨

张　恒❶

一、引言

按照国家和地区的不同，知识产权包括：版权与邻接权、商标权、地理标志权、工业品外观设计权、专利权、集成电路布图设计（拓扑图）权、未披露过的信息（商业秘密）专有权。在自贸区的贸易过程中，主要的知识产权问题发生在专利权和商标权上。尤其是涉外定牌加工是否构成商标侵权目前仍然没有定论。知识产权保护一般是通过所有权主张自己的专利权或者商标权等其他权利。自贸区是一个为了多流通、多交流而建立的贸易区域，这个区域内放宽了商品流通的各种要求。但是知识产权保护存在着排他性、独占性、时间性和区域性。在制定保护知识产权的条约时，边界的不同就可能造成判断的基准不同，是否侵犯知识产权的判定结果不同。自贸区为了实现贸易自由化，其中最重要的一个原则就是"模糊"了边界，因此两者之间就出现了冲突。

二、知识产权保护限制自贸区贸易自由化

（一）严格的知识产权保护限制贸易的启动

自贸区将边境内视为边境外，给予了税收等方面的优惠。但是自贸区除了部分给予了边境外的优惠政策，其余的边界性并没有消除。

因为知识产权保护的存在，部分企业害怕商品面临知识产权诉讼问题，因此对于进入自贸区顾虑颇多。特别是一些拥有知识产权，且不以生产经营为目的的企业，以知识产权作为壁垒在自贸区恶意碰瓷，成为"专利蟑螂"或者

---

❶　作者简介：张恒，本科学历，专利代理人，就职于成都天嘉专利事务所。

"商标蟑螂"。

企业在考虑商品是否进入自贸区时，也会考虑是否存在着知识产权风险。考虑的过程中就会相应地做很多评定，会花费大量的时间和金钱。诸如此类的问题会阻碍商品进入，阻碍贸易流通，从而影响了自贸区的贸易自由化。

（二）知识产权保护制度的不完善让自贸区贸易混乱

自贸区的商品和企业来自世界各国，但是其知识产权制度却是单一的。每个国家和地区的知识产权保护制度是不一样的。

知识产权保护和自贸区政策之间很可能会出现不同的趋向，且管辖两者的机构不一样，例如专利权是由国家知识产权局进行管理，而上海自贸区则由中国（上海）自由贸易试验区管理委员会保税区管理局进行管理。部门不同，协商的难度比较大，处理偏向的趋势也就不同。

如果知识产权保护和贸易自由之间出现了问题，其取证、判定、赔偿和后续处理都需要很长的时间、很复杂的手续。一方面让原本愿意进入自贸区的企业打起了退堂鼓；另一方面自贸区的知识产权保护局面混乱，间接地让自贸区的贸易也变得混乱。

在一个没有健全知识产权制度的自贸区，拥有知识产权的企业在自贸区无法有力地保障自己的合法权益，而且会增大自己商品被模仿、被侵权的可能性。从这一点来考虑，拥有知识产权的企业也不愿意进入自贸区。没有知识产权的企业在自贸区没有竞争力，各种制造仿制品的企业涌入，繁荣的自贸区也只是一个假象。

三、自贸区贸易自由化影响知识产权保护

（一）注重贸易自由化而疏忽知识产权保护

自贸区是以贸易自由为主要发展宗旨，因此在宏观调控上大都以贸易的增长作为首要目标。此时，知识产权的问题不一定会受到重视，还很有可能被忽略。

一个知识产权被忽视的自贸区，其创新得不到保护，新思想得不到鼓励。随着时间的推移，知识产权意识变得更加薄弱，自贸区可能会成为一个仿制品集聚的区域，而无法达到贸易自由化、促进贸易的目的。

（二）贸易过于自由化而让知识产权监管困难

自贸区作为一个以"自由"为主要看点的特殊区域，为了吸引多元化的贸易来自贸区进行流通，流通得是否顺畅依赖于程序的简化，对应的关口就会减少，这样就会在一定程度上让知识产权监管变得越发艰难。

目前，国务院提出了很多措施来促进自贸区发展，如提高货物贸易开放水平、扩大服务业对外开放、放宽投资准入、推进规则谈判、提升贸易便利化水平、推进规制合作、推动自然人移动便利化、加强经济技术合作、继续深化自由贸易试验区试点、完善外商投资法律法规、完善事中事后监管的基础性制度、继续做好贸易救济工作、研究建立贸易调整援助机制、完善自由贸易区谈判第三方评估制度、加强已生效自由贸易协定实施工作和加强对自由贸易区建设的人才支持等，致力于更快、更好的建设一个有组织、有纪律的自贸区。

综上，自贸区贸易自由化与知识产权保护存在着诸多冲突，如何缓和这些冲突，在自贸区贸易自由化和知识产权保护之间找到一个平衡点，需要更多的思考和实践。将自贸区贸易自由化与知识产权保护之间的冲突缓和到最小才能使得自贸区发展得更好。

参考文献

［1］京都条约.

［2］世界贸易组织（WTO）.与贸易有关的知识产权协议.

［3］国发〔2015〕69号《国务院关于加快实施自由贸易区战略的若干意见》.

保守企业商业秘密与竞业限制异同

陶喜群[①]

一、前言

2008 年国务院发布的《国家知识产权战略纲要》规定："依法打击窃取他人商业秘密的行为。妥善处理保护商业秘密与自由择业、涉密者竞业限制与人才合理流动的关系，维护职工合法权益。"首先强调要"依法"，然后说明要"妥善处理"，做到"维护职工合法权益"。国务院国有资产监督管理委员会 2010 年发出《中央企业商业秘密保护暂行规定》，在不足 2500 字的规定中，仅"依法"字样就使用了 9 次，足见依法保护商业秘密的重要。

二、商业秘密

《中华人民共和国反不正当竞争法》第 9 条规定："商业秘密，是指不为公众所知悉、具有商业价值并经权利人采取相应保密措施的技术信息和经营信息。"国资委在《中央企业商业秘密保护暂行规定》（下称《暂行规定》）中也确定了具体内容，而且确定"中央企业商业秘密的密级和保密期限一经确定，应当在秘密载体上做出明显标志。标志由权属（单位规范简称或者标识等）、密级、保密期限三部分组成。"国资委对商业秘密的范围和秘密的标示等规定得非常清晰，明确保护商业秘密必须有相关的制度配合。国资委还规定了央企与员工签订的劳动合同中应含有保密条款，与涉密人员签订的保密协议中明确保密内容和范围、双方的权利与义务、协议期限、违约责任等。

[①] 作者简介：陶喜群，1950 年生，就职于德阳市老年科学技术协会，多年从事设计和知识产权管理工作。

三、竞业限制

竞业限制是用人单位对负有保守用人单位商业秘密的劳动者在劳动合同、知识产权权利归属协议或技术保密协议中约定的竞业限制条款。

《中华人民共和国劳动合同法》第 23 条规定"用人单位与劳动者可以在劳动合同中约定保守用人单位的商业秘密和与知识产权相关的保密事项。对负有保密义务的劳动者，用人单位可以在劳动合同或者保密协议中与劳动者约定竞业限制条款，并约定在解除或者终止劳动合同后，在竞业限制期限内按月给予劳动者经济补偿。劳动者违反竞业限制约定的，应当按照约定向用人单位支付违约金。"

《中华人民共和国劳动法》第 24 条规定"竞业限制的约定不得违反法律、法规的规定。在解除或者终止劳动合同后，前款规定的人员到与本单位生产或者经营同类产品、从事同类业务的有竞争关系的其他用人单位，或者自己开业生产或者经营同类产品、从事同类业务的竞业限制期限，不得超过二年。"

国资委在《暂行规定》中明确央企根据涉密程度等与核心涉密人员签订竞业限制协议，特别指出"协议中应当包含经济补偿条款"。

竞业限制限制了人才流动，竞业限制经济补偿是法律对于劳动者自由择业、自主创业受限而由用人单位给予劳动者的补偿的规定，劳动者取得补偿是以自身负有竞业限制义务为代价的。

四、保守商业秘密与竞业限制的区别

（一）权利不同

商业秘密是无形资产，是一种财产权利。

竞业限制是一种限制权利。自主择业权是指劳动者可以自主选择职业的权利，这种权利是劳动者人格独立和意志自由的法律体现。竞业限制限制了劳动者的这项合法权利。

（二）限制时间不同

保密协议限制时间宽泛，有的协议就规定"乙方离职后承担无限期保密的义务，直至甲方宣布解除秘密"。只要他人的商业秘密的秘密性尚未丧失，就不影响保密义务的延续。

竞业限制期限如果规定得太长，势必侵害劳动者的正当权利和人才合理流动，因此《劳动合同法》规定竞业限制期限"不得超过二年"。

（三）保密费和补偿金不同

劳动者只要在用人单位工作过并签过劳动合同，约定了保守秘密条款的，保护商业秘密就是无条件的。如果约定了保密费，发放时间从签订协议开始，最迟到职工离职前截止。

竞业限制不同。由于竞业限制，劳动者所掌握的赖以谋生的知识、经验和技能不能充分发挥，因此法律明确规定用人单位必须按月支付劳动者补偿金，如果用人单位没有支付，该合同部分相关条款无效。说明竞业限制方面只要没有签协议，或签了协议但是劳动者在离职后没有按月得到补偿，就无须承担义务。

法律规定竞业限制补偿金是在职工离职后才支付，显然与保密费完全是两回事。

有人认为劳动者在职期间收到过保密费，虽然没有得到离职后的竞业限制补偿金也应承担竞业限制的义务，是混淆了二者的根本区别。

（四）商业秘密与竞业限制的产生条件不同

商业秘密基于法律规定和劳动合同的义务而产生，员工在职期间和离职以后均应承担保守企业商业秘密的义务。

员工的离职竞业限制义务是基于当事人之间的专门约定而产生，没有约定则没有义务。

商业秘密的保密规定要求劳动者不得泄露用人单位的商业秘密，着重是不能"说"。如有泄密事件发生，用人单位有义务举证商业秘密被侵害和实际损失的情况。

竞业限制规定要求劳动者不能到竞争单位任职或自营竞争业务，着重是不能"做"。如劳动者违反竞业限制，用人单位不须举证商业秘密被侵害即可告劳动者侵权。

劳动者违反竞业限制规定并不必然违反保密条款，而劳动者竞业限制期满也不解除继续保密义务。

五、保密协议与竞业限制协议

有时用人单位与劳动者在一份协议中同时约定保守商业秘密和竞业限制的权利和义务，如订立《保守企业技术秘密、商业秘密及竞业限制协议》。如前所述，可知"保守企业技术秘密、商业秘密"和"竞业限制"尽管相关，但是是两个不同的法律概念。

保密协议部分是指用人单位针对知悉企业商业秘密的劳动者签订的要求劳

动者保守用人单位商业秘密的协议。在协议中可以规定企业商业秘密的详细范围。国资委在《暂行规定》中也详细说明了中央企业商业秘密的保护范围。

竞业限制协议部分是指用人单位与劳动者约定在解除或者终止劳动合同后一定期限内，限制劳动者自主择业的协议。有的协议中规定"乙方（劳动者）离职后二年内不得在与甲方（用人单位）生产同类产品或经营同类业务且有竞争关系的其他单位内担任任何职务，也不得自己或合伙开业生产与甲方有竞争关系的产品或经营同类业务"。关于经济补偿规定为："乙方在甲方任职期间按月享受竞业限制补贴。乙方在与甲方解除、终止劳动合同（不含退休等法定终止条件、按组织程序调动等）后，由甲方按照以下标准按月支付保密和竞业限制补偿金，支付期限为 24 个月"。关于违约责任规定为："若乙方违反本协议条款，应当全额退还甲方按月支付的竞业限制补贴。同时还应承担违约责任，向甲方支付违约金。违约金标准按照保密和竞业限制补偿金总额的两倍执行"，"若乙方的违约行为给甲方造成损失的，乙方还应当赔偿甲方的损失，直至追究其法律责任。"

用人单位的权利有商业秘密独占权、限制同业竞争权、损害赔偿请求权；用人单位的义务是给予劳动者竞业限制补偿。

劳动者的权利包括：劳动权（包括就业权和择业权），竞业限制条件下获取经济补偿权，不属于商业秘密的一般知识、经验、技能的自由使用权；劳动者的义务包括：在约定期间内不到与原用人单位存在竞争关系的企业就业，包括自己开办的企业。

用人单位作为竞业限制权利的享有者，有权行使竞业限制权利，也可以放弃该权利。例如上述"协议"中关于经济补贴发放方面明确规定"不含退休等法定终止条件、按组织程序调动等"。关于经济补贴不发给"按组织程序调动"人员是因为用人单位一般自己无权决定劳动者被上级组织调动的去留，即使发给补贴也无法主张竞业限制权利，因此理应放弃这项权利。

到达法定退休年龄的劳动者，宪法和相关法律没有限制他们退休后继续劳动的权利，他们完全可以根据自身的状况自由决定是否继续就业或者自行创业。"协议"上在支付经济补偿方面"不含退休等法定终止条件"的限定条件，说明用人单位放弃对这部分人群竞业限制的权利，显然相关条款无效，无效条款没有法律约束力。在上述协议中关于违约责任约定为："若乙方违反本协议条款，应当全额退还甲方按月支付的竞业限制补贴。同时还应承担违约责任，向甲方支付违约金。违约金标准按照保密和竞业限制补偿金总额的两倍执行"。当甲方没有支付竞业限制补偿时，这个"两倍"是多少？发现乙方竞业限制"违约"如何主张"权利"？这也证明了在不支付经济补偿的条件下竞业限制约定没有法律约束力。

该条款中"若乙方的违约行为给甲方造成损失的，乙方还应当赔偿甲方的损失，直至追究其法律责任"的约定与竞业限制无关，无论是否在竞业限制期限内，都可以追究乙方违约的责任。向乙方索要赔偿时需要举证"乙方的违约行为给甲方造成损失"，属于保守商业秘密的范畴，而违反竞业限制约定是不需要举证损失可以直接主张权利的。

六、在法律框架下建立良好的保密与竞业限制制度

技术秘密和经营信息构成的商业秘密是用人单位的无形资产，在法律的框架下建立一套知识产权保护体系非常必要。竞业限制是保护商业秘密的手段，但不是商业秘密本身。法律一方面保护用人单位的商业秘密，另一方面也保护人才合理流动和劳动者自主择业的权利。竞业限制协议的内容作为既能保护企业的商业秘密，又能兼顾到人才流动的合理性的形式被我国的法律固定下来，并不断得到完善，与时俱进。

作为用人单位必须有保护商业秘密的制度，例如按规定定密，在涉密资料上标志权属、密级、保密期限，在依法前提下追究确凿的侵权行为。

作为劳动者只要曾在这家企业工作过，就有履行为其保守商业秘密的义务。对签订了竞业限制协议的劳动者，在用人单位履行了按月支付补偿义务的条件下，就必须在规定的期限内竞业限制，以此维护市场经济正常秩序。

依法行事体现了法治社会对权利人的尊重和让人民生活得更有尊严。

论域名与商标权的冲突问题

徐　谦**❶**

一、域名与商标权冲突的现状

域名是虚拟空间的产物，商标则一直存在于现实空间，若人们把现实空间中存在的商标用作域名，或将虚拟空间的域名用作商标，在商标与域名相同而权利人不同的情况下，域名与商标之间的冲突便不可避免。如果虚拟空间与现实空间没有任何联系，完全是孤立的，那么域名与商标在各自空间内发挥功能，也不会出现任何矛盾和冲突。

传统的商标是用于区别不同的生产者、经营者和商业服务者的标记。商标最初就应用于商业活动，以表明产品的来源和出处，从而规范市场秩序。如今商标标志着特定商品或服务的提供者，标志着特定商品或服务的质量，同时代表着企业的生产技术、管理水平、经营特色和市场信誉。

不同的管理体制与法律特征都会引发域名与商标权的冲突。主要体现在如下四个方面：其一是域名注册的形式审查制。目前域名的主页机制还没有和知识产权法律保护制度之间建立有效的沟通和协调通道。负责域名注册的机构大多是民间组织，其对域名的注册申请不做实质审查，无法判断是否侵害第三人利益。一旦发生纠纷，由域名注册人自己承担责任，与域名注册机构无关。其二是域名与商标分类标准不统一可能导致二者冲突。商标权人对其商标只在申请注册商标的商品或服务种类上享有商标权，不同的人在不同的商品或服务种类上就同一商标分别取得商标权。在域名制度下，域名系统包括顶级域名、二级域名、三级域名等。不同的分类标准导致域名与商标权出现冲突。其三是域名与商标空间效力。同一域名只能为一个主体所有，当拥有同一商标的不同国家想在网络同一域名等级上以该商标申请域名时，冲突即产生。其四体现在域

---

　　❶　作者简介：徐谦，男，1981 年生，就职于四川司法警官职业学院。

名与商标权对于相似性的态度不统一。商标有权阻止他人在相同或类似商品上注册其在先注册的商标，相比于商标，域名允许相似性的存在。

二、域名与商标权冲突的现状

（一）恶意抢注域名

域名抢注人以出租、出卖抢注的域名来牟利，这种行为实质上与商标权人的经营领域无关，也不会造成消费者的误解和混淆，因而笔者认为域名恶意抢注行为不会侵犯商标权。但是没有侵犯商标权并不意味着域名恶意抢注行为是合法的。这种行为明显违背了诚实信用原则，损害了商标权人的合法利益，扰乱了社会的经济活动秩序。

（二）域名中包含他人注册商标的名称、单词或字母

主要是指域名注册人没有商标权而故意或因巧合将他人的注册商标相同或包含注册商标字母、单词的标志申请注册域名，并加以使用，从而引起商标权与域名的冲突。

（三）单纯的权利冲突

先申请域名的商标权人对于其域名是享有合法权益的，具有注册、使用域名的依据，即使他的行为致使其他商标权人无法再用该商标作为域名，也不能认定是侵权行为。只能说明先申请域名的商标权人具有很强的域名观念，其他商标权人只能采取其他方式保护自己的商标所标识的商品或服务在网络世界中的合法权益。

（四）反向域名侵夺

由于域名注册人注册的域名并没有侵害商标权人的权利，所以域名反向侵夺实质上是商标权人滥用商标权利的结果。域名是一种独立的权利，商标权也是一种独立的权利，每种权利都有自己的保护范围。在反向域名侵夺中，商标权人的行为已经超出了法律保护商标权的范围，已经构成权力滥用。反向域名侵夺与域名恶意抢注会产生同样的危害后果。

三、我国现行法律规定的不足

（一）域名注册方式

域名的获得途径有两种，即国际注册和国家注册。国际注册是自由注册，实行形式审查制。只要申请人提出了申请，缴纳了申请费，且无完全相同的在先申请，即批准给予申请案登记，允许申请人以此域名在互联网上建立自己的

网站。国内域名是限制性注册，实质性审查制。当某一个三级域名与我国境内注册的商标相同时，并且注册域名不为注册商标所有人或持有人拥有时，商标与域名的权利碰撞的闸门就可能由此打开。

（二）制裁不力

根据《中国互联网络域名注册暂行管理办法》的规定，将他人注册商标作为域名，他人提出异议的，查明后域名于30日后自动停止使用。不论上述规定部分具体情况的笼统使用是否极为不妥，即使是在发生域名与商标权利冲突的情况下，这种单纯停用的处理方式也不尽合理。首先，停止使用对于继续侵权起到了一定的抑制作用，但由于未规定赔偿原则，不仅权利人已经受到的损失无从补偿，而且侵权行为也未得到应有的制裁，不足以以儆效尤。其次，规定权利冲突的异议由注册商标持有方提出，无疑是基于保护商标权利人的考虑做出的，但不应忽略的是在侵犯商标权的同时，对消费者造成误导的域名注册还侵犯了消费者的知情权，消费者也应对其拥有异议权，而且消费者不拥有异议权的规定无疑是放任商标权人因精力、能力方面的限制而疏于查纠的弊端。

（三）商标与域名的非一一对应

基于技术要求的需要，域名由字母、数字和连接符组成，而不允许使用汉字，于是就可能产生不同的商标由于拼音相同而与同一个域名相对应的问题。如"昌洪"与"长虹"是完全一样的，如双方都主张以自己商标拼音作为域名注册，权利冲突就此产生。

四、域名与商标权冲突的完善

商标与域名的权利冲突在我国尚属于新生问题，尽管两者冲突的协调与解决并非无法可依，但法律本身确实有问题存在，需要进一步加以完善。

（一）建立预防登记体系

在国际互联网上先由国际互联网信息中心和中国在国际互联网信息中心建立域名注册防御网址。当申请人提出域名注册申请后，先将申请注册的域名输入防御网址进行审查。若从中查不到相同或相似的注册商标，即批准予以注册；但如果查到相同或相似的注册商标，则申请人负有证明其域名注册不存在引发域名与商标权利冲突的可能的举证责任。否则，驳回其注册申请。

（二）区别对待因商标和域名的非一一对应性而产生的冲突

（1）拼音相同的两个商标中无驰名商标，且不涉及相同或相似的商品或服务领域，则应允许当事人协商以改变顶级域名的形式注册；如果两个商标属于同一或相似商品领域，由于是通用域名还是地理模式域名都不足以在相同或相似的商品领域中造就识别性，且消费者往往会忽略对消费不具有实质意义的顶级域名。为防止公众误认，维持正常的交易秩序，应依先申请原则给予注册，即保护注册在先而非使用在先。

（2）若拼音相同的两商标有一个是驰名商标，在这种情况下，如果采用注册在先原则不仅不利于社会交易秩序的稳定，而且为抢注他人驰名商标作为域名的不违法行为提供了先申请与驰名商标音同形异的商标注册，而后堂而皇之地用该商标的拼音注册域名的规避法律的途径。笔者认为此时应采用 WIPO《互联网络名称及地址的管理：知识产权的议题》报告中的建议：在网络空间建立跨越国界和具体商品或服务界别限制的驰名商标保护的基础上，对于利用与驰名商标相类似的发音或其他形式的变体进行域名注册的，只要商标权人证明系争域名与该驰名商标存在误导性相似且系争域名持有人目前使用该域名的方式可能对驰名商标权人合法权益构成损害，则除非系争域名持有人能够证明系善意使用，否则该域名将被注销。

参考文献

[1] 薛红. 网络时代的知识产权法 [M]. 北京：法律出版社，2000.

[2] 吴汉东. 知识产权法. 北京：中国政法大学出版社，1999.

[3] 范杰. 网络域名纠纷及其司法救济 [D]. 郑州：郑州大学，2002.

[4] 王德全. Internet 世纪之赌 [M]. 北京：电子工业出版社，1997.

[5] 张玉瑞. 互联网上的知识产权 [M]. 北京：人民法院出版社，2000.

[6] 梁清华. 网络环境下的知识产权保护 [M]. 北京：中国法制出版社，2004.

[7] 黄晖. 驰名商标与著名商标的保护 [M]. 北京：法律出版社，2001.

浅析中药的知识产权保护问题

叶世昕❶

一、中药的概念

中药主要起源于中国，是在中医理论指导下用于预防、诊断、治疗疾病或调节人体机能的药物。中药多为植物药，也有动物药、矿物药及部分化学、生物制品类药物。中药按加工工艺可分为中成药、中药材。

二、我国中药知识产权的保护现状

在现代知识产权保护制度中，专利保护制度是最为重要和有效的。专利赋予权利人在有限时期、有限地域和有限范围内的垄断权，使其能够排除竞争对手，最大限度地占有市场份额，保障相关企业开发资金的回收和利用。

但由于我国的专利法借鉴于西方，采用对于西药的专利保护方式来保护中药，相对于传统中药领域来说有些不兼容。曾经旧专利法对"药品和用化学方法获得的物质"并不授予专利权。即使是如今的新专利法，虽然中药制品、炮制方法、中药材种植等方面均可申请专利，但中药产品想获得专利保护的难度依然很大[1]。按我国《专利法》的相关规定，授予专利权的发明应当具备新颖性、创造性和实用性。因此，中药品种要获得专利保护也必须具有新颖性和创造性，然而我国许多中药品种的配方组成、炮制方法等，在流传下来的中药古籍上大都有所记载，也就是说已经被公开，因此不具有新颖性和创造性[2]。

这样的情况使得我国许多中药制品无法获得专利保护。即便有些配方经过改良，但由于中药大多是复方药，其各部分的反应非常复杂，很难判断其是否具有新颖性、创造性，这也是国内中药专利申请很少获得批准的主要原因。

---

❶ 作者简介：叶世昕，专利代理人，就职于四川力久律师事务所。

此外，如上述所说，中药大多都是复方药，相比于有具体的化学结构、专利保护范围明确具体的西药，在遇到侵权情况的时候很难判定。很多中药制品的药物成分多达数十味，如此多的成分混合在一起发生的化学反应难以辨别。因此，当专利权人对他人提出侵权指控时，由于无法将被控侵权产品的技术特征与专利独立权利要求所记载的必要技术特征相对比，就无法证明他人是否侵权。

由于上述种种原因，我国的专利制度对于中药领域的保护不够完善，使得很多中药企业不愿意去申请专利，转而运用商业秘密来保护自己的技术。

商业秘密是指不为公众所知悉、能为权利人带来经济利益，具有实用性并经权利人采取保密措施的技术信息和经营信息。商业秘密是企业的财产权利，它关乎企业的竞争力，对企业的发展至关重要，有的甚至直接影响到企业的生存。

因此，商业秘密对于中药企业的技术保护能够起到很大作用。但由于大部分中药企业仅有商业秘密作为保护手段，而商业秘密将反向工程开发的相似药物定性为合法途径，无法起诉对方不正当竞争，保护手段相对单一。

此外，我国很多著名中药制品由于历史悠久、效果突出，其制作工艺与配方以国家秘密作为保护，而非商业秘密，因此在被大众质疑时或在国际市场的竞争中容易陷入知识产权困境。其中非常鲜明的一个例子就是云南白药曾陷入的知识产权困境。

云南白药是中国的著名中成药，创制于1902年，具有化瘀、止血、止痛、解毒、消肿之功效，由云南白药公司经营。云南白药公司一直以云南白药配方是国家秘密为由完全拒绝公开配方，但几年前，媒体发现该公司在美国销售时根据当地法律公开了全部配方。同时，由于国家药监局发文要求中医药生产商公布药品有毒成分，云南白药公司遂公布了配方中一味有毒中草药草乌，但拒绝公布其余配方成分。但该公司在美国公开的云南白药配方中却没有草乌，因此陷入更大的质疑，中国很多媒体都对云南白药的配方事件进行了报道。

从上述事件可以看出，云南白药陷入信任危机的三大重要原因都与知识产权和法律差异有关。其一，云南白药的传统医药属性与现代知识产权保护制度不太兼容；其二，国内医药配方管理制度与国际规则不兼容；其三，本应通过商业秘密保护的配方被以国家秘密保护，使云南白药公司缺少以行动解除质疑的空间。

云南白药公司作为我国中药行业的著名企业，其对于核心产品知识产权保护措施的缺失也是我国中药行业的一个缩影。

相比于发达国家的制药公司，我国的中药企业对于知识产权的敏感度不高，在抢注专利方面往往落于人后。据统计，900多种中草药项目成为外国专利，中国仅占3%，这使得我国的中药产品在国际竞争中处于劣势。如美国拥有多项关于薄荷的专利，在口香糖市场上赚取了高额利润；传统中成药牛黄清心丸早已被韩国申请专利，如今名为牛黄清心液；还有日本的救心丸，其技术也源于中国。这些"洋中药"由于知识产权和质量体系的规范化程度更高，其有效成分、不良反应都标示得很清楚，因此质量更有保障，即使它们的零售价格通常要比中国产品高出一些，消费者也愿意购买此类产品。

据统计，国际中药市场年销售额早在2005年就已达160亿美元。其中，日本产品占80%，韩国占10%，而作为中药老家的中国仅占5%左右。中国每年从国外进口的"洋中药"超过1亿美元。不得不说中国中医药的尴尬。

在商标权方面，中药产品也常常陷入尴尬的处境。据我国《商标法》第11条规定："仅有本商品的通用名称，不得作为商标注册。"而《药品管理法》第50条规定："列入国家药品标准的药品名称为药品通用名称。已经作为药品通用名称的，该名称不得作为药品商标使用。"因此，如云南白药、片仔癀等药品，虽然知名度很高，但属于该药品的通用名称因而无法申请商标注册。这对于那些研发了开创性中药制品的企业显然是不公平的[2]。

此外，我国的中药材还有一种特殊的种类——道地药材。道地药材是指在特定自然条件、生态环境的地域内所产的药材，因生产较为集中，栽培技术、采收加工也都有一定的讲究，以致较同种药材在其他地区所产者品质佳、疗效好。由于中药材本来就蕴含了源远流长的文化特性，道地药材相比于普通中药，其文化内涵更加深厚，乃至于名称、产地也是影响其价值的重要因素。

但如上述所说，道地药材由于缺乏显著性，要申请商标注册也很难，如川白芍、长白山人参、川黄连等我国特产的著名药材都未能注册商标，除了申请地理标志保护，很难有其他制度对当地特产药材进行知识产权保护。因此，我国商标制度在中药领域的运用有待进一步完善。

综上所述，我国中药行业的知识产权保护情况并不乐观，其一在于我国知识产权制度在中药领域的运用并不完全兼容；其二在于中药行业企业普遍对知识产权不敏感，在专利、商标等知识产权的申请上并不积极。

三、我国中药行业知识产权保护应采取的对策

1. 提高企业知识产权保护意识及维权意识

要想让我国中药走出国门，在国际市场上与发达国家竞争，完善的知识产权保护与积极的维权意识必不可少。而我国的中药行业缺少一个知名度足够高

的行业内知识产权协会来唤醒企业的知识产权意识。因此，在中药行业组织一个具有话语权的知识产权协会势在必行。

此外，中药的栽培、种植、炮制到成品是一个完整的产业链，不仅是中药制品，在中药材种植过程中形成的新方法、药材炮制的方法、中成药的配方、相关化学成分的提取技术均能申请专利。因此，应建议企业对其核心技术申请一套完整的专利群，从而对该产品形成完善的知识产权保护。

同时，企业应改变在国际市场上被动挨打的局面，在确定侵权行为发生以后应积极维护自己的权利。如果只申请权利而不维护权利，最终也只能导致有"保"无"护"的尴尬局面[3]。

在商标方面，应鼓励企业积极申请，增强商标保护意识。同时应注意商标专用权每10年就要续展一次，如果不及时续展，已注册的商标就很容易被撤销。企业在申请注册商标时还可适当扩张品牌，在相类似的产品类别同样申请注册商标。由于之前所说"仅有本商品的通用名称，不得作为商标注册"，所以企业应重点突出商标，淡化药品通用名称，并将通用名称和药品的注册商标明显地区分开来，以免造成误解。

在道地药材的知识产权保护方面，当地政府应积极参与进来，申请地理标志保护，并与企业的商标申请相结合，通过申请注册"原产地证明商标"来区别药品，以在市场上获得更高的辨识度和关注度[4]。

2. 完善我国知识产权制度并在中药领域合理运用

《专利法》等知识产权法规在中药领域存在水土不服的情况，而《中药品种保护条例》属于一种行政法规的保护，存在着固有的不足。

法律是市场行为最主要、最有效、最权威的调节器。有效保护中药知识产权必须形成完备的中药知识产权保护法律体系[5]。在现有专利法等制度的基础上，有关部门应结合中药自身特点，制定专门针对中药的知识产权保护制度，鼓励企业申请，帮助企业在国际上申请专利，最终提升我国中药行业在国际上的竞争力[6]。

四、结语

完善我国中药领域的知识产权保护是一个浩大的工程，其中牵涉到企业、政府部门、消费者、科研人员等方方面面。但中药作为我国的传统优势行业，由于知识产权的缺位导致中国既身为中药大国，又是中药出口小国，大量的中药知识产权被发达国家抢注，进而在国际市场上蚕食本属于我国的份额，不得不说是一种无奈。因此，为了传统中药行业的发展，本领域的知识产权意识觉醒势在必行。愿青蒿素之殇永不再现。

参考文献

[1] 蔡仲德，雷燕. 建立中医药"专有权"法律保护制度的探讨 [J]. 中国药房，2005，16 (14)：1046 - 1048.

[2] 唐蕾，胡俊勇，陈孝，等. 论传统中医药的知识产权保护 [J]. 中国实用医药，2007，2 (34)：37 - 39.

[3] 陈凤霞. 试析我国中医药知识产权保护问题与对策 [J]. 云南中医学院学报，2006，29 (2)：4 - 7.

[4] 刘祖贞. 浅谈中医药知识产权保护 [J]. 中医药导报，2006，12 (11)：88 - 89.

[5] 何君，冉晔. 我国中医药法制的现状考察与完善研究 [J]. 中国卫生法制. 2008，16 (3)：9 - 11.

[6] 李昔贵，田保华. 试论中医药知识产权保护 [J]. 中国卫生产业，2007 (01)：93 - 95.

从复审案例分析专利审查意见的答复策略

向 丹[●]

专利复审程序是指专利申请被驳回时，给予申请人的一条救济途径。自专利复审程序启动后，首先由做出驳回决定的原审查部门进行前置审查，原审查部门在前置审查意见中同意撤销原驳回决定的，专利复审委员会直接做出撤销原驳回决定的复审决定，通知复审请求人，并且由原审查部门继续进行审批；原审查部门在前置审查意见中坚持原驳回决定的，专利复审委员会成立合议组进行审查。当有下列情形之一时，合议组应当发出"复审通知书"，通知复审请求人：（1）复审决定将维持原驳回决定；（2）需要复审请求人依照专利法及其实施细则有关规定修改申请文件才有可能撤销原驳回决定；（3）需要复审请求人进一步提供证据或者对有关问题予以说明；（4）需要引入驳回决定未提出的理由或者证据。

复审程序是专利审批程序中的一部分，复审程序所遵循的答复原则同样适用于专利审查程序，基于此，本文将通过下面两个复审案例来探讨专利审查程序中的意见答复策略。

一、案例 1

案件编号为 1F167323 的复审案件，涉及一种富氢水及其制备方法。

现有技术中，富氢水的制备方法由于受限于制备成本、能耗、产品纯度以及保存期限等因素，未能取得良好的使用效果。本申请提出了一种利用高压搅拌通氢的方式制得富氢水，该富氢水由既无须在水中添加大量化学物质，也无须耗费大量能源的方法制得，且所生产的富氢水，既可长期储存，又便于运输和销售。该权利要求请求保护该富氢水，其中记载了制备该富氢水的具体方法和相应设备。

[●] 作者简介：向丹，专利代理人，就职于成都天嘉专利事务所，从事知识产权工作 8 年，擅长机械、化学、医药等技术领域的知识产权工作。

驳回决定引用了一篇对比文件（"富氢水对大鼠肠缺血再灌注损伤以及四氯化碳诱导的肝损伤的保护作用及其机制"，郑兴峰，中国博士学位论文全文数据库），该对比文件1公开了在一定压力下将氢气溶解在生理盐水中以制备富氢水的方法。其驳回理由记载了本申请权利要求1与对比文件1的区别是溶氢方式和具体的操作参数不相同，因此，结合本领域的常规选择得出了本申请权利要求不具备创造性的结论。

经过对本申请的分析可以知道，本申请是为得到一种可长期储存，又便于运输和销售的富氢饮用水而采用的特定工艺方法和工艺条件，而对比文件1则是为得到一种富氢盐水，该富氢盐水是以静脉注射方式用于对大鼠肠缺血再灌注损伤以及四氯化碳诱导的肝损伤的保护作用及其机制。由此可以看出，本申请权利要求与对比文件1所要得到的富氢水是不同的，然而，审查员在进行技术特征比对时，仅单纯将工艺手段进行比对，并没有结合该工艺手段所得到富氢水及该富氢水的作用来进行比较，由此即得出本申请权利要求不具备创造性的结论，申请人是不认同的。

因此，在随后的复审请求书中，复审请求人重新提出了两者的区别技术特征，除工艺方法和工艺条件不同外，该工艺方法和工艺条件下制备得到的富氢水的成分、含氢浓度以及解决的技术问题均不相同。同时，复审请求人在其意见陈述中论述了本申请权利要求并不是在对比文件1公开的工艺方法和条件下，经常规技术手段的选择得到的，而是为获得成分、浓度均不同于对比文件1富氢盐水的富氢饮用水，其采用的不同的工艺方法和工艺条件都是为解决本申请技术问题而提出的，是需要付出创造性劳动才能得到的。

在后续的复审程序中，本申请由做出驳回决定的原审查部门进行前置审查后同意撤销原驳回决定，继续审查后，授予本申请发明专利权。

二、案例2

案件编号为1F237764的复审案件，涉及一种乌鳢用微量元素预混料。

现有技术中，由于乌鳢饲料中微量元素预混料的锌源单一，乌鳢又对单一锌源的吸收效果不稳定，易导致缺锌的情况发生，继而造成乌鳢生长受阻及骨骼畸形。本申请解决了乌鳢对单一锌源吸收效果不稳定的因素，在微量元素预混料中使用有机锌（一水硫酸锌）和无机锌（羟基蛋氨酸锌）混合，保证了各种复杂条件下机体对锌的吸收，从而防治了畸形发生，保障了乌鳢健康正常的生长。

复审委员会在复审通知书中引用了两篇对比文件：对比文件1

（CN103504177A，一种防治乌鳢畸形的饲料添加剂预混料）和对比文件 2（CN101028044A，含有机微量元素的淡水鱼用预混合饲料）。对比文件 1 公开了一种仅使用有机锌且其余组分和组分含量略有区别的乌鳢饲料的微量元素预混料，该微量元素预混料对乌鳢成活率、生长速度、畸形等均有一定效果。对比文件 2 公开了一种添加有蛋氨酸锌和硫酸锌的淡水鱼用预混合饲料，该淡水鱼用预混合饲料能提高淡水鱼生长速度和饲料利用率，提高成活率。该复审通知书中提到，本申请权利要求与对比文件 1 的区别技术特征在于：部分微量元素的来源不同和添加量不同，且本申请实际要解决的技术问题是提供一种提高锌源吸收效果的乌鳢饲料预混料，在对比文件 2 的启示下，本领域技术人员有动机选择用有机锌和无机锌混合制备微量元素预混料来促进乌鳢对锌的吸收，从而得出本申请权利要求不具备突出的实质性特点和显著的技术进步。

经过对本申请的分析可以知道，虽然本申请权利要求与对比文件 1 均是为得到一种畸形率低的乌鳢用微量元素预混料，但两者为实现这一目的的机理并不相同。另外，对比文件 2 虽然给出了蛋氨酸锌和硫酸锌可以同时使用，但与本申请权利要求采用有机锌和无机锌的组合并不相同。因此，在随后的复审通知书的意见答复中，复审请求人针对有机锌和无机锌在饲料预混料中的同时使用的作用机理与对比文件 1 进行了区别说明。另外，就对比文件 2 中采用的蛋氨酸锌结构与本申请使用的羟基蛋氨酸锌结构所能达到的不同效果进行了说明，从而得出在对比文件 1 的基础上结合对比文件 2 的内容，为得到本申请所能达到的技术效果也是不可预料的结论。

该案件的后续复审程序还在进行中，尚未结案。

由上述两个复审案例的意见答复可以得出以下结论：

（1）在进行技术特征比对时，应将与该区别技术特征存在逻辑关系的所有特征进行比较。例如：一种制备产品 A 的方法，在将制备方法作为区别技术特征后，还应同时将制备得到的产品 A 及该制备方法所能解决的技术问题同样作为区别技术特征进行比对。

（2）将所有具有逻辑关系的技术特征列为区别技术特征后，仍需判断区别技术特征之间的逻辑关系是否相同。例如：一种制备产品 M 的方法，包括步骤 A、B、C，通过步骤 A 可以达到效果 D；对比文件同样公开了一种制备产品 M 的方法，包括步骤 A、B、C，通过步骤 C 可以达到效果 D'，两者为获得效果 D 或 D' 的途径是不同的。

关于复审过程中答辩方向的建议

刘 军[❶]

专利复审是专利申请被驳回时给予申请人的一条救济途径，只有专利申请人才有权启动专利复审程序，而且必须在接到驳回通知 3 个月内向国家知识产权局专利复审委员会提出，前置审查程序是专利审查中作为复审程序里的一个特殊的内部程序，其审查意见虽然不面向复审请求人，但是却对复审案件的走向具有重要的指向性。笔者从前置审查程序在我国专利法中的法律依据、目的作用以及前置审查意见的类型三个方面对其进行说明，并提出审查意见撰写的一些建议。

一、分析

当我们拿到驳回通知书后，第一时间阅读审查员提出的驳回意见，是否认同审查员的观点，然后与申请人交流提出复审是否有必要。如果觉得审查员找出的对比文件都已经公开了本专利申请文件的技术方案，复审的授权概率太小，应当建议申请人不提出复审要求；如果觉得审查员找出的对比文件没有公开本专利申请文件的技术方案，授权的概率比较大，应当建议申请人提出复审请求，最终能够使专利能够授权，以使申请人研发的技术能够得到保护，申请人的利益最大化。

二、探索

当申请人决定复审后，作为代理人要和发明人沟通技术，共同探索与审查员不同观点的方案，比如：笔者曾代理的一个专利申请文件的复审，名称为"一种提高硫铝酸盐熟料早期强度的方法"，驳回意见中有一个重要发明点为

---

❶ 作者简介：刘军，专利代理人，就职于成都天嘉专利事务所。

"在第一步时，生料配料中，加入硼盐为硼砂、硼镁矿、硼钙石或者它们的混合料"，审查员所找对比文件是，在熟料中加入混合物，并没有找出在生料中加入混合物的对比文件，但是审查员坚持认为既然已经公开了在熟料中加入，本领域的技术人员很容易想到在生料的时候加入混合物，所得到的技术效果相同，不具有创造性，很显然审查员并没有找到证据，只是简单地认为加入的原料都一样，不过是加料的步骤不同而已。而发明人认为在化工领域各种配方的比例、步骤不同，都会影响产品的性能。因此，在复审文件中提出，第一在申请文件中找答辩内容，以免造成答辩超范围，在熟料中加入混合物产生的缺陷是什么，在生料中加入混合物解决了这些缺陷。在专利申请文件的初稿中相应地提出了，而且是在背景技术里也提到了在熟料中加入混合物存在的缺点，且说明书中也有两个不同步骤所产生的性能不同。第二，提出申请文件以外的观点，本复审文件中就提出了对熟料和生料的解释，特别是进一步对内部物质的解释，这些解释内容并没有出现在专利申请文件中，这些解释内容超出了申请文件的范围，可能不被审查员接受，但可以结合第一种解释，使用复审文件能具有说服力。如果只用第二种内容容易造成答辩超范围，审查员不予接受，因此，先将申请文件里有的内容做出答辩，然后加上申请文件以外的内容，从而更具有说服力，使审查员能够理解本专利文件是具有创造性的。

三、建议

代理人拿到驳回通知书后，先看看驳回意见，判断是否具有复审的必要，再与申请人交流，将审查员没有找到对比文件的技术特征进行分析。检查该技术特征是不是在专利申请文件中做出了相应的解释，特别是该技术特征的优点在申请文件中是否有写入，再与发明人沟通，提供专业知识进行解释，这些专业知识并没有记载在专利申请文件中，这样复审提交删去后，内容既没有超出范围，也使复审内容更具有说服力。

四、结论

相对而言，专利复审更具有挑战性，因为要求规范严谨，且需要代理人耐心细致，对专业技术、法律知识和审查经验都有着很大的要求。当自己亲历一件件案子后，深感生命和责任之重。面对一份份复杂难懂的技术方案，能够思路清晰、删繁就简，抓住技术脉络和争议焦点，做出高质量答辩驳回意见的背后除了有扎实的技术功底，更要有迎难而上的魄力。

　　为了缓解越来越严峻的审查压力，各主要专利局近年来频繁对专利系统从审查行为的角度进行改革。本文对专利审查行为影响技术创新的机理从审查质量、审查周期和费用三个维度进行了系统分析，经研究认为专利审查的犯错率过高、专利审查的周期过长、专利审查的费用标准过低，对技术创新可能产生阻碍效果。同时，专利审查系统内部存在审查质量与审查周期的相互影响，而在专利审查系统外部也存在专利审查行为与技术创新的循环影响关系；专利复审委员会成为专利无效行政诉讼被告是我国专利立法尚不成熟、相关理论研究亦不深入的产物。此问题在专利法修改前已存在，专利法修改后更显突出。在专利无效诉讼中，表面看来似乎是当事人对于专利复审委员会的决定不服，实质问题则是无效请求人与权利人因专利有效性所起争执，如其中一方起诉，则应以对方为被告，如此既可促使被告积极参与诉讼，也可避免专利复审委员会的角色错位问题。这不仅是理论上的必然结论，也是各国的通行做法。

创业与知识产权保护
——对比小羽的创业故事和国产手机品牌的发展带来的启示

刘童笛 ❶

一、创业之惑

1. 小羽的创业故事

2016 年语文全国卷 Ⅲ 高考作文，材料为小羽的创业故事："经历几年试验，小羽在传统工艺的基础上推陈出新，研发出一种新式花茶并获得专利。可是批量生产不久，大量假冒伪劣产品就充斥市场。小羽意识到，与其眼看着刚兴起的产业这么快就走向衰败，不如带领大家一起先把市场做规范。于是，她将工艺流程公之于众，还牵头拟定了地方标准，由当地政府有关部门发布推行。这些努力逐渐见效，新式花茶产业规模越来越大，小羽则集中精力率领团队不断创新，最终成为众望所归的致富带头人。"

根据主人公小羽人物原型薛彤云故事，我们可知，小羽发明该花茶以后，随后的几年里被其他人争相模仿，大量质量低劣的仿冒产品充斥市场，低价竞争严重损害了小羽的利益，给小羽的创业之路带来了极大的困惑和影响。

2. 国产手机品牌的创业之路

无独有偶，我国国产手机品牌发展之路也有过相似经历。从 1983 年世界上第一台手机摩托罗拉 DynaTAC 8000X 诞生；发展十几年直到 1998 年出现了第一代国产手机厂商代表中科健、康佳、TCL、波导等企业；2003 年出现了第二代国产手机厂商代表夏新、联想等企业；自 2006 年开始，面对我国巨大的手机潜在市场，我国手机研发公司如雨后春笋般地诞生了，手机市场出现了空前激烈的竞争。据统计，2006 年有资格生产手机的厂家增加到了 78 家，其中以天宇、

---

❶ 作者简介：刘童笛，专利代理人，就职于四川力久律师事务所。

金立、闻泰、港利通、OPPO、步步高等公司为第三代国产手机厂商代表。

但是此时市场需求已悄然发生变化，老百姓不再需要"1.5m 跌落手机无异常""8～12kV 静电无异常""通过加速寿命 3 年以上的测试""EMC，SAR 符合标准""间隙小于 0.2mm""LCD 不能进灰尘"等高质量高要求的手机，老百姓却倾向于价格便宜、外观新颖、大屏幕、大字体、大按键、高音量、多喇叭、有 QQ 等功能的手机。因此，自 2008 年开始，中国掀起一股"山寨手机"的风潮，在这个疯狂而野蛮的时代，整个产品从立项到试产，再到量产出货，所需要的时间常常不到两周；组装流水线、本应详细的测试和检测也是精简到极致，山寨机在成本上占据了压倒性的优势，一部彩屏手机只卖 200 元，着实让国内消费者心动。短短两年时间，不但催生了大批的百万富翁，也捧红了琳琅满目的品牌，比如 Motorola 和 Nokia 品牌。更令人恐怖的是，由山寨手机衍生出的山寨文化风靡全中国，差点都"邪要压正"了。据统计，截至 2014 年，中国正规和山寨的手机品牌甚至一度达到 540 多家，山寨机型多达几十万种；"山寨手机"的冲击给国内正规手机品牌厂商带来了极大的生产压力和困惑。

二、生存之路

1. 小羽的生存之路

小羽自 2000 年发明了一种新式花茶以后也陆续对花茶申请了一些专利，为了自身的生存，小羽开始拿起法律武器维护自身的合法权益，然而小羽认为监管、执法不到位，惩罚措施不够严厉，再加上仿冒者大多是本地乡亲，经过几年的维权，小羽最终选择妥协。为了企业的生存，小羽做了一个大胆的决定：公开该花茶的配方！其结果是小羽牵头拟定了地方标准，由当地政府有关部门发布推行，这些努力逐渐见效，新式花茶产业规模越来越大，小羽则集中精力率领团队不断创新，最终成为众望所归的致富带头人。

2. 国产手机品牌的生存之路

面对"山寨手机"次品冲击和低价竞争，以及国外品牌高质量、高价格和高利润的夹击，我国智能手机品牌厂商拥有的生存空间和利润空间越来越狭窄，国产手机品牌经历几年跌宕起伏的阵痛和转型，经过市场的洗礼，手机品牌数量从 2014 年年初的顶峰 540 多家到当年年底就已消失了 140 家，到了 2015 年国产手机品牌企业剩余数量已少于 100 家，转眼到了 2016 年已经所剩无几，老百姓现在所熟知的国产手机品牌已经不超过 10 家。

但是，国产手机品牌数量的锐减并不代表国产手机品牌就已经衰落和被市场淘汰，相反，2016 年 6 月半导体市场调研机构 IC Insights 发布了 2016 年 IC

市场报告，调查数据显示，2016 年全球 12 大出货量排名的手机品牌厂商，依次为三星、苹果、华为、OPPO、小米、vivo、LG、中兴、联想、TCL、魅族、Micromax。其中，全球第三的华为在中国手机品牌中排名第一，年增长率达到29%；OPPO 抢占全球第四的位置，年增长率暴增 54%；小米预计年增长率6%；vivo 预计出货量年增长率 48%，挤进全球第六。报告显示，2016 年中国手机品牌厂商出货量全面爆发，全球前 12 强中占据 8 强，表现十分抢眼，由此来看，数量锐减的中国智能手机品牌反而已经成为全球智能手机市场的中流砥柱。

三、解决之道

同样都是创业和发展，一个是小羽发明了花茶，公开配方后规范了花茶行业，带领同行业共同致富；另一个是国产手机品牌经过十年大爆发和大洗礼，最终生存下来的品牌数量屈指可数，到底哪种模式才是企业创业可持续生存发展的解决之道？

（一）小羽创业花茶模式

（1）小羽发明花茶拥有专利，却屡被侵权而无法维权，实质为意料之中的事！

对以发明人薛彤云申请的专利分析发现，虽然发明人自 2000 年发明该花茶以来共申请了 11 件专利，但是均为花茶外观或衍生茶具、装饰品结构等内容，实质涉及该新式花茶核心创新点——工艺配方，发明人并未提出过一件申请，更谈不上对该工艺配方进行实质全面保护。因此，由于花茶的外观变化多端，仿冒品非常容易绕过该外观形状或颜色进行规避仿冒。这些仿冒品又由于所采用的花茶配方未与发明人所发明的花茶配方并不相同，那么没有统一规范的工艺配方制作出来的花茶品质当然参差不一，再加上低价竞争，给发明人所发明的正品花茶市场带来了冲击，但是实质仿冒品也并不侵犯发明人外观或茶具类专利，因此发明人当然很难通过知识产权法律的手段来进行维权。

（2）小羽公开花茶配方，规范行业标准，带领同行业共同致富，对于企业的可持续发展之路，真的可行吗？

虽然小羽的故事是现实存在的，但是我们不禁要反问一句，发明人发明了花茶，为了规范市场，竟然能够由企业牵头拟定地方标准，而且还能够让当地政府有关部门发布推行？

那么，什么是地方标准？我国的地方标准又称为区域标准，由省、自治区、直辖市标准化行政主管部门制定，并报国务院标准化行政主管部门和国务院有关行政主管部门备案；而行业标准是由我国各主管部、委（局）批准发布，在该部门范围内统一使用的标准，由国务院有关行政主管部门制定，并报国务院标准化行政主管部门备案。同时，在公布国家标准或者行业标准之后，该地方标准即应废止。

由此可知，地方标准和行业标准都属于政府各主管职能部门职责，其制定并非个人行为，也并非一个企业说了算。制定行业标准的难度系数和花费的时间成本是远大于地方标准的，因此，通过政府部门的干预来指导和规范行业的共同发展，虽然短时期有成效，但是实质违背了市场经济优胜劣汰的自然选择规律，也不利于行业创新和健康发展。小羽的成功是非常机缘巧合的特例，但是，可以预料的是由于小羽的所有技术细节都已经公之于众，毫无秘密可言，也没有运用专利来进行保护，完全依赖于政府的规范干预，那么，同行业的友商完全自由免费使用该技术，然后进行改革创新，以正常的市场竞争手段可以轻松碾压小羽的初创企业或者其他同行企业。那么小羽前期投入的研发成本即便不再受到假冒伪劣冲击也会在市场竞争下全部付之东流，那么接下来小羽的花茶销售不出去，没有利润和回报，怎么谈再投入和创新？不仅小羽，其他同行业的企业，面临生存压力，势必又会迅速陷入仿冒的循环当中，又需要政府出面制定地方标准或行业标准来干预吗？这完全违背《中华人民共和国知识产权法》的立法初衷。那么类似小羽的企业的合法权益到时又该如何保障？产品的保护和企业如何可持续发展，其实又回到了问题的原点。

（二）我国手机品牌的发展模式

既然小羽的创业发展模式不可行，那么我国手机品牌发展模式是否能够能够给我们这一答案？

答案是肯定的！

我国手机品牌发展过程中虽然也经历过大量"山寨手机"充斥市场，有其非常重要的历史偶然性，2007—2009 年正处于欧美巨头研发的空档期和新技术的推广期，也正是在这个巨头无暇顾及的时期，山寨功能机才一夜爆红。但后来以 iPhone 为首的智能军团横扫一切，包括摩托罗拉、黑莓和诺基亚等正规品牌厂商都招架不住，当然"山寨手机"也基本偃旗息鼓、昙花一现，"山寨手机"的发展模式不具有企业可持续发展模式的参考性。

反观近几年的国产手机品牌从"中华酷联"发展到"华米欧维"时代，带给行业的反思是，国产手机要在市场中取胜，究竟应该拼价格、拼配置还是拼技术、拼用户体验，还是继续实行扩规模、降成本、降价格的薄利多销的模式？

我们从国产手机品牌龙头企业华为的研发和投入的数据可以窥见端倪：据华为 2015 年财报，2015 年研发投入 596 亿元人民币（92 亿美元），占销售收入

15%，同比 2014 年增长 46.1%；华为从 2006 年以来研发投入累计超过 2400 亿元人民币（约 370 亿美元）。另外，华为在世界范围内设有 16 个全球研发中心，研发人员多达 7.9 万人。如此强大的研发投入在专利申请方面得到了正面的体现，世界知识产权组织（WIPO）的数据显示，2015 年，华为以 3898 件已公布 PCT 申请连续第二年居于榜首，位居第二的是美国的高通公司 2442 件，中兴通讯则以 2155 件 PCT 申请位列第三。华为累计申请了 52550 件国内专利和 30613 件外国专利，专利申请总量位居全球第一；其他手机品牌的研发投入和专利申请近几年也达到井喷状态。

因此，国内手机品牌通过强大的研发投入积累了大量的技术、专利、研发成果，并通过知识产权保护，试图以技术研发上的突破和创新来打破同质化，实现良性的差异化竞争。比如，华为倾注了众多专利技术在海思处理器，成就了华为手机品牌领头羊的地位；中兴通讯旗下努比亚运用一个创造性的 aRC 无边框技术，让手机边缘有了更多发挥想象力的空间；OPPO 的 VOOC 闪充技术和摄像专利成功把住了中高端市场，年增长率惊人；vivo 的眼球识别技术通过识别独一无二的眼球静脉图案来辨别不同生物活体，从而实现高度的安全性与不可复制性。

因此，实际上无论是华为还是其他国产手机品牌的突围都在证明：注重以用户核心需求为基础的创新、重视用户体验以及强大的知识产权正成为国产手机差异化的核心竞争力。

步入 2016 年，国产手机品牌沉淀的知识产权红利继续发力，不仅为产品保驾护航，还为企业产生无形的价值。2016 年 5 月初，国家知识产权局最新公布的许可备案登记信息显示，2015 年华为向苹果许可专利 769 件，苹果向华为许可专利 98 件。这就意味着华为已经开始向苹果收取专利许可费用，主要涉及华为布局的大量 4G 标准基础专利。同时，华为公司于 2016 年 5 月 25 日在中国深圳中级人民法院和美国加州北区法院同时发起了对三星公司的知识产权诉讼。华为指责三星未经授权在其手机中使用了华为的 4G 蜂窝通信技术、操作系统和用户界面软件等侵犯其与 4G 行业标准有关的 11 项专利，要求三星做出现金赔偿。

该行业三巨头的许可和诉讼势必给我国企业的知识产权保护工作带来不少启示，华为运用知识产权作为核心竞争力挑战行业巨头，不仅维护自己的权益，也促进企业可持续健康发展；能够对我国更多企业正视知识产权的价值和合理运用，推动我国企业未来规模走向海外市场，提供积极有益的指导。

（三）企业创业发展模式

在 2015 年召开的中央财经领导小组第十一次会议上，习总书记提出了"供给侧结构性改革"概念:"在适度扩大总需求的同时,着力加强供给侧结构性改革,着力提高供给体系质量和效率,增强经济持续增长动力。"其中供给侧改革就是从供给、生产端入手,通过解放生产力,提升竞争力促进经济发展。通俗一点就是以前我们国家消费动力不够,因而要刺激需求,现在有消费动力,但供给的产品却满足不了消费者的需求。

因此,我们企业创业之初完全可以借鉴我国手机品牌发展的模式,不断对产品进行改革、创新,为老百姓提供质量更好、符合所需的产品,满足消费者与时俱进的需求,同时不断加强知识产权保护,形成企业自身的核心竞争力,为企业的可持续发展提供保障。

论转基因农作物的知识产权保护

王晓达[1]

随着全球人口的高速增长，化学农药的滥用，无机化肥不适当地大量使用，以及不可降解塑料引起的白色污染，导致可用耕地日益下降。同时，伴随工业化进程的发展，自然环境受到严重破坏，土地盐碱化、沙漠化、水土流失加剧，气候变暖进一步加强，人类所面临的环境治理、农业可持续发展及粮食安全等问题将更加突出。其中，农作物作为粮食作物的主要来源，对粮食安全有重要影响。传统农业技术已经很难解决以上问题，因此，人们进一步发展了生物农业技术，其中，以转基因农作物为代表的现代生物农业技术对于解决粮食问题具有重要意义。1982 年世界首例转基因植物培育成功，标志着人类运用转基因技术改良农作物的开始。转基因农作物作为现代生物技术的重要内容，是人类科技发展的优秀成果。为了促进转基因农作物的发展，需要对转基因农作物的知识产权进行有效保护。而目前，相关技术人员普遍缺乏对于转基因农作物知识产权保护的认识，对转基因农作物的保护手段单一，难以对自身的合法权益进行合理、有效的保护。本文将对转基因农作物所涉及的知识产权保护方式进行整理，以便于相关技术人员对转基因农作物进行有效保护，从而促进相关技术、产业的发展和进步。

一、专利保护

《中华人民共和国专利法》第 2 条规定，本法所称的发明创造是指发明、实用新型和外观设计；发明，是指对产品、方法或者其改进所提出的新的技术方案；实用新型，是指对产品的形状、构造或者其结合所提出的适于实用的新的技术方案。第 25 条第（四）项规定，动物和植物品种不授予专利权。因而《专利法》并不能对转基因农作物品种进行保护，只能对转基因农作物的育种

---

footnote
❶ 作者简介：王晓达，专利代理人，就职于成都九鼎天元知识产权代理有限公司。

新技术和涉及的相关设备、装置进行保护。

截至 2011 年年底，我国农业发明专利申请量、授权量和有效量分别为 178757 件、50452 件和 32985 件，其中，申请量国内占 78.48%，农业有效发明专利国内占 72.66%，2007—2011 年，我国农业专利申请量年均增速为 26.37%。国内农业专利和农业植物新品种权申请量和授权量的快速增加，标志着我国农业科技创新能力和育种创新能力快速增强。目前，我国主要通过专利对转基因农作物的育种新技术进行专利保护。

申请人可以根据《专利法》第 3 条的规定，向国务院专利行政部门提出专利申请。国务院专利行政部门经审查符合《专利法》相关规定后，依法授予专利权。同时，《专利法》第 11 条规定，发明和实用新型专利权被授予后，除本法另有规定的以外，任何单位或者个人未经专利权人许可，都不得实施其专利，即不得为生产经营目的制造、使用、许诺销售、销售、进口其专利产品，或者使用其专利方法以及使用、许诺销售、销售、进口依照该专利方法直接获得的产品。

专利申请人在申请阶段可以转让申请权；在专利授权后可以转让专利权，独占许可、普通许可给他人使用，被许可的单位或个人支付使用费。同时，专利法第 13 条规定，发明专利申请公布后，申请人可以要求实施其发明的单位或者个人支付适当的费用。发明在申请公布后授权前，申请人可以要求实施其发明的单位或者个人支付适当的费用。

二、植物新品种保护

国务院于 1997 年 3 月 20 日颁布了《中华人民共和国植物新品种保护条例》，并于 1997 年 10 月 1 日起正式施行。该条例的保护对象不仅是植物品种本身，还包括育种人应当享有的权利。该条例规定：国务院农业、林业行政部门按照职责分工共同负责植物新品种权申请的受理和审查并对符合本条例规定的植物新品种授予植物新品种权。同时，我国于 1999 年 4 月 23 日正式加入了国际植物新品种保护联盟，同日开始受理国内外植物新品种权的申请。截至 2011 年年底，我国农业植物新品种申请量和授权量分别为 9016 件和 3713 件，其中科研单位申请量占 55%，国内企业和个人的申请量占 39%。

截至 2009 年年底，已有 25 个国家批准了 24 种转基因作物的商业化应用。其中，以转基因玉米、棉花、大豆、油菜为代表，其种植面积已经发展到 2009 年的 20 亿亩，从 1996 年到 2009 年增长了 79 倍。随着转基因技术的快速发展，转基因农作物的申请量也必将快速增加。

申请植物新品种保护后，需要保证权利的有效性，按规定缴纳相应的授权品种年费。同时，对未经品种权人许可已经取得授权品种的《种子生产许可证》，或者先取得《种子生产许可证》而后被授权的，品种权人可与持证企业协商合作事宜，如未能达成协议，品种权人要及时向发证机关书面申请撤销相关企业的《种子生产许可证》。涉及授权品种更名的，应及时向农业部植物新品种复审委员会提出请求；涉及植物新品种权转让的，应当及时向农业部植物新品种保护办公室登记。

当权利人的合法权益受到损害时，可以根据《中华人民共和国植物新品种保护条例》第 39 条的规定，通过以下途径维护自身合法权益。未经品种权人许可，以商业目的生产或者销售授权品种的繁殖材料的，品种权人或者利害关系人可以请求省级以上人民政府农业、林业行政部门依据各自的职权进行处理，也可以直接向人民法院提起诉讼。省级以上人民政府农业、林业行政部门依据各自的职权，根据当事人自愿的原则，对侵权所造成的损害赔偿可以进行调解。调解达成协议的，当事人应当履行；调解未达成协议的，品种权人或者利害关系人可以依照民事诉讼程序向人民法院提起诉讼。省级以上人民政府农业、林业行政部门依据各自的职权处理品种权侵权案件时，为维护社会公共利益，可以责令侵权人停止侵权行为，没收违法所得，可以并处违法所得 5 倍以下的罚款。

同时，《中华人民共和国植物新品种保护条例》第 33 条还规定：品种权被授予后，在自初步审查合格公告之日起至被授予品种权之日止的期间，对未经申请人许可，为商业目的生产或者销售该授权品种的繁殖材料的单位和个人，品种权人享有追偿的权利。即对于初步审查合格公告后被授予品种权之前发现侵犯品种权行为的，品种权申请人可以在品种权被授予后，依法行使追偿权。

三、商标法保护

1982 年 8 月 23 日第五届全国人民代表大会常务委员会第二十四次会议通过了《中华人民共和国商标法》，并于 1983 年 3 月 1 日起施行。《商标法》第 3 条规定，经商标局核准注册的商标为注册商标，包括商品商标、服务商标和集体商标、证明商标；商标注册人享有商标专用权，受法律保护。

转基因农作物作为商标进入流通领域后，可以通过商标的方式进行保护。目前，法律中所要求的对转基因农作物这类植物新品种的命名在一定程度上起到了商标的作用，但这种命名只是某一植物新品种的名称，本身不具有商标的排他性。从转基因农作物的生产和贸易角度考虑，还应该通过商标独特的功能来保护自己的利益。

注册商标的有效期为十年，自核准注册之日起计算；注册商标有效期满，需要继续使用的，应当在期满前六个月内申请续展注册，每次续展注册的有效期为十年。因而，注册商标的有效期可以通过续展的方式延长，从而能够更好地保护申请人的利益。

四、商业秘密保护

商业秘密主要涉及转基因农作物的育种、生产、存储、销售四个环节。在转基因农作物的开发过程中，对于某些达不到专利要求的转基因技术或开发者不愿公开的技术，应当采用技术秘密的形式加以保护。在生产、存储、销售环节，对于某些能够提高转基因农作物产量、改善品质、促进销量等的方式或措施，可以采用商业秘密的方式进行保护。

但我国目前没有对转基因技术秘密保护的专门规定，只是依靠零散的、不系统的商业秘密的法律规定来加以保护。同时，企业内部的人员流动也可能导致商业秘密的泄露，因而企业内部需要完善的制度才能尽可能减少商业秘密的外泄。

五、著作权保护

在转基因农作物的开发过程中，所产生的各种报告、数据库、重组基因序列，以及根据实验结果、分析所制作的结构模型等作品，不属于专利法、技术合同等法律保护的作品，而符合《中华人民共和国著作权法》的保护条件，可以依据《中华人民共和国著作权法》进行保护。

六、结语

与欧美国家的产权制度相比，我国的知识产权制度发展较晚，相关的法律、制度还需要在实践中不断完善。同时，相关单位和个人缺乏对转基因农作物相关知识产权的了解、认识。本文对转基因农作物所涉及的相关知识产权进行了介绍和梳理，对于相关单位和个人更好地保护转基因农作物具有很大的帮助。只有通过对转基因农作物的良好保护，才能促进相关行业良好、健康的发展。

参考文献

[1] 陈海荣，顾晓君. 浅谈西瓜新品种的保护 [J]. 中国瓜菜，2002 (4)：36 - 37.

［2］ 张启发，李振声等. 对我国转基因作物研究和产业化发展策略的建议［J］. 中国科学院
院刊，2004，19（5）：330－33.

［3］ 杨春明，吕景良，杨振宇，等. 中国大豆遗传资源研究进展［J］. 吉林农业科学，
2003，28（4）：17－22.

［4］ 刘旭霞，李洁瑜. 论我国转基因水稻产业化的知识产权战略实施［J］. 南京农业大学学
报（社会科学版），2010，10（4）：65－71.

［5］ 侯仰坤. 植物新品种权保护问题研究［M］. 北京：知识产权出版社，2007：158－159.

［6］ 乔生. 国际生物技术保护与中国专利法修改思考［J］. 政治与法律，2004（4）：
68－72.

［7］ 王震. 基因专利研究［M］. 北京：知识产权出版社，2008：110－111.

专利战争之专利预警

刘　凯[1]

《孙子·谋攻篇》中说："知己知彼，百战不殆；不知彼而知己，一胜一负；不知彼，不知己，每战必殆。"

而在企业的知识产权战争中，专利是企业的重要攻击及防御武器，在这场激烈的专利战争中，企业通过专利预警能很好地起到知己知彼的作用。所谓专利预警，是指通过收集、整理、分析和判断与本企业主要产品和技术相关的技术领域的专利文献以及自身的专利状况，对企业在经营、发展等情况下可能发生的重大专利纠纷和可能产生的危害程度等情况向企业决策层发出警报。通过有效的专利预警，可以使企业提早且合法地消化吸收并创造出新产品，并清楚了解自身专利技术情况，使企业在市场竞争中赢得主动，而且还能够了解竞争者的动向，发现来自他人的专利威胁，较好地维护企业的利益和最大限度地减少损失；同时还能避免重复研发，为企业节约大量人力与财力成本，从而以最小的代价换取最大的收益。

一、中国企业的专利之殇与梦醒之时

（一）专利之殇

DVD 专利费事件是中国加入世界贸易组织后国内企业遭遇的一场惨烈的专利战争，在这场专利战争中，DVD 这个曾代表着中国出口创汇的高科技产业，这个曾经产量占据世界产量90%的产业，在外国几大 DVD 技术开发商建立的专利技术壁垒下，国内企业被碰得头破血流。

其中，外国的几大 DVD 技术开发商分为 6C、3C、1C 和几个专利收费组织。6C 由日立、松下、JVC、三菱、东芝、时代华纳六家公司组成；3C 由索尼、先锋、飞利浦三家公司组成；1C 为汤姆逊公司；MEGLA 则为16个专利人

---

❶ 作者简介：刘凯，男，1983年生，本科学历，专利代理人，就职于成都九鼎天元知识产权代理有限公司。

（单位）组成的专利收费公司。最终，中国电子音响工业协会代表国内百余家DVD生产企业，分别与几大DVD技术开发商签署了协议，导致DVD产品的出口价格上涨10美元，出口增长势头受阻，曾经繁荣的国产DVD一片萧条，国内DVD生产企业纷纷关门倒闭。

究其原因，首先，应该是当时的国内企业专利意识还很淡薄，有些DVD技术实际是由我们企业自主开发的核心技术，但是没有进行专利申请，从而不仅得不到我国专利法的保护，还使外国企业申请专利成功，并反过来对我们发起专利诉讼。其次，国内企业在产品出口前，对于出口国的专利情况并未做详细的专利分析，并未对出口后可能发生的重大专利纠纷和可能产生的危害程度进行有效的预警，只是闭着眼睛一味地向前冲而毫无战略可言，最终成为中国制造业的一大旧伤，并且至今还在时时作痛。

（二）梦醒之时

2011年，南车资阳机车有限公司（现中车资阳机车有限公司）的SCT机车即将出口澳大利亚，这是南车资阳机车有限公司首次将客车机车出口到澳大利亚。该SCT机车将根据签约方（客户）的要求设计以满足澳大利亚本国的各项技术标准。考虑到SCT机车出口到澳大利亚后其技术可能会侵犯澳大利亚的相关知识产权，竞争对手也可能采取知识产权相关的手段阻挠SCT机车进入澳大利亚，因此，需要在SCT机车出口到澳大利亚之前对其引起知识产权侵权的风险进行评价与规避。

南车资阳机车有限公司（以下简称"资阳机车"）委托国内专业的代理机构以及顶尖的专家团队，对上述SCT机车中相关技术以及澳大利亚相关法律法规进行研究，通过检索、法律状态确定、相关度分析、权利要求保护范围确定、侵权原则分析等手段，提出了相应专利风险评估与预警，最终完成了详细的关于SCT机车中相关技术专利风险评估及预警分析报告。该报告指出了SCT机车出口澳大利亚存在的风险，且相应地给出了应对措施，以预警可能存在的侵权纠纷，尽可能采取有效措施防止竞争对手的阻挠，给资阳机车提供了决策依据；同时，分析了资阳机车在澳大利亚主要竞争对手知识产权的情况，为资阳机车今后知识产权工作重点和突破点指明了方向。

21世纪是知识经济时代，而知识经济的核心则是科学技术尤其是高新技术，随着知识经济的快速发展，知识产权已成为决定企业竞争力的关键因素之一。中国加入WTO后标志着我国的企业要置身于全球性高度激烈的市场竞争之中。面对如此激烈的竞争环境，国内的企业在经历了一系列具有重大影响的知识产权事件之后，逐渐认识到了知识产权的拥有以及研发与获取自主知识产权的创新能力对于企业生存与发展的重要性。然而，在海外市场，我国企业在

"走出去"的过程中仍然频繁遭遇各种国际专利壁垒，对我国企业在海外市场的发展造成了严重影响。对此，我国企业在"走出去"之前，对于本行业海外专利的风险评估及预警分析则显得尤为重要，国内企业在产品出口到国外的过程中，通过有效的专利风险评估及预警分析，能最大限度地降低企业在海外市场的侵权风险。然而面对发达国家的先进企业在知识产权战略上的发展与布局，国内企业在海外市场的竞争中将会面临前所未有的巨大挑战。

二、企业上市之痛

（一）自我的战争，不知己的苦果

苏州恒久光电科技股份有限公司（以下简称"苏州恒久"）是一家研发生产激光有机光导鼓的民营企业，成立短短几年便发展成为行业内产量最大的企业之一，被媒体誉为"中国激光 OPC 鼓行业领航者""具有创业板精神""集产品创新、高科技、民族品牌和高成长性于一身"的苏州恒久。

2010 年苏州恒久在 IPO 路演时，介绍其拥有 5 项现有专利技术、3 项发明专利申请、1 项实用新型专利申请以及 10 项国际领先、国内首创或国内领先非专利技术。然而，就在获准创业板公开发行新股的前夜，四项外观技术专利和一项实用新型专利因未缴纳年费导致专利权终止，其申明正在国家知识产权局审查的两项发明专利也被发现早已失效。

最终，苏州恒久的上市资格被中国证监会撤销，苏州恒久不仅没有上市成功，还向投资人赔付巨额损失，同时参与苏州恒久发行的保荐人和律师事务所也受到相关的惩罚。直到 2016 年，苏州恒久才成功上市。

苏州恒久"专利门"事件告诉我们：专利预警并非仅仅是针对竞争对手、针对某个行业或者某个地区专利信息的收集与分析，专利预警对于企业自身同样需要，尤其是在企业处于上市等关键阶段时，通过对自身专利状况的预警，真正做到知己，从而避免在资本市场上演如此"闹剧"！

（二）吸取教训知己而成功

福建星网锐捷通讯股份有限公司（以下简称"星网锐捷"）是一家有着核心技术优势和发展前景的高科技通信企业。星网锐捷在其招股意向书中披露其拥有发明专利 8 项、实用新型专利 35 项、外观设计专利 12 项及正在申请的专利 12 项。

然而，星网锐捷受苏州恒久事件的影响，在上市前通过自查发现其部分实用新型专利和外观设计专利因未续缴年费等原因已被终止，使得专利权失效，同时亦有部分正在申请的专利申请在审查阶段发生变化，其法律状态与招股意向书内容存在差异。

最终，星网锐捷紧急刊登公告，暂缓发行公开，重新进行信息披露，通过再次过会，最后恢复发行，成功上市。

星网锐捷的专利事件虽然在一定程度上给公司形象带来了负面影响，但是最终其吸取了苏州恒久"专利门"事件的教训，在上市前对自身专利进行了预警，做到了知己，及时消除了信息披露不实的缺陷，最终成功获得上市。

（三）知彼才能对付半路杀出的"拦路虎"

地尔汉宇是一家为全球领先的家电企业提供电器配件的高新技术企业，国内洗衣机、洗碗机等专用排水泵供应商。2012年4月25日，该公司上市通过证监会发审委审核，正式发布招股说明书，登陆创业板。

然而，也就是在这一时点，竞争对手雷利电器在2013年4月向南京市中级人民法院起诉包括地尔汉宇在内的三家公司，认为三家被告在没有经过雷利电器授权许可的情况下，生产和销售涉嫌侵犯雷利电器持有的名称为"一种排水电机"的实用新型专利，要求三被告停止侵权行为，赔偿经济损失100万元，并承担相关诉讼费用，随后将赔偿金额增加至5000万元。

随后，地尔汉宇于2013年8月对雷利电器的排水电机专利向国家知识产权局专利复审委员会提出了无效宣告请求。2014年11月28日，国家知识产权局专利复审委员会做出了第24458号无效宣告请求审查决定书，决定宣告雷利电器的排水电机专利权全部无效。

最后，尽管地尔汉宇并没有因为上述专利侵权诉讼影响到上市进程，但依然给一些拟上市公司敲响了警钟。类似的案例还有石英股份和永安行等均是在上市前遭遇了专利诉讼，可见，知识产权作为拟上市公司的核心资产，在受到拟上市公司重视的同时，也会遭到竞争对手的紧盯。通过发起恶意专利诉讼延缓拟上市公司的上市进程，已成为不少公司采取的一种商业竞争手段。

而专利预警能够有效地帮助企业在上市的关键阶段将知识产权纠纷风险降到最低，通过在上市前的专利预警，针对企业生产、制造、销售及使用的产品或使用的核心技术进行全面的侵权判断分析，在企业上市前将可能发生的侵权纠纷解决或规避，有效避免因知识产权纠纷而造成的上市暂缓，甚至是搁浅。

知识产权风险，尤其是专利权风险，已经成为悬挂在诸多拟上市公司头上的"达摩克利斯之剑"，如何有效地解决或规避专利风险、做好专利预警是企业能够使上市之路通畅顺达的关键，只有知己知彼才能从容不迫地立足于资本市场的狂潮之中。

三、小结

专利预警能够帮助企业了解自己可能遇到的知识产权技术壁垒以及自己专利技术的状况和潜在的技术发展空间，有效避免低水平的重复研发，避免企业经营与发展过程中的侵权风险，真正做到"知己知彼，百战不殆"。

试论绵竹年画的知识产权保护

肖　明[●]

一、引言

绵竹年画是绵竹地区的文化艺术瑰宝，具有悠久的历史和突出的经济价值，与天津杨柳青、山东潍坊杨家埠、苏州桃花坞齐名为中国四大年画之一，素有"四川三宝""绵竹三绝"之美誉。

随着时代的发展和制作工艺的进步，如今的绵竹年画已发展成木版、陶版、玉版、蜀锦、竹编等多种实用艺术作品形式，绵竹年画系列产品已远销国内外，深受广大消费者喜爱。

但是市场的繁荣也必然对会产品的创新提出更高的要求，不论是年画内涵、表现载体还是制作工艺都面临不断的革新发展，对于众多的市场主体（经营者）来说，也必然遭遇越来越强的同业竞争。因此，大家已逐步深刻意识到给予自己创新的绵竹年画作品以知识产权保护的必要性和重要性。

二、绵竹年画的历史发展

绵竹年画以产于竹纸之乡的四川省绵竹市而得名。起源于北宋，兴于明代，盛于清代乾隆、嘉庆年间，绵竹全县有大小年画作坊 300 多家，年画专业人员达 1000 余人，年产年画 1200 多万份，产品除运销两湖、陕、甘、青及四川各地外，还远销印度、日本、越南、缅甸和港澳等国家和地区。中华人民共和国成立以来，党和政府非常重视浇灌培育这株民间艺术之花，1962 年成立了绵竹年画社，使绵竹年画得到了继承和发展。特别是改革开放以来，新老艺人共同努力，对传统年画进行了进一步发掘、整理、研究、开发、创新，使绵竹年画

● 作者简介：肖明，男，1984 年生，专利代理人，就职于四川力久律师事务所，多年从事知识产权中介服务工作。

响誉四海，再造辉煌。

绵竹年画从最初的无人问津到现在的闻名中外，可以说经历了三个阶段：展品—礼品—商品。既然绵竹年画是商品，那么必然要走向市场，必然要走上产业化发展之道路。据绵竹年画博物馆馆长胡光葵介绍，绵竹年画的衍生产品推出后得到了市场的广泛认可，目前在全国年画产地中，绵竹年画品种是最多的，特别是5·12地震以后，知道绵竹年画的人越来越多，很多人慕名前来购买年画，绵竹年画正在步入产业化发展的新天地。

三、绵竹年画的知识产权保护现状

绵竹年画产品大多属于实用艺术作品，既有可能是实用美术作品，又有可能是工业品外观设计，所以在知识产权保护的法律运用上尤为复杂。由于传统绵竹年画产品基本出自众多画坊，所以无论是在申请著作权保护方面还是申请外观设计专利保护方面，其主观意识和积极性都比较弱。目前的著作权登记数量和外观设计专利有效数量均比较少，这也导致了部分画坊间的相互模仿，不利于创新环境的良好维护和发展。

同时对于很多新兴的、独特的制作工艺技术，由于未申请发明专利进行保护，也导致关键技术长期处于保密状态，这样不利于先进技术的广泛推广和行业的共同发展。

另外，绵竹年画是绵竹地区历代画师集体智慧的结晶，具有浓郁的地方特色和文化积淀，具有地理标志产品的典型特征。但是目前绵竹年画的行业协会还未注册具有地理标志产品保护性质的证明商标，也未申请"地理标志产品"保护，十分滞后于绵竹年画产品的产业化发展步伐，未起到为绵竹年画品牌提升和传播的强有力支撑作用。

四、绵竹年画的知识产权保护模式分析

1. 著作权保护

如果绵竹年画产品表现为具有独创性和审美价值的实用手工艺品，则一般采取著作权法律保护的模式比较好。因为作者（创作人）不可能创作出完全相同的两件作品。如：美术家在创作美术作品时常常要受当时的环境、气氛、灵感等因素影响，是带着一种激情创作，并通常会把这种激情融汇于其作品之中。正因为如此，即使是同一个人也很难创作出完全相同的作品。同时，采取著作权法保护实用艺术作品还有保护期限长的优点，多为作者终生加死后五十年。

但不足的是，根据著作权法关于著作的保护原理，"只要作者独立创作，而非抄袭他人作品的一经创作，便受著作权法保护，即使作品之间存在着很多的相似性"。所以，著作权保护因为并不排斥他人独立创作出相同或类似的作品，而极其容易遭受他人侵权。

2. 专利权保护

如果绵竹年画产品的独创性较高，且适于工业应用，即可以通过工业手段进行大量生产或复制，则可以考虑采取外观设计专利的保护模式。因为这种模式一方面相对于著作权保护而言，保护比较充分而且有力；另一方面，由于专利专有性程度高，因此可以排斥其他相同或类似的设计被授予外观设计专利，从而避免遭受侵权。其不足是外观设计专利的保护期限只有十年，不得延长。

另外，对于先进的绵竹年画产品制造技术，可以及时采用发明专利进行保护。其优点是保护期长达二十年，且其实施许可的经济回报较高；不足之处在于权利获得的时间较长、成本较高。

3. 地理标志保护

地理标志，又称原产地标志（或名称），我国《商标法》关于地理标志方面的第 16 条第 2 款规定："前款所称地理标志，是指标示某商品来源于某地区，该商品的特定质量、信誉或者其他特征，主要由该地区的自然因素或人为因素所决定的标志。"其第 3 条第 2 款规定："本法所称证明商标，是指由对某种商品或者服务具有监督能力的组织所控制，而由该组织以外的单位或者个人使用于其商品或者服务，用以证明该商品或者服务的原产地、原料、制造方法、质量或者其他特定品质的标志。"

同时，《地理标志产品保护规定》第 2 条规定："本规定所称地理标志产品，是指产自特定地域，所具有的质量、声誉或其他特性本质上取决于该产地的自然因素和人文因素，经审核批准以地理名称进行命名的产品。"

所以对于绵竹年画来说，如果能够注册成为证明商标以及申请成为地理标志产品的话，那么无疑对绵竹年画产品质量的促进、产品信誉的保证、品牌价值的提升和产业化发展都将起到极大的加强作用。

五、结语

绵竹年画作为具有鲜明实用艺术作品和地理标志产品的特色产品，其知识产权保护的策略尤为关键，同时在产业化急剧发展的背景下，绵竹年画的知识产权保护力度亟待加强。所以不论是绵竹年画行业协会还是各经营主体，都应在技术创新、产品创新的同时积极地及时地采取最有利的知识产权保护措施，来保护其创新成果、维护其经济利益、促进其品牌发展。

参考文献

［1］吴丹．绵竹年画的文化产业现状及发展对策的思考［J］．艺术时尚，2013（4）.

［2］郭宝明．浅析实用艺术作品的知识产权保护［J］．电子知识产权，2003（5）.

［3］袁东华．实用艺术作品的知识产权保护［J］．江苏：苏州大学，2009.

［4］《中华人民共和国商标法》，2013.

［5］国家质量监督检验检疫总局．地理标志产品保护规定［Z］．2015.